XAVIER LACROIX

L'AVENIR,
C'EST L'AUTRE

Dix conférences sur l'amour et la famille

Recherches morales

LES ÉDITIONS DU CERF
PARIS

2000

Je remercie pour leur aide et leurs conseils :
François Poinas, Anne Pénicaud,
François Martin, Paul Moreau,
Françoise Blaise-Kopp, Philippe Mercier.

© *Les Éditions du Cerf*, 2000
(29, boulevard La Tour-Maubourg
75340 Paris Cedex 07)

ISBN 2-204-06538-2
ISSN 0750-1951

À mes enfants.

L'AVENIR, C'EST L'AUTRE

DU MÊME AUTEUR

Le Corps de chair, Éd. du Cerf, Paris, 1992 ; trad. italienne, *Il corpo di carne*, Dehoniane, Milan, 1996.

Le Mariage, Paris, Éd. de l'Atelier, 1994, nouvelle édition 1999 ; trad. espagnole, *El matrimonio*, Mensajero, Bilbao, 1996.

Le Corps de l'esprit, Vie chrétienne, Paris, 1995 ; Éd. du Cerf, « Foi vivante », 1999 ; trad. italienne, *Il corpo e lo spirito*, Qiqajon, Magnano, 1996.

Les Mirages de l'amour, Bayard-Éditions-Novalis, Paris-Ottawa, 1997.

Direction d'ouvrages :

Le divorce est-il une fatalité ? DDB, Paris, 1992.

Homme et femme, l'insaisissable différence, Éd. du Cerf, Paris, 1993.

L'Amour du semblable. Questions sur l'homosexualité, Éd. du Cerf, Paris, 1995.

Qu'est-ce que l'indissolubilité ?, Éd. du Cerf, Paris, (à paraître en 2001).

Participation à des ouvrages collectifs :

« La famille, l'État et l'éducation », in *Politicas de la familia*, Éd. UPCO, Madrid, 1993.

« Et si l'éthique était une science ? », in *La Famille, des sciences à l'éthique*, Paul MOREAU dir., Éd. du Centurion, Paris 1995.

« Le sida, défi pour la parole », in *Sida, la société en question*, Commission sociale de l'épiscopat français, Bayard-Éditions, Paris, 1996.

« Christianisme, lien social et lien familial », in *La Famille, lieu d'amour et lien social*, 70ᵉ semaine sociale de France, Bayard-Éditions, Paris, 1996.

« Fécondité de l'être relié », in *La Famille, le Lien, la Norme*, collectif, Georges EID dir., Éd. de l'Harmattan, Paris, 1997.

« La fécondité entre pouvoir et don », in *Famille et population*, Paul MOREAU dir., Éd. du Cerf, Paris, 1998.

« Contraception et religions » in *La Contraception, contrainte ou liberté ?*, travaux du Collège de France, sous la direction de Henri LÉRIDON, Françoise HÉRITIER et Étienne BEAULIEU, Odile Jacob, Paris, 1999.

« L'institution familiale pour les jeunes générations », in *Questions pour le XXIᵉ siècle*, Académie d'éducation et d'études sociales, Fayard, Paris, 1999.

« Frédéric Ozanam amoureux, époux et père », in *Frédéric Ozanam, racines lyonnaises et rayonnement européen*, Bayard-Éditions, Paris, (à paraître en 2001).

TABLE DES MATIÈRES

RECHERCHES
MORALES

Collection primitivement animée
par Xavier Thévenot et Jean-Paul Durand

SYNTHÈSES

*Collection dirigée désormais
par Xavier Lacroix et Jean-Paul Durand*

- **Pratiquer l'analyse éthique. Étudier un cas. Examiner un texte.** M.-J. Thiel, X. Thévenot.
- **Droit, communauté et humanité.** A. Clair.
- **L'avenir, c'est l'autre. Dix conférences sur l'amour et la famille.** X. Lacroix (2000).

À paraître :

- **La Relation homme-femme comme principe théologique d'édification de l'Église, contribution à une théologie de l'amour** (titre provisoire). Karin Heller.

N° édition : 11378
Achevé d'imprimer : octobre 2000
N° d'impression : 002323
Dépôt légal : octobre 2000

DOCUMENTS

- **Les Églises contre la bombe ? Les Églises chrétiennes et les armements nucléaires.** Documents présentés par B. Quelquejeu et Fr. Vaillant.
- **15/19. Des jeunes à découvert.** G. Lescanne et T. Vincent.
- **Soigner à domicile des malades en fin de vie.** Dr J.-M. Gomas. Préface du Dr M.-H. Salamagne.
- **Médecine et éthique. Le devoir d'humanité.** E. Hirsch. Préface du Dr L. René. Avant-propos par le Pr P. Milliez.
- **Adolescences au fil des jours.** T. Anatrella (hors coll.).
- **Indispensable vertu de force. Profession de foi d'un diplomate.** G. Curien.

POSITIONS

- **Engendrés par la science. Enjeux éthiques des manipulations de la procréation.** E. Boné et J.-F. Malherbe.
- **Pour une politique de la famille.** R. Théry.
- **Citoyens et chrétiens dans la vie publique.** J. Moussé et J. Régnier.
- **Union et procréation. Développement de la doctrine des fins du mariage.** A. Mattheeuws.
- **Le Mariage, un sacrement pour les croyants ?** H. Denis (éd.).
- **Les Valeurs familiales.** P. Moreau. Préface de Fr. Chirpaz.
- **La Non-Violence.** Fr. Vaillant.
- **Les Religions et la Guerre. Judaïsme, christianisme, islam.** P. Viaud (dir.).
- **L'Afrique va-t-elle mourir : Essai d'éthique politique.** Kä Mama.
- **Compter sur Dieu. Études de théologie morale.** X. Thévenot.
- **L'Amour du semblable.** X. Lacroix (dir.).
- **Éduquer à la démocratie.** A. Mougniotte. Préface de R. Rémond.

GRANDS ENTRETIENS AVEC EMMANUEL HIRSCH

- **Des motifs d'espérer ? La procréation artificielle.** Dr M.-L. Briand, C. Bruaire, J. Gélis, Mgr J. Jullien, C. Labrusse-Riou et X. Thévenot.
- **Le SIDA. Rumeurs et faits.** M. Carël, B. Félix, Dr J.-F. Mettetal, C. Herzlich, Pr C. Jasmin, D. Laaroussi, J. Pierret, M. Pollak, Dr D. Seux, Pr G. de Thé, X. Thévenot. Préface d'Alain Pompidou.
- **Racismes. L'autre et son visage.** Mgr G. Defois, Pr J. Delumeau, Pr A. Dumas, Pr A. Jacquart, Mme B. Klarsfeld, Pr E. Levinas, Pr Y. Pélicier, Pr J. Robert. Préface du P. X. Thévenot et Postface du député M. Hannoun.
- **La Joie austère.** Grand rabbin R. S. Sirat.

INTRODUCTION

> « L'avenir, c'est l'autre.
> La relation à l'avenir, c'est
> la relation même avec l'autre. »
>
> EMMANUEL LÉVINAS.

D'emblée, sitôt apparue l'idée de réunir en un volume dix conférences inédites données depuis une dizaine d'années, la citation placée en liminaire s'est imposée pour titre[1]. Dans son laconisme, elle exprime parfaitement ce qui est sans doute (pour autant, du moins, que l'auteur puisse en juger) l'intuition centrale de ce livre : combien étroite est la parenté entre l'accueil de la personne d'autrui et celui de l'avenir.

Avez-vous déjà pris conscience de l'analogie entre l'une et l'autre relation ? Dans l'un et l'autre cas, nous faisons l'expérience d'une non-possession, d'une imprévisibilité, d'un non-savoir. Dans l'un et l'autre cas se donne l'expérience d'une extériorité, distincte de celle de l'espace par un radical non-pouvoir. Il faut bien reconnaître toutefois une différence : l'avenir ne nous tombe pas dessus comme une fatalité, on ne l'attend pas seulement. Il est aussi l'objet de notre responsabilité, nous contribuons à lui donner forme. Selon les termes de Bernanos, « on n'attend pas l'avenir comme on attend le train ; l'avenir, on le fait ». Mais on ne le fait pas comme on fait une machine. Il n'est pas seulement à l'horizon de nos « projets », de nos

1. Emmanuel LÉVINAS, *Le Temps et l'Autre* (1948), PUF- Quadrige, 1983, p. 64.

intentions, de notre vouloir. Une chose est sûre, il nous sur-
prendra. L'avenir n'est pas le futur. Ce dernier, comme son étymologie le rappelle (*futurus*, destiné à être), peut être compris
comme le prolongement du présent, comme le seul développement de ce qui est déjà donné dans celui-ci. (Il existe une
science, la futurologie, qui explore les futuribles.) Dans l'idée
d'avenir, il y a tout autre chose : ce qui est à-venir, c'est ce
qui va advenir, et cet avènement sera un événement. Dans l'avenir se donnera du neuf, naîtront des êtres nouveaux, apparaî-
tront d'imprévisibles visages de la vie.

Il est toujours possible d'appréhender une même réalité de deux
manières : soit comme le résultat de déterminismes, de processus
qui, en dernier ressort, sont issus du passé, soit comme l'avènement de quelque chose de neuf, l'ouverture de possibilités nouvelles, comme un commencement. « Tout ce qui arrive est un
commencement », nous souffle Rainer Maria Rilke[1]. Il en est ainsi
pour toute rencontre humaine. Certains esprits, certaines disci-
plines ou méthodes relèveront en elle ce qui l'a rendue possible,
les déterminismes qui pèsent sur elle, ce en quoi elle était prévi-
sible. D'autres seront attentifs à ce qui commence avec elle, à ce
qu'elle rend possible, aux horizons nouveaux qui s'offrent alors.

Il en va de même pour toutes les réalités dont il sera question dans ce volume : la famille, l'amour, la génération, l'éducation. S'y joue la double articulation que nous venons de
repérer : entre l'exercice d'une responsabilité et l'accueil d'un
don non maîtrisé d'une part, entre l'héritage reçu du passé et
l'avènement du neuf d'autre part. Au sein d'une culture où
prime le discours scientifique qui, comme tel, met en avant les
déterminismes et les processus, attentif aux constantes et aux
variations quantitatives, je souhaite dégager le lieu d'une parole
qui donne ses chances au sens, c'est-à-dire à ce qui advient
lors de la rencontre entre un être unique et un autre être unique
ou entre plusieurs êtres uniques : entre un père et son fils, entre
une mère et son enfant, ou lorsque se réunissent les membres
d'une famille, pour une fête par exemple : quelle impressionnante densité de sens, de liens, de communauté ! Derrière les
apparences, au-delà de ce qui peut être saisi lorsque l'on traite
les faits humains comme des choses, être attentif au *mystère*,

---

1. Rainer Maria RILKE, *Lettres à un jeune poète* (1903), Œuvres en prose,
Éd. du Seuil, Paris, 1966, p. 332.

lequel n'est pas ce qui se cache mais, bien plutôt, ce qui se révèle, à partir d'un foyer de sens invisible, d'un secret partagé, d'un don originaire.

Ces liens n'ont pas que des défaillances. Ils sont porteurs, même chez les plus pauvres, de trésors de mémoire et d'histoire, d'un « je-ne-sais-quoi » indéfinissable que rien ne pourrait remplacer. On en parle trop aujourd'hui à partir de leurs écueils, de leurs échecs, de leur dissolution. Influence des approches cliniques et statistiques. Avancer une parole *encourageante*, qui conforte le désir de construire des liens à la fois solides et heureux, tel est un des objectifs de ces pages.

Une telle parole ne peut pas se contenter d'être descriptive, elle doit être proposition. S'indiquent ici les incidences pratiques du parallèle annoncé plus haut. Donner toute sa place à l'autre, c'est se mettre en position de construire et d'accueillir l'avenir avec lui. De le construire en l'accueillant et de l'accueillir en le construisant. Il ne s'agit pas seulement de faire des projets, mais d'être capable de *promesse*, en consentant à placer l'autre à l'horizon de son existence, à aller vers lui, vers elle, la rencontre étant toujours à venir. Il s'agit aussi de se disposer à accueillir d'autres « autres », les enfants, en leur ménageant et aménageant mieux qu'un espace, un *lieu* de croissance et de vie. Ainsi peut être redécouvert le sens du mariage, dans lequel le juriste Jean Carbonnier reconnaissait une institution « tournée vers l'avenir[1] ».

De telles perspectives exigent de dépasser une interprétation littérale de la phrase du titre. Il n'y est pas dit qu'une personne humaine puisse être l'avenir d'une autre personne humaine. À plusieurs reprises nous aurons à nous démarquer d'une survalorisation du couple ou de l'amour, corrélative d'une inflation des attentes à l'égard du partenaire. Trop d'attentes à l'égard de l'autre tue la relation. Celle-ci gagnera à être située dans une perspective plus large, dans un contexte plus objectif, par l'intégration de diverses médiations, dont celles de l'institution. Comment redécouvrir ou réinventer les apports de celle-ci sans feindre d'ignorer les bienfaits de la mise en avant des enjeux personnels et interpersonnels ? Telle serait une des questions transversales à plusieurs de ces conférences.

---

1. Jean CARBONNIER, in *Le Droit privé français au milieu du XXᵉ siècle*, collectif, LGDJ, 1950, p. 326.

En un temps où la famille et les relations affectives se trouvent au cœur de tant de débats, ces pages visent moins à une anthropologie qu'à une éthique. Elles ne prétendent pas, je l'annonce d'emblée, dégager des invariants, que ce soit en comparant des cultures ou en croyant travailler dans l'intemporel. Conscientes de la contingence de leurs catégories, elles ne renoncent pas toutefois à dégager des repères, pour l'action comme pour la pensée. Nous sommes dans l'historicité, mais des bien humains fondamentaux sont en jeu, dont il est improbable qu'ils soient seulement relatifs. Le défi est alors de donner toutes ses chances au sens, sur la base des possibilités offertes par notre culture. Par « sens » j'entends ici ce qui naît de la rencontre avec l'autre, tout en la rendant possible. C'est d'Emmanuel Lévinas encore que je reçois cette compréhension du sens comme mouvement vers autrui. Puisque « sens » signifie « orientation », a sens ce qui est pour l'autre, vers l'autre[1].

Une appréhension à ce point relationnelle de la signifiance n'est pas le fruit de n'importe quelle tradition. À travers la phénoménologie[2], elle nous vient du courant judéo-chrétien. Manière de dire que l'attention à ce que notre culture doit à l'une de ses sources majeures, le christianisme, sera une des caractéristiques de ce livre. Plus même, l'appréhension de l'humain à partir de son avenir non seulement doit beaucoup à l'inspiration chrétienne, mais est un des traits caractéristiques de celle-ci. Dans la mouvance de l'Écriture, Premier et Second Testaments, l'homme est compris à partir d'une promesse qui lui est adressée par son créateur, promesse qui se réalise à travers le temps mais dont l'accomplissement plénier est pour la fin, l'*eschaton*, mystérieusement présent et absent, attendu. « L'Esprit et l'épouse disent : "viens !" » (Ap 22, 17).

D'autres significations ou valeurs qui semblent aller de soi aujourd'hui proviennent également de cette source : la primauté de la personne humaine, la conjugalité fondée sur l'amour, l'attention portée à l'enfant. C'est une véritable souffrance que de relever tous les jours combien les apports chrétiens non seu-

---

1. E. Lévinas, « La signification et le sens » in *Humanisme de l'autre homme*, Fata Morgana, 1972, p. 15-70.
2. Dont il est possible d'affirmer qu'elle est elle-même « bénéficiaire de la sagesse judéo-chrétienne », E. Lévinas, « Un Dieu homme ? » in *Exercices de la patience*, n° 1, 1980, p. 70.

lement à la culture mais encore à l'éthique sont aujourd'hui oubliés, déniés, déformés, au profit de caricatures ou de stéréotypes (comme la culpabilité, le mépris de la chair...). Tout se passe comme si la référence chrétienne – à moins que ce ne soit la dimension religieuse de l'existence – était l'objet, dans la culture régnante, d'un véritable refoulement.

Un des paris de cet ouvrage est de mettre en lumière la portée éthique et philosophique de certaines intuitions chrétiennes, telles que le sens de l'amour comme don, le prix du consentement à être lié, la vocation spirituelle du corps, le pouvoir libérateur de l'oubli de soi. En un mot la portée de cette phrase qui, tout en traduisant une des vérités les plus centrales du christianisme, se trouve aussi rejoindre en toute conscience l'intuition que là se trouve un noyau de sens très précieux : « Il n'y a pas de plus grand amour que de donner sa vie pour ceux qu'on aime » (Jn 15, 13).

Ces accents pourront prendre un relief d'autant plus grand (ou pourront être d'autant plus difficilement recevables) que tendent aujourd'hui à séduire, se répandant plus aisément, les points de vue qui interprètent les relations dans les catégories de l'utilitarisme, selon la seule logique du calcul d'intérêt individuel ou, dans une logique plus marxienne, en termes de pouvoir, de rapports de force ou de rivalité. Le dernier mot de l'existence est-il le gain, la lutte ou le don ? Tel est un des enjeux cruciaux de notre culture. Dans un tel contexte, il ne suffit pas de répéter de manière incantatoire un idéal ou des valeurs. Il s'agit d'articuler ce qui se révèle vrai et fécond dans une éthique de l'amour avec les accents reçus de la modernité, comme l'aspiration au bonheur personnel ou la conscience des déterminismes sociaux et psychologiques.

Au fil des conférences, différemment selon le genre, l'objet et le public de chacune, j'espère avoir distingué et articulé les approches philosophique et théologique. Conformément à la formule lévinasienne selon laquelle « penser philosophiquement, c'est penser en s'adressant à tous les hommes[1] », les propos qui relèvent de la première s'adressent à toute conscience ou intelligence en quête de sagesse. Ceux qui relèvent de la seconde se réfèrent à une Révélation reconnue et comprise comme telle. Celui toutefois auquel cette notion est étrangère pourra y recon-

---

1. E. Lévinas, *Éthique et infini* (1985), Biblio-essais, p. 15.

naître certaines de ses intuitions. Ainsi la parole d'Évangile que je viens de citer peut-elle être reçue selon l'une ou l'autre référence.

Bien que chacune de ces conférences propose un parcours d'ensemble sur la question annoncée, et malgré l'unité foncière des significations proposées, j'ai choisi d'ordonner ces textes selon des critères de méthode, qui rejoignent la distinction que je viens d'énoncer, autrement dit la primauté de telle ou telle référence. La première partie, intitulée *Regards*, sera surtout attentive à l'articulation entre sciences humaines et éthique, visant à une sorte d'état des lieux sur la manière dont peut aujourd'hui, dans le domaine qui est le nôtre, s'élaborer une proposition éthique. La seconde, *Fondations*, elle aussi principalement philosophique, envisage sur quels points d'appui, sur quels fondements peut se bâtir cette construction qu'est une maisonnée, une maison ou une communauté. La troisième, *Inspiration*, explicitement théologique, vise à mettre en lumière la teneur des apports chrétiens en la matière.

Par ces regroupements j'ai souhaité que le lecteur, selon son attente, puisse distinguer les repères pour une éthique familiale ou affective proprement dite de ceux qui ont trait à une meilleure connaissance du christianisme. Mais j'espère bien que des va-et-vient féconds pourront s'établir entre ces deux visées. L'ordre de lecture de ces chapitres est donc tout à fait libre. Leurs titres et leurs sujets ont été définis en réponse à des demandes d'interventions (leur avenir a été l'autre, à elles aussi!). Au gré de son intérêt chacun pourra donc les lire en les regroupant selon, par exemple, quatre rubriques possibles : *Le devenir de l'institution*, chapitres I, IV, V, VIII; *La relation parentale et éducative*, chapitres II, III, IX; *Le corps et la vie sexuelle*, chapitres III, VII; *Être homme et femme aujourd'hui*, chapitres II, IV, IX, X.

Lyon, le 31 janvier 2000.
X.L.

REGARDS

CHAPITRE PREMIER

QUELLE FAMILLE POUR DEMAIN ?

La famille figure, avec l'amour et l'amitié, dans le tiercé de tête des valeurs « les plus importantes » pour nos contemporains[1]. Elle n'est ressentie comme un « carcan » que par quatre pour cent des personnes interrogées[2]. Nous ne sommes plus au temps du « familles, je vous hais » gidien bien sûr, mais aussi, ne l'oublions pas, existentialiste. Très fortes sont les attentes à l'égard de la vie familiale, perçue comme le lieu du repos, de la sécurité, de l'égalité, d'où sont attendus intimité, tendresse et soutien dans un monde difficile et redoutable, dominé par la concurrence et la compétition. Ces attentes, remarquons-le d'emblée, sont fortement marquées par la dimension affective qui est de loin la dimension la plus mise en avant aujourd'hui. (Il y eut des temps, très longs, où les dimensions économique, sociale, religieuse ou encore politique de la famille étaient les plus importantes.) Une telle accentuation est porteuse de richesses mais aussi, comme nous le verrons, source de fragilités.

La famille demeure le principal lieu de solidarité, notamment lors des « coups durs » de l'existence[3]. Elle n'a pas son égal pour accompagner la maladie et la mort. En cas de chômage, elle demeure l'ultime rempart. Ceux qui fréquentent des per-

1. Tel est le cas pour 81 % des jeunes interrogés dans un sondage CSA en 1997. Selon une autre enquête, « 70 % des jeunes trouvent leur vie familiale agréable et cultivent leur relation avec elle » (enquête INSERM, M. Choquet et S. Ledoux, 1994).
2. Enquête UDAF, 1994.
3. 96 % des personnes de la « génération intermédiaire » rendent des services à leurs enfants, 89 % à leurs parents. (Enquête de la Caisse nationale d'assurance vieillesse, 1992.)

sonnes en situation de grande précarité vous diront que c'est avec la disparition des liens familiaux que commence le plus souvent ce que l'on nomme « la galère ».

Comment ne pas être frappé, alors, par le contraste entre l'importance des attentes à l'égard de la famille et la situation réelle de celle-ci ? Car les familles, dans nos sociétés, sont fragilisées. C'est par l'adjectif *incertaine* que, dans le titre d'un excellent ouvrage[1], le démographe Louis Roussel caractérise la famille actuelle. Incertaine de son avenir, et même de son présent. Ce qui est valorisé est une nébuleuse de relations, aux contours indéfinis (qui pourrait énumérer de manière exhaustive les membres de « sa famille » ?), beaucoup plus qu'une institution, c'est-à-dire « une forme de vie qu'une société se donne pour assurer sa propre pérennité ». D'une institution, nous ne sommes pas les seuls sujets : le corps social aussi en est la source. Or, priorité est donnée aujourd'hui au subjectif, au spontané, à l'affectif. C'est ainsi que l'acte fondateur qui, jusqu'à nos jours, a institué dans leur très grande majorité les familles est aujourd'hui en recul : le nombre de mariages a baissé de 40 % en vingt ans. Un enfant sur trois naît aujourd'hui hors mariage.

C'est le sens du lien, du lien fondateur tout particulièrement, qui est en question. Pour le meilleur ou pour le pire, la famille est le lieu où nous nous éprouvons comme liés. Dès lors que la dimension affective est fortement mise en avant, nous sommes renvoyés à l'ambivalence, bien connue des psychologues, envers le fait d'être lié, relié. Les liens familiaux, non choisis, sont à la fois aimés et haïs[2], désirés et redoutés. Issus de la naissance ou, traditionnellement, d'un engagement irréversible, ces liens précèdent et débordent la volonté. Or, aujourd'hui, domine le modèle contractuel, selon lequel les relations sont pensées comme devant être le fruit du libre engagement, qui peut toujours être repris, de deux volontés. L'ultime référence est alors l'intérêt individuel de chacune des parties. Cela donne ce qu'une sociologue, Sabine Chalvon-Demersay, a pu appeler « l'utopie d'un monde électif », particulièrement exprimée dans les téléfilms et feuilletons télévisés. Mais voici que « presque tous finissent sur un quai de gare, un rivage ou un aéroport, parce

---

1. Louis ROUSSEL, *La Famille incertaine*, Odile Jacob, Paris, 1989.
2. L'humoriste Alex Métayer a su traduire cette ambivalence en intitulant un de ses spectacles : « Famille, je vous haime ! »

que les liens électifs sont fragiles et que les histoires se terminent souvent par une séparation[1] ».

À l'évidence, les liens entre parents et enfants ne sont pas
de ce type. On ne choisit pas ses parents, pas plus que l'on ne
choisit ses enfants ! Surtout, une telle relation doit durer, et
généralement elle dure, au-delà de l'affection et du sentiment.
Nous voici donc face à une contradiction. D'une part règne
l'image d'un *lien électif, fragile, contractuel entre conjoints*
mais, d'autre part se dessinent le vœu et la nécessité d'un *lien
radical, durable, irréversible avec les enfants*. Y aurait-il contradiction entre lien conjugal et lien parental ? C'est bien souvent
ce qui semble se passer, avec les dégâts que l'on sait. Cela a
lieu dès lors que l'on croit pouvoir fonder la famille, qui est
le lieu des liens inconditionnels, sur des liens qui n'en sont pas,
précaires et conditionnels.

Quel sera, dans un tel contexte, le fondement de la famille,
si nous entendons par là soit l'acte fondateur qui l'institue, soit
ce qui lui donne les meilleures chances de durer ? L'enjeu est
d'articuler ensemble conjugalité et parentalité[2]. « Articuler »
signifie : les penser et les tenir ensemble. La famille ne peut
pas reposer seulement sur les « affinités électives » d'un couple,
pas plus, nous le verrons, que sur deux liens parentaux parallèles. C'est l'originalité même de la cellule familiale que de
lier entre elles ces deux réalités. Fonder la famille, c'est leur
trouver une source, un fondement commun.

Un débat est récurrent quant à l'objet de cette conférence :
peut-on parler de « la famille » ; ne vaudrait-il pas mieux parler « des familles » ? Le climat de pensée régnant, particulièrement sensible à la pluralité et à la relativité, anti-idéaliste aussi,
plaide volontiers pour le pluriel. Reconnaissons en effet qu'il
faut faire la part du « s ». Faute de quoi nous courons le risque

1. « Un monde où les parents choisiraient leurs enfants, les enfants choisiraient leurs parents, où les conjoints se choisiraient entre eux et se délais-
seraient symétriquement, où les enfants éliraient le nouveau conjoint de leurs
parents, adopteraient leurs nouveaux frères et sœurs, se constitueraient des
parentés de substitution, choisiraient leurs familles d'accueil, décideraient du
parent qui les garderait… » Sabine CHALVON-DEMERSAY, in *Terrain*, Carnets
du patrimoine ethnologique, n° 27, septembre 1996.
2. Par ce dernier terme, j'entends corrélation, conjugaison, établissement
d'un lien. Il faut préciser cela car certains auteurs ne le mettent en avant que
pour penser la dissociation des deux réalités.

du discours idéologique, en plaquant sur des réalités diverses une idée toute faite de la famille, généralement conforme à celle dont nous sommes issus. Toutefois, lorsque j'entends « famille », je n'entends pas une notion indéfiniment extensible, je suis bien renvoyé à une unité de sens, que l'on peut définir ainsi : la famille est *le groupe social qui se constitue à l'intersection des liens d'alliance, de filiation et de fratrie.*

Dès lors, à partir du moment où l'on a décidé d'envisager ces relations d'un point de vue qui mette en avant la personne, considérant celle-ci comme une fin et non comme un moyen, il est possible d'élaborer une réflexion éthique qui ne va pas dans n'importe quelle direction, autrement dit qui ne saurait se contenter du relativisme que certains, un peu hâtivement, voudraient induire de descriptions vaguement ethnologiques ou sociologiques. Plus même, les trois liens en question – alliance, filiation, fratrie – se révèlent porteurs de tout un programme éthique, de valeurs spirituelles. Que celles-ci, au cours de l'histoire, aient été imprégnées de christianisme n'enlève rien à leur portée universelle, bien au contraire.

LUMIÈRES ET OMBRES

« Aucune famille ne peut accrocher cet écriteau à la porte de sa maison : "Ici nous n'avons aucun problème". » (Proverbe chinois.)

Pour éviter la facilité des discours fleuris sur la famille, lieu d'affection, de paix et de communion, il peut être sain de se rappeler que celle-ci offre aussi d'autres visages. Elle peut être le lieu où règne l'égoïsme collectif, où s'exerce la domination, voire la tyrannie, lieu d'exploitation, de violence même parfois. L'étymologie du mot « famille » doit nous rendre prudents à cet égard : le terme vient de la racine indo-européenne FAM, qui exprime la notion d'esclavage. La famille a d'abord été le lieu où travaillaient les esclaves. Redoutable étymologie ! Autre donnée un peu iconoclaste : aujourd'hui, en France, la majorité des crimes de sang ont lieu dans le cadre familial[1]. (Voyez

---

1. Michèle PERROT, « Les échanges à l'intérieur de la famille », in *La Famille, l'état des savoirs*, François de SINGLY dir., La Découverte, Paris, 1992, p. 104.

les faits divers). En deçà de ces extrémités, il faut bien avouer que la famille est souvent loin d'être le lieu de cette communication privilégiée entre les personnes à laquelle son image est associée. Elle est aussi bien le lieu où l'on se coupe la parole, lieu des discordes, des disputes, des repas qui se terminent mal, des silences pesants. La proximité quotidienne peut rendre la parole difficile. Ambiguïté foncière, donc, des liens familiaux qui peuvent être aussi bien lieux d'une solidarité close que principe de communauté, lieux de préférence captatrice que de dévouement, de rivalité que de générosité.

L'idéalisation doit également être évitée lors des comparaisons entre les formes de vie familiale, en direction du passé tout particulièrement. Voici un propos dont je n'indiquerai l'auteur qu'après-coup : « On rencontre des gens qui récriminent sur leur époque, et pour qui celle de nos parents était le bon temps […]. Le passé dont tu crois que c'était le bon temps n'est bon que parce que ce n'était pas le tien. » Qui parle ici ? Un proche contemporain ? Non : il s'agit de saint Augustin, qui a vécu à la charnière des IVe et Ve siècles[1] ! La tendance n'est donc pas nouvelle. En vérité, la famille du passé avait d'autres limites que celle d'aujourd'hui. Ceux qui ont connu la famille traditionnelle, avec ses rigidités et ses pesanteurs, peuvent en témoigner. Que l'on se rappelle par exemple les romans de François Mauriac. Nous sommes nécessairement plus conscients des défauts et défaillances actuels, par le fait même que nous en souffrons, tandis que nous pouvons reconstruire dans le passé une famille de rêve. Il faut donc savoir apprécier ce que, du point de vue d'une éthique de la qualité des relations, l'on peut considérer comme des avancées de la famille contemporaine, dont les historiens situent la naissance autour des années 1930, avec une accentuation à partir des années 1960. Retenons en particulier :

– Une plus grande présence des pères à la vie familiale. Longtemps, ils ont été distants, définis par un rôle, une fonction. Même si leur présence était forte, elle était surtout « de représentation ». Aujourd'hui, les pères s'engagent davantage affectivement, corporellement, matériellement. Du moins le souhaitent-ils, même si beaucoup ne parviennent pas, pratiquement, à libérer le temps nécessaire.

---

1. Sermon 2, 92, in *Patrologie latine*, Supplément, II, col. 441-442.

– Cette évolution se situe dans la perspective d'un plus grand sens de l'égalité entre les sexes. Il est significatif que, depuis 1970, le droit français ne parle plus de « puissance paternelle », mais d'« autorité parentale ». Le schéma hiérarchique entre l'homme et la femme n'est plus défendable, dans le discours du moins. (Cela n'empêche pas qu'il ait laissé des traces dans les mentalités et les conduites !) Pour ce qui est par exemple des tâches ménagères, la norme de principe est celle d'un plus grand partage, même si les avancées en ce domaine sont encore bien timides : selon une enquête canadienne, la part masculine aux tâches domestiques n'aurait augmenté que de six heures par an sur dix ans. Et, selon un article français, lorsque le père et la mère ont tous les deux une activité professionnelle, les hommes consacrent en moyenne six minutes par jour aux soins matériels de l'enfant, tandis que la mère leur en consacre quarante-deux ! Dans le langage des sociologues : « la division sexuelle du travail reste forte » ou, dit autrement, « les tâches domestiques demeurent une pomme de discorde ».

– Mentionnons encore, au titre des avancées, une plus grande exigence quant à la qualité des relations au sein de la famille, avec le souci d'une meilleure communication entre les conjoints comme entre les générations. L'investissement affectif dans ces relations, s'il peut être source de fragilités et de désillusions, est aussi, et même d'abord, porteur de bienfaits, surtout quant à la consistance du lien conjugal.

– Une plus grande acceptation de la différence entre les modes de vie, les choix de valeurs et les cultures peut aussi être appréciée également ici. La différence entre les générations ne se transforme pas en un « fossé », comme en d'autres temps. Au risque même de voir les aînés se mettre à la remorque des plus jeunes, ou ne plus oser affirmer leurs propres convictions, comme cela arrive parfois.

– Retenons enfin une réflexion plus consciente et plus développée lors des grands passages de la vie : choix de la vie conjugale, procréation, sacrements. Ici encore, des nuances seraient à apporter, tant est grande la part des pressions socioculturelles du moment ; mais, avec la prégnance de l'institution, il faut bien reconnaître qu'est en recul aussi l'attitude consistant à agir par pur conformisme ou par obéissance passive à des conventions. Même si l'idéal d'authenticité a ses revers et ses limites, il a au moins l'avantage de renvoyer les sujets aux ressources de leur relation réelle, à leur décision personnelle.

Cela dit et apprécié, il ne serait pas responsable de donner dans l'euphorie. En marge de ces évolutions et, parfois, en corrélation avec elles, se dessinent d'autres tendances qui ne vont pas sans engendrer nombre de souffrances et de drames. Ici encore, j'en retiendrai cinq.

(1) *La fragilisation du lien conjugal.* C'est sur ce dernier que, jusqu'à nos jours, était censée reposer la famille. C'est lui qui assurait la stabilité de la cellule familiale et des liens parentaux. Or, tendant à être perçu de façon de plus en plus exclusivement affective, le voici soumis aux aléas de l'affectivité. Peut-on élaborer un lien durable selon les seules ressources du sentiment ? La question est d'autant plus aiguë que le sens commun de l'amour est très déterminé par la confusion entre lien conjugal et lien amoureux. La notion de couple supplante celle de mariage ou de famille et fait l'objet de discours où le psycho-affectif occupe toute la place. Et, de ce couple, beaucoup est attendu : harmonie, équilibre, entente sexuelle, intellectuelle et culturelle, communication, transparence même parfois, tout, serais-je tenté de dire. Qui dira les dégâts engendrés par l'image du couple idéal, conforme à un modèle vers lequel certains tendent désespérément ?

Une telle montée des attentes, nous l'avons entrevu, peut être une chance, chance même d'avancée spirituelle, car quelle aventure que de vivre une relation de qualité avec une même personne pendant cinquante ans ! Mais cela exige d'en prendre les moyens, de dépasser les inévitables déceptions dues aux idéalisations initiales, de franchir les crises, parfois très violentes, inhérentes à toute vie de couple dans la durée. Ce qui n'aura pas lieu sans la volonté de tenir, sans le pari que le lien lui-même vaut que l'on en paie le prix. Or voici que, parallèlement et souvent contradictoirement avec la représentation fusionnelle du couple, règne aussi la représentation contractuelle ou associative, plus rationnelle, dans laquelle domine plutôt l'idée d'autonomie et d'intérêt personnel. Le lien est alors conditionnel, reposant sur le principe de l'échange de gratifications. Il ne résistera pas au moment où l'un des deux membres du couple aura le sentiment que la balance des apports et des gains s'établit à son détriment. C'est ainsi qu'en France trente-huit mariages sur cent donnent lieu à un divorce (cinquante pour cent aux États-Unis et au Canada).

(2) *Le lien paternel en question.* Dans sa signification comme dans les faits, la paternité est aujourd'hui fortement remise en cause. Être père a perdu de son évidence, et cela de façon très profonde. Qui saurait aujourd'hui définir ce que signifie « être père » ? Pratiquement et pour diverses raisons, beaucoup d'hommes n'osent ou ne savent pas être celui qui prononce et incarne une parole d'appel ; les voici, vis-à-vis de leurs enfants, comme des grands frères ou des copains, parfois de grands adolescents. Les facteurs de cette défaillance sont nombreux : socio-économiques, culturels, mais aussi spirituels si, comme nous en avons l'intuition, le sens ultime de la paternité est d'essence religieuse.

Il faut bien voir que la fragilisation du lien paternel est une des premières conséquences de la fragilisation du lien d'alliance. Sur les deux millions d'enfants vivant, en France, avec un seul parent, 85 % vivent avec leur mère. Selon l'expression d'Évelyne Sullerot, l'homme est le « fusible » qui saute au premier court-circuit. Or, plus d'un père divorcé sur deux ne voit plus, ou très épisodiquement, ses enfants après une période de cinq ans (la proportion est des deux tiers pour les concubins séparés)[1].

Dans le contexte du remariage comme dans celui, bien différent, des procréations médicalement assistées, la paternité sera le lieu de dissociations. La littérature à ce propos permet de repérer quatre dimensions de la paternité, qui peuvent donner lieu à quatre formes de celle-ci : biologique, sociale, éducative, symbolique[2]. Que telle ou telle de ces dissociations résulte de situations de fait, inévitables et très légitimement assumées, est une chose ; banaliser *a priori* une telle dissémination ou la présenter, comme on le voit faire parfois, comme la nouvelle norme en est une autre. L'unité entre les quatre dimensions du lien paternel demeure foncièrement un bienfait pour l'enfant.

---

1. *Population et sociétés*, n° 220, janvier 1988.
2. Geneviève Delaisi, *Enfant de personne*, Odile Jacob, Paris, 1994 ; Aldo Naouri, *Une place pour le père*, Éd. du Seuil, Paris, 1992.

(3) *La place réellement accordée à l'enfant.* Nous connaissons les apparences : celles de l'enfant-roi, demi-dieu même. Mais ces excès, comme il arrive bien souvent, peuvent cacher une déficience. Il n'est pas certain que l'enfant soit réellement roi. Ou plutôt, sitôt qu'il cesse de l'être, il devient très rapidement un gêneur. Comme le dit avec lucidité Louis Roussel : « L'enfant a cessé d'être celui en fonction de qui toutes les décisions se prennent. On est prêt à tout pour lui, sauf à l'essentiel », c'est-à-dire à prendre certaines décisions importantes de la vie familiale en tenant compte de lui[1]. Cela est vrai dans bien des domaines, dans deux plus particulièrement.

Celui, tout d'abord, du sens timide de la fécondité, qui a pour corollaire ce qu'il faut bien appeler un déficit de la natalité. Longtemps suspecte de « natalisme » (terme d'emblée péjoratif), la préoccupation commence à voir sa légitimité reconnue. Si l'on retient pour 1998 le chiffre provisoire donné par l'INSEE de 175 pour l'indicateur conjoncturel de fécondité (1,75 enfant par femme), la France a un taux de reproduction net de 84 %. En l'absence de tout mouvement migratoire, cela donne une réduction de 16 % quand on passe de l'effectif moyen des générations d'âge fécond en 1998 à l'effectif de la génération née cette année-là (pour l'ensemble de l'Union européenne, avec un indicateur conjoncturel de 1,44, la chute comparable atteint 31 %[2]). Le point de vue collectif et statistique n'est pas seul en cause : dans l'ordre des conduites et des modèles, quelle image de la famille est-elle ici prépondérante ? Quel sens de la communauté familiale et de la fratrie, c'est-à-dire des relations entre frères et sœurs, avec toutes les richesses et incidences de ces dernières (rôle des oncles et tantes, des cousins et cousines...) ?

La seconde rubrique à ouvrir concernant la place accordée – ou non – à l'enfant a trait au peu de temps qui, dans bien des cas, lui est consacré. Les millions d'enfants qui s'éveillent le matin dans une maison déserte ou rentrent le soir

---

1. Louis ROUSSEL, entretien paru dans *La Vie*, n° 2520, 16 décembre 1993.

2. Sources : *Bilan démographique 1998*, Bulletin mensuel de l'INSEE n° 1-1999. Ce paragraphe a été rédigé avec l'aide et sous le contrôle de Jean-Édouard ROCHAS, inspecteur général honoraire de l'INSEE. Autres données significatives : la proportion de personnes âgées de moins de 20 ans dans la population, qui était de 34,2 % en 1966 est passée à 25,8 % en 1998. Selon les courbes actuelles, à partir de 2020 notre pays comprendra davantage de personnes âgées de plus de 65 ans que de jeunes de moins de 20 ans.

la clé autour du cou témoignent de la contradiction entre investissement familial et investissement professionnel. Cette contradiction peut être subie ou choisie : les deux situations existent.
Dans certains cas, le travail professionnel des deux parents est
une nécessité économique, dans beaucoup d'autres il est un
choix (avec toute la gamme de situations intermédiaires). Quant
aux choix collectifs en faveur des congés parentaux ou pour
faciliter le temps partiel, ils sont bien timides. La pression économique ou une volonté plus ou moins consciente, toutes deux
significatives, sont également en cause dans l'heure de rentrée
tardive de l'un des deux parents, le plus souvent le père. Si,
selon la formule de Jean-Claude Sagne, « aimer quelqu'un, c'est
lui donner du temps », que devient l'amour dans ces conditions ? Et la petite enfance, contrairement à ce que l'on pense
spontanément, n'est pas l'âge le plus délaissé : on se préoc-
cupe alors de gardes, d'accompagnements, etc. C'est plus tard
surtout que l'enfant ou l'adolescent, qui, à sa manière, deman-
derait encore de la présence, sera abandonné, livré à la garde,
à la compagnie et à l'imprégnation de la déesse télévision.

(4) *Les défaillances de la transmission.* Nous vivons dans un
monde où la transmission des valeurs d'une génération à l'autre
est devenue difficile, problématique, je dirai même rare. La
transmission est plus horizontale, instantanée, par les médias
ou au sein d'une tranche d'âge, que verticale, au fil des générations. Nous sommes très forts pour produire des biens matériels, mais très démunis pour transmettre des biens spirituels.
Ici encore, les raisons seraient nombreuses. Intervient proba-
blement quelque doute sur les normes et les valeurs, voire un
certain scepticisme, présent chez beaucoup d'adultes des deux
dernières générations. Mais je soulignerai particulièrement ici
une raison, qui me semble tenir à l'isolement de la famille
aujourd'hui. Toute transmission a besoin de relais, d'étayages
sociaux, culturels et communautaires. Une telle intégration
manque à la plupart des familles. Il est très difficile de transmettre entre les quatre murs d'un F4 ou d'un F5, dans le face-
à-face entre les générations, sans la médiation d'autres adultes,
d'autres jeunes, aînés notamment, au sein d'un groupe plus
large, où se partagent, non sans variantes, valeurs et raisons de
vivre, où se découvrent des biens spirituels communs au sein
d'expériences différentes.

(5) *Un déséquilibre dans les relations entre famille et société.*
Deux contraires coexistent ici. D'une part, voici la coupure
entre le privé et le public, et c'est la famille-refuge, lieu du
cocooning, en laquelle on se protège des agressions du monde
extérieur et dont on attend tout ce que l'on ne trouve pas en
celui-ci. Mais, d'autre part, comment ne pas voir combien ce
« cocon » est envahi par le collectif ? Les maisons sont de verre,
les murs ont des oreilles, traversés par les ondes électromag-
nétiques des médias, par la presse, les modèles, les slogans et
autres messages collectifs qui, bien souvent, supplantent la
parole entre les personnes ou la culture de l'intimité. Dans plusieurs pays européens, les individus passent trois heures par
jour, en moyenne, devant leur téléviseur. Si l'on ajoute les temps
de travail, de transport, de repas, de sommeil et de soins, il ne
reste, d'après les calculs d'un groupe de réflexion, qu'une demi-
heure par jour pour le conjoint, le courrier et, peut-être, les
enfants[1]. En vérité – et c'est la raison ultime de ce déséquilibre – entre le public et le privé manquent les espaces intermédiaires, les lieux tiers ou les communautés relais entre
familles et vaste monde, un monde éclaté où les messages se
brouillent.

DE NOUVEAUX MODÈLES ?

Certains, en m'écoutant, ont déjà commencé à se dire que je
privilégie ici un modèle familial. Que la famille « conjugale »
ou « nucléaire », constituée autour d'une mère, d'un père et de
leurs enfants, n'est plus et n'a jamais été le modèle unique, que
d'autres formes de vie familiale sont envisageables. Les anthropologues distinguent, paraît-il, à travers le monde et l'histoire,
plus de vingt types de familles différents ! Mais, au-delà des
constats les plus obvies, il n'est pas interdit, il est même nécessaire de se demander quelles formes sont préférables au nom
d'une éthique de la personne et de la responsabilité. Parce
qu'elles ont existé ailleurs, serions-nous prêts à avaliser des traditions comme la polygamie, la répudiation ou l'infanticide ?

---

1. Groupe de travail de la Fédération des centres de préparation au mariage
de Belgique. Présentation au Congrès international des CPM à Ljubljana, le
1er mai 1999.

Qu'il me soit permis tout d'abord d'avouer ma perplexité, voire ma déception, lorsque j'entends énumérer ce que l'on désigne ordinairement par « nouveaux modèles familiaux ». L'inventaire est toujours à peu près le même : les familles dites « monoparentales », les familles recomposées, l'union libre, la cohabitation, bientôt le « PACS » et, parfois, les couples homosexuels. Avouons que l'inventaire est plutôt limité. Hormis pour le dernier cas, c'est essentiellement sous l'angle de la position du couple par rapport au mariage qu'une telle différenciation a lieu. Dans la plupart des cas, ces formes de vie relèvent plus du remède ou du palliatif par rapport à un échec antérieur que réellement de l'invention de nouveaux modes de vie. Car, à cet égard, derrière l'inventaire évoqué, règne bien souvent un modèle dominant plutôt uniforme, celui que favorisent les médias, la publicité et toute une culture ambiante, selon une certaine image du bonheur et du confort familial. Il convient de distinguer ici deux notions souvent confondues : celle de famille « nucléaire » et celle de famille « conjugale ». La première est celle qui se limite à la sphère de la parenté immédiate, parents-enfants ; la seconde est celle qui se fonde sur le mariage. Les carences de la première ne sont pas nécessairement celles de la seconde. Et abandonner la seconde ne signifierait pas forcément que l'on ait dépassé la première : on peut vivre en concubinage comme un parfait « ménage bourgeois » !

La fortune de l'expression « famille monoparentale » pose déjà question : ne faut-il pas, jusqu'à ce jour, deux personnes pour donner le jour à un enfant ? Que devient alors l'*absent* ? Ou bien il est décédé et je ne vois pas plus de raisons que dans le passé, où ce genre de situation était encore plus fréquent qu'aujourd'hui, de parler de monoparentalité ; ou bien il est encore vivant, et il faut bien, alors, peser ses mots. N'est-il qu'un simple géniteur indigne du nom de parent ? En réalité, étant donné que, dans l'immense majorité des cas, le seul parent visible, présent, est la mère, c'est le père qui est exclu du vocabulaire, tué sémantiquement. L'expression a une coloration matriarcale. (Nadine Lefaucheur fait remarquer que l'expression a été importée d'outre-Atlantique par des sociologues féministes[1].) Pourquoi ne pas parler, plus clairement,

---

1. Nadine LEFAUCHEUR, « Les familles dites monoparentales » in *La Famille, l'état des savoirs*, p. 69.

de *foyer* ou, comme le suggère Évelyne Sullerot, de *ménage* monoparental ?

Derrière les querelles de vocabulaire se profilent des enjeux non pas idéologiques mais éthiques, en ce sens qu'ils impliquent le bien des personnes, à commencer par celui des enfants. On traite parfois de façon légère de ces réalités, comme s'il ne s'agissait que d'être au goût du jour. Mais il faut bien voir ce que signifie pour un enfant être privé de la présence paternelle ou maternelle. Plusieurs psychanalystes, après des milliers d'heures d'écoute, pourraient affirmer avec Christiane Olivier : « Il faut vraiment deux personnes pour élever un enfant. [...] Une mère, si merveilleuse soit-elle ne remplacera jamais un père, et réciproquement[1]. » À cela les données sociales apportent une rude confirmation. Un enfant élevé par une mère seule a six fois plus de risques de grandir dans la grande pauvreté, deux fois plus d'abandonner l'école, quatre fois plus de risques de tenter de se suicider, tandis que 80 % des adolescents hospitalisés en secteur psychiatrique et 70 % des jeunes en centre de redressement, ont été privés de la présence paternelle. Parmi les familles en difficulté reçues dans les 2 150 lieux d'accueil en France, la moitié sont des ménages monoparentaux[2].

Il est bien vrai, heureusement, que la personne humaine et l'entourage, joints au dévouement du parent isolé, témoignent de ressources insoupçonnées, vrai aussi que les rôles (je ne parle pas des fonctions) paternels peuvent parfois être tenus par la mère et par les pères de substitution ; mais ceux et celles qui ont connu ces situations, et je suis conscient qu'il y en a parmi ceux à qui je parle, savent ce qu'il en coûte. Une chose est de faire face avec réalisme et courage à des situations où le lien conjugal est devenu impossible à vivre, une autre est de proposer à la légère cette situation comme un modèle équivalent au modèle conjugal.

Nous venons d'entrevoir combien la présence de ses deux parents à la maison – sous réserve, bien sûr, que la relation entre ceux-ci soit suffisamment harmonieuse – est *a priori* un bienfait pour l'enfant. Il faudrait aller plus loin et affirmer, avec des auteurs comme Tony Anatrella et Philippe Julien, que, né de

---

1. Christiane OLIVIER, *Les Fils d'Oreste*, Flammarion, Paris, 1994, p. 171.
2. *La Croix*, 2 février 1994 ; *La Vie*, 25 août 1994 ; Yves PÉLICIER, « La paternité aujourd'hui », in *Médecine de l'homme*, n° 159, 1985, p. 16.

l'union d'un homme et d'une femme, l'enfant grandit et trouve sa sécurité affective sur le roc de leur lien et de l'amour qui les unit. « L'amour des parents pour leur enfant passe essentiellement par leur relation et non pas uniquement en ligne directe. C'est parce que les parents s'aiment que l'enfant se sait aimé et c'est à partir de cette relation d'amour que l'enfant construit son identité[1]. » Aussi ressentira-t-il la rupture comme une déchirure. « Vous m'avez coupé en deux », disait un adolescent à ses parents en train de divorcer. « Je suis divorcée » disait une petite fille de six ans se présentant au médecin scolaire.

Force est de reconnaître que, dans certaines situations, la relation s'est détériorée à un point tel que le divorce sera vécu comme un soulagement par tous, y compris par les enfants. Mais cela n'autorise pas à gommer, à dénier dans le discours le tragique de la rupture. Ni à présenter les familles dites « recomposées[2] » comme la solution magique. Derrière la photo de famille séduisante qu'affichent volontiers certains médias où un homme et une femme rayonnants sont entourés d'une nombreuse famille (et d'enfants ayant la chance d'avoir six grands-parents, ai-je entendu un jour), se profile aussi le portrait du conjoint resté seul, dînant sur un coin de table et songeant à celui (ou à celle) qui est à sa place en ce moment auprès de ses enfants. Les journaux ou associations de parents divorcés reçoivent maints témoignages poignants à cet égard. Il faut voir aussi ces enfants traversant, en train ou avion, un week-end sur deux, la moitié de la France pour passer deux jours au domicile de leur père ou de leur mère. On dit parfois bien légèrement que le lien parental n'est pas atteint par la rupture du lien conjugal. Il l'est toujours plus ou moins. « Un homme qui divorce d'avec sa femme divorce presque toujours d'avec ses enfants », ose affirmer Aldo Naouri[3].

Il est donc de la responsabilité des parents d'abord et, plus généralement, des instances de la société, de faire tout ce qui est

---

1. Tony ANATRELLA, « Les effets psychologiques du divorce », in *Le divorce est-il une fatalité ?*, X. LACROIX dir., Desclée de Brouwer, Paris, 1992, p. 27.
2. Avec Guy RAYMOND on peut trouver l'expression quelque peu curieuse : le préfixe « re » laisserait entendre que c'est la même famille qui s'est dissociée puis recomposée. Guy Raymond propose l'expression « famille patchwork », in *Ombres et lumières sur la famille*, Bayard-Éditions, 1999, p. 57.
3. Aldo NAOURI, entretien avec Yves de GENTIL-BAICHIS, *La Croix*, 27 avril 1996.

en leur pourvoir pour que l'enfant puisse compter sur la solidité du lien qui unit son père et sa mère. Le pouvoir en question n'est pas total, mais est rarement nul. Et, pour lui offrir un cadre structurant, rien ne vaut l'engagement public et solennel à se conduire de la sorte. Traiter le mariage comme une institution dépassée est donc non seulement contraire aux faits, mais surtout contestable au nom d'une éthique de la responsabilité. Avec Catherine Dolto-Tolicht, qui accueille « toute la journée » des enfants de parents divorcés, osons affirmer : « le premier devoir des parents, c'est de donner à l'enfant une situation ternaire[1]. »

La conjugalité me paraît donc continuer à être le meilleur fondement de la famille, compte tenu de notre civilisation, de ses attentes et de ses repères éthiques. Compte tenu aussi de notre responsabilité à l'égard de l'enfant. Que ce modèle, au fil des siècles, ait été imprégné par l'inspiration chrétienne notamment n'enlève rien à sa pertinence strictement éthique. Il est bien d'autres domaines où l'inspiration judéo-chrétienne est assumée et reprise par les sociétés modernes. Le respect de l'enfant – du plus faible – figure d'ailleurs au premier rang de ceux-ci.

C'est au nom du même critère que l'on affirmera une option que j'appellerai la *non-indifférence à la différence*. Différence sexuelle s'entend : en un temps où tout doit être justifié, nous sommes obligés de dire explicitement que la différence sexuée entre ses parents fait partie des biens fondamentaux de l'enfant. Fruit, à sa naissance, de l'union du masculin et du féminin, celui-ci a besoin, et en profondeur, que cette différence soit reprise symboliquement dans son éducation. Ni le masculin, ni le féminin, en effet, ne récapitulent tout l'humain. Qu'il soit garçon ou fille, il faut à l'enfant ces deux modèles, dans la différence desquels il se situera, pour découvrir sa propre identité, par un jeu subtil de ressemblances et de dissemblances. Par ailleurs, c'est un des biens les plus fondamentaux pour un enfant que de pouvoir s'inscrire dans la chaîne des générations, à l'évidence différenciée sexuellement. Né d'un homme et d'une femme, l'enfant adopté par un couple homosexuel ne pourra reconnaître dans ses « parents » adoptifs l'analogie avec ses parents charnels. « Car, à travers l'un et l'autre semblables, l'enfant ne peut reconnaître l'homme et la femme qui lui ont transmis la vie. D'un côté il y a l'hétérosexualité, de l'autre l'homosexualité. La chaîne de la

---

1. Entretien, in *Messages du Secours catholique*, n° 456, février 1993.

filiation de leur enfant est doublement rompue : dans la réalité du fait de son abandon, dans la symbolique du fait de l'homosexualité de ses parents adoptifs. C'est beaucoup pour le même enfant[1]. » Qu'un individu confronté de fait à ces difficultés puisse les dépasser, cela est indéniable, mais promouvoir socialement, à l'échelle collective, un modèle qui imposerait à des milliers d'enfants une telle carence est inacceptable. Une chose est de veiller à une meilleure intégration des personnes et des « couples » (mais peut-on vraiment parler de couples ?) homosexuels, une autre est de voir en ceux-ci la base d'une famille. La plupart d'entre eux, d'ailleurs, n'en demandent pas tant. S'il faut faire appel à l'ethnologie, souvent alléguée bien sommairement, rappelons que, parmi toutes les sociétés qui ont toléré, voire intégré socialement, les relations homosexuelles, *aucune* n'a admis l'identité entre l'union hétérosexuelle et l'union homosexuelle. Toutes ont donné à cette dernière un statut différent[2].

L'engagement explicite et public, la différence sexuée : ces deux piliers ouvrent sur bien des architectures ; loin de brider l'originalité, ils donnent aux familles une assise suffisamment solide pour des variations et des inventions. Affirmer de telles options préférentielles en effet n'exclut en rien l'innovation en matière de vie familiale. Il y a de la place pour créer, en ce domaine ! Inventeraient de « nouveaux modèles familiaux » ceux qui par exemple concevraient et vivraient de manière quelque peu novatrice les rapports entre famille et communauté, ou encore la manière d'habiter, découvrant de nouvelles formes d'hospitalité, de solidarité, de fécondité. Évoquons ces familles qui accueillent des enfants adoptifs parmi leurs enfants biologiques. Ou encore ces « familles d'accueil » qui offrent leur toit à des jeunes malmenés par la vie (toxicomanie, handicap, etc.). Quant à la relation entre les générations, lorsque l'on voit tant de personnes âgées vivre isolées ou – et ceci n'est pas exclusif de cela – dans des maisons de retraite où le moins que l'on puisse dire est que la vie n'y est pas toujours réjouissante, on se dit que quelque chose ne va pas dans l'intégration des liens familiaux et qu'il reste place, là encore, pour l'invention.

1. Agnès AUSCHITZKA, « L'adoption au risque de l'homosexualité », *Études*, n° 3913, septembre 1999, p. 179.
2. Françoise HÉRITIER, *Masculin/Féminin. La pensée de la différence*, Odile Jacob, Paris, 1996.

On aimerait trouver des innovations qui aillent dans le sens d'un *enrichissement et d'un développement des liens* plutôt que toujours dans le sens de leur délitement et de la délaison. Mais de telles avancées ne sont possibles que sur la base d'une solidité et d'une sécurité de fond. C'est pourquoi, outre les deux piliers élémentaires que je viens d'évoquer, il faut mettre en lumière l'essentiel, c'est-à-dire les fondements éthiques, à la fois sociaux et spirituels, qui permettront de tenir de façon féconde.

FONDEMENTS

Sur quelles options fondamentales bâtir une « maison » qui ne soit pas fondée sur le sable ? D'abord en refusant la dissociation, évoquée en introduction, entre conjugalité et parentalité. Une telle dissociation risque fort d'être encouragée par une tendance actuelle, prégnante notamment dans les milieux juridiques et sociologiques, qui tend à concevoir le fondement de la famille non plus à partir de l'alliance conjugale, mais à partir de la filiation, c'est-à-dire sur la légitimation des liens parentaux. C'est ainsi qu'un magistrat a pu déclarer : « Dans la famille moderne, on est d'abord parents ; la filiation est première. La situation matrimoniale est seconde[1]. » Cette opinion ne correspond ni à la réalité des mœurs ni à ce que l'on est en droit d'attendre d'un véritable fondement. Pour ce qui est des mœurs, il convient de rappeler en effet que la majorité des couples qui fondent une famille continuent à se marier[2]. Sur le fond, il faut voir ensuite que la rupture du lien conjugal entraîne le plus souvent une très grande fragilisation, voire une mort du lien parental. Ce n'est pas sans hypocrisie que l'on feint de croire que l'engagement parental peut tenir s'il n'y a pas d'engagement conjugal. En l'absence de celui-ci, la trajectoire de l'histoire du couple a bien des chances de ne pas coïncider avec celle de l'enfant. Une don-

---

1. Jean-Pierre ROSENCSVEIG, *Le Monde*, 21 septembre 1995. Dans le même sens, Irène THÉRY, « Ce demi-siècle identifie la famille à partir de l'enfant et non plus à partir du couple », *Le Démariage*, Odile Jacob, Paris, 1993, p. 330.
2. Si l'on considère la tranche des 30-50 ans, *sept* couples sur *huit* sont mariés. Entre 25 et 35 ans, près de 60 % des couples se marient. (Sources : *Population et sociétés*, n° 293, septembre 1994 ; INSEE, *Données sociales*, 1998). Il faut dire aussi que le taux de nuptialité de la France est le plus bas de l'Union européenne.

née statistique (peu souvent citée mais tout aussi scientifique que tant d'autres que l'on reçoit avec complaisance) : dans le concubinage, le lien est beaucoup plus fragile que dans le mariage. Le risque de rupture, sur dix ans, y est six fois plus fort que chez les époux quand il n'y a pas d'enfant, deux fois plus fort encore quand il y a présence d'enfant(s)[1].

Reconnaître un enfant, c'est bien s'engager envers lui, mais que vaut un tel engagement si on laisse ouverte l'hypothèse de la précarité du couple, c'est-à-dire la possibilité qu'à plus ou moins long terme l'un des deux contractants soit séparé de lui ? Remplacer l'alliance par la filiation n'est qu'une manière apparente de fonder la famille sur l'enfant. En réalité, ce qui restera déterminant dans l'histoire ultérieure, ce seront les aléas de la vie du couple. « Le problème vient de ce que la fragilité grandissante des couples menace la stabilité de l'engagement parental », écrit Pierre Noreau, pour qui le principal problème réside dans le fait que le couple et la famille obéissent à deux logiques différentes[2].

La parole d'alliance.

Ce couple doit donc lui-même être fondé, sur un acte qui l'ouvre à plus grand que lui et lui donne pour durer un cadre plus ferme que les hauts et les bas de sa vie affective. Ce cadre ne peut être que le fruit d'un *acte de parole*, d'une parole qui lie et, puisque fonder une cellule sociale déborde le contexte de sa stricte intimité, d'une parole publique. Nous appelons une telle parole : parole d'alliance. Il ne s'agit pas seulement d'y consacrer un amour, d'y célébrer l'union de deux cœurs ; il s'agit de s'engager dans une solidarité d'un type particulier, plus forte que celle des liens purement affectifs ou contractuels, plus forte même que les liens du sang (« l'homme quittera son père et sa mère... »), d'un pacte dans lequel les personnes s'impliquent à ce point que de l'irréversible a lieu.

Il s'agit de plus que d'une association. Tandis que celle-ci est un acte raisonnable dans lequel chacun n'engage que ce qu'il veut,

---

1. L. Toulemon, « La place des enfants dans l'histoire des couples », *Population...*, n° 49, juin 1994. Pour le Québec, des analyses sérieuses donnent des chiffres similaires : Nicole Marcil-Gratton, « Les conditions nouvelles de la stabilité familiale », in *Recueil de réflexions sur la stabilité des couples parents*, Gouvernement du Québec, Conseil de la famille, 1996., p. 18-19.

2. *Recueil de réflexions...*, p. 59.

en échange de contreparties, l'alliance est un acte beaucoup plus radical. En son sens le plus ancien, sens guerrier, elle est engagement dans un combat commun, dont l'enjeu n'est pas moindre que la vie ou la mort et dont les partenaires sont loin de maîtriser toutes les données. Aujourd'hui encore, l'alliance conjugale hérite de ces significations. On ne fait pas alliance seulement pour réaliser tel ou tel « projet », mais pour affronter ensemble les combats de la vie, combats dont on ne sait pas ce qu'ils seront : l'un et l'autre resteront-ils en bonne santé ? des enfants viendront-ils ? que nous réservent-ils ? L'idée de mort y est encore présente, et cela de trois manières : (1) cette alliance engage jusqu'à la mort, (2) la briser, ce serait mourir à une part de soi-même, (3) les combats de la vie sont aussi combats contre la mort, et cela de bien des manières, notamment à travers le vœu de fécondité. Faire alliance, c'est se mettre en mesure de continuer l'histoire, non par un vieillissement indéfini, mais par le rajeunissement que constitue la venue au monde d'êtres nouveaux.

Nous sommes très sensibles aujourd'hui aux fragilités ou aux écueils d'un tel lien (notre culture est beaucoup plus une culture de la rupture qu'une culture du lien). Mais il importe aussi d'en rappeler la force et les enjeux spirituels. De percevoir, par exemple, comme une chance le renoncement à une certaine forme de liberté pour accéder à une liberté supérieure. L'alliance conjugale me libère de la première des prisons, celle du moi, de son égoïsme et de ses pesanteurs. La vie commune est un appel permanent aux dépassements de ceux-ci pour accéder à une vie nouvelle, fruit de l'union de libertés qui s'aident mutuellement à vaincre leurs enlisements. Évoquons aussi la profonde sécurité intérieure que donne la certitude d'être aimé inconditionnellement.

Le sens du don.

La famille est le principal lieu de l'incarnation. Alors que les relations sociales sont en général plutôt intellectuelles, souvent désincarnées, la famille est le lieu où la dimension charnelle de l'existence prend toute sa place. Lieu des repas, moment extrêmement important de la vie familiale, le plus important sans doute, lieu du lit conjugal, de la génération, lieu aussi d'accompagnement de la douleur, de la souffrance et de la mort.

Or, dans l'incarnation, dans chacun des moments que nous venons d'évoquer, nous apprenons que la vie est don, et qu'elle l'est de deux façons : en étant elle-même reçue et en consistant à donner. Le don authentique se distingue de l'échange marchand en ce qu'il ne repose pas sur le calcul. Critiquant le fond de pensée utilitariste de la plupart des travaux en sciences humaines, le Canadien Jacques Godbout propose de distinguer deux types de rapports sociaux : les rapports secondaires, qui reposent sur le contrat, la raison, et le calcul, d'une part, et les rapports primaires, qui reposent sur le don et la générosité d'autre part. Or, seuls ces derniers créent véritablement des liens, et des liens qui permettent de vivre. Un monde où toutes les relations seraient régies par le contrat et le calcul serait-il viable? Il faut bien reconnaître que la famille est, sinon le seul, du moins le tout premier lieu du don[1]. Son harmonie ne peut provenir que de la circulation de cet acte, lorsque chacun devient donateur à son tour, même si le don des parents, et c'est heureux, ne remonte pas tout entier jusqu'à eux, s'ils donnent à leurs enfants la capacité de devenir donateurs à leur tour… vers d'autres. Tout cela ne tient que si le don est digne de ce nom, c'est-à-dire s'il n'est pas soumis à la logique du calcul et de l'échange marchand, si les personnes oublient de calculer la balance de leurs pertes et de leurs gains.

Le don y prend notamment la forme de la fécondité, c'est-à-dire du don de la vie. À vrai dire, « donner » la vie, c'est la recevoir, c'est faire l'expérience d'une singulière coïncidence entre activité et passivité, ce qui est le propre de l'incarnation. Nous sommes invités ici à nous situer sur un autre registre que celui de la pensée technicienne ou pragmatique. On ne « fait » pas un enfant; on « l'attend », d'abord, puis on le « met au monde ». Le sens authentique du désir de fécondité n'est pas de *se* reproduire ou de *se* prolonger, mais de communiquer une vie que l'on a soi-même reçue, que l'on éprouve comme bonne, et qui n'est vie qu'en se donnant. Aimer la vie, c'est désirer la communiquer.

La respiration sociale.

La famille ne peut être à elle-même sa propre fin. Percevoir les valeurs familiales ne doit pas conduire au « familialisme ». Il peut exister un totalitarisme familial, comme il existe un tota-

---

1. « La famille est le lieu de base du don dans toute société, le lieu où il se vit avec le plus d'intensité, le lieu où l'on en fait l'apprentissage. » Jacques GODBOUT, *L'Esprit du don*, La Découverte, Paris, 1992, p. 38.

litarisme étatique. La famille peut devenir étouffante, possessive, lieu de repli sur elle-même. Selon la formule de Jean Lacroix, « ce qui est à craindre, ce n'est pas le groupe fort, c'est le groupe unique[1] ». La famille, comme les personnes, gagne au pluralisme des institutions. Il est heureux que le rôle de la première soit à la fois limité et relayé par celui de l'État, de l'école, ainsi que par celui d'autres communautés. Les tensions elles-mêmes – telles, par exemple, celles qui peuvent naître entre famille et école – sont opportunes pour la construction de la personnalité de l'enfant qui, s'il recevait tout d'une seule source, serait dans l'impossibilité de se construire librement.

C'est encore Jean Lacroix qui invite à dépasser la scission entre le privé et le social en rappelant les nécessaires communications entre le « social public » et le « social privé ». Aussi, transposant une distinction célèbre introduite par Bergson, distingue-t-il entre les familles *closes* et les familles *ouvertes*. Alors que tant de familles souffrent de leur isolement, paradoxalement menacées à la fois de repli et d'éclatement, les familles ouvertes sont intégrées et intégrantes. Intégrées parce qu'insérées elles-mêmes dans un tissu social et communautaire, dans des réseaux de solidarité et de partage et, si elles en ont la chance, de communion. Intégrantes parce que, plus elles sont ainsi vivifiées, plus elles seront aptes à l'hospitalité et à l'accueil de ceux qui pourront trouver en elles l'appui et les références qui auront fait défaut à leur histoire personnelle. J'ai entendu un jour cette belle réflexion : « Une famille heureuse n'est pas une famille où l'on se dit : qu'est-ce qu'on est bien entre nous !, mais une famille où le premier venu, accueilli, pourrait dire : qu'est-ce que je suis bien chez vous ! ».

Quelle famille pour demain ? Il ne s'agit pas de jouer aux devins ou de s'en remettre à quelque oracle scientifique qui nous prédirait des évolutions que nous devrions subir telles des fatalités. La question est à entendre comme : quelle famille *voulons-nous* pour demain, pour le début du XXIᵉ siècle ? Nous sommes renvoyés à notre responsabilité individuelle et collective. Quel modèle pratique, quels critères de jugement, quels biens spirituels osons-nous proposer à nos enfants ? Quelle pré-

---

1. Jean LACROIX, *Forces et faiblesses de la famille*, Éd. du Seuil, Paris, 1948, p. 117.

férence sociale, quelle éducation affective, quel appui aux couples avons-nous cure de mettre en place collectivement?

Il est frappant de constater à quel point la famille est lieu de changements mais aussi de permanences. Nous sommes à la fois très éloignés et très proches des familles de l'Antiquité ou d'autres civilisations. La mutation des discours et des idéologies ne doit pas donner le vertige jusqu'au point de ne plus oser prendre appui sur ce qui permet d'articuler le charnel et le spirituel, la différence des sexes et celle des générations, l'intime et le social. Il est d'ailleurs frappant de voir combien les familles d'aujourd'hui, dans leur majorité (ne l'oublions pas!) réussissent cet exploit d'associer l'intégration de profondes mutations quant aux modalités de la relation ou aux catégories de pensée et la fidélité à des actes aussi étonnants, aussi inactuels, que celui de s'engager pour la vie envers quelqu'un ou d'honorer la solidarité issue de liens aussi archaïques que les liens du sang. Ainsi les familles peuvent-elles continuer à évoluer, dépassant les pesanteurs et fermetures qui les caractérisent, tout en restant des familles, c'est-à-dire des lieux sans équivalent de solidarité, de résistance au temps, pour l'accueil de l'avenir.

*

Bibliographie sélective.

Guy RAYMOND, *Ombres et lumières sur la famille*, Bayard-Éditions, Paris, 1999.
Louis ROUSSEL, *La Famille incertaine*, Odile Jacob, Paris, 1989.
Paul MOREAU, *Les Valeurs familiales*, Éd. du Cerf, Paris, 1991.
Jacques GODBOUT, *L'Esprit du don*, La Découverte, Paris, 1992.
Jean LACROIX, *Forces et faiblesses de la famille*, Éd. du Seuil, Paris, 1948.

De l'auteur.

« Enjeux autour de la famille », *Études*, n° 3814, octobre 1995.
« Neutralité, éthique de l'État? », *Cahiers de l'Institut catholique de Lyon*, n° 23, février 1991.

CHAPITRE II

QU'EST-CE QU'UN PÈRE ?

« Il devient aujourd'hui de plus en plus difficile d'être père », affirmait Françoise Dolto[1]. Le père, cette figure qui, dans la plupart des cultures, dans la nôtre en tout cas, a tenu une place si importante, « mon père, ce héros au sourire si doux » est, dans bien des cas, en passe de devenir un personnage flou, problématique, fragilisé. Très souvent, remarquez-le, on ne parle de lui que négativement, sous l'angle de ses manques. En littérature comme au cinéma, comme dans les sciences humaines, voici les pères absents ou défaillants, tyranniques ou incapables d'exercer leur autorité, trop ou pas assez tendres, trop proches ou trop éloignés, trop ressemblants ou trop différents de la mère. Voici le père en procès. Plus sérieusement, face aux instances juridictionnelles, précisément, certains diagnostiquent un « soupçon généralisé sur la parentalité masculine[2] ».

Une telle destitution semble avoir trouvé ses lettres de noblesse dans le discours scientifique, si l'on songe par exemple au *meurtre du père* freudien. Il est tout de même très frappant qu'au seuil de notre siècle ait été posée comme emblématique l'image du père-rival qui craint que son fils ne prenne sa place et vient à être tué par lui ou encore, dans *Totem et tabou*, ce père sauvage, violent et jaloux, que ses fils ne peuvent que haïr et tuer pour exister. Dans beaucoup d'esprits, le mythe du

1. Françoise DOLTO, *La Sexualité féminine* (1982), « Livre de poche », Paris, p. 22.
2. Philippe JULIEN, « Conjugalité et parentalité : les nouvelles frontières entre le privé et le public », *Études,* n° 3895, novembre 1998, p. 474.

« meurtre du père » est interprété selon l'idée de se passer de père, autrement dit d'oublier que l'on est fils.

Emblématique aussi pour notre temps pourrait être la figure de Clytemnestre, épouse d'Agamemnon, cette « mère qui renie son mari au bénéfice de son amant, privant ses enfants de père et leur proposant un autre homme qui n'est pas *le* père mais va en occuper la place[1] ». Par divers traits, une conception matriarcale de la famille gagne du terrain. Une certaine vulgarisation de la psychanalyse insiste tellement sur le fait que le père est « celui que nomme la mère » que l'on ne voit plus guère comment il est lui aussi *sujet* de parole. Deux millions et demi d'enfants vivant, en France, sans la présence de leur père attestent de la fragilité du lien paternel.

Tout cela, ironie de l'histoire, au moment où la plupart des pères font preuve d'une volonté de présence à leurs enfants particulièrement remarquable. Rarement les pères ont, autant qu'aujourd'hui, manifesté le désir d'êtres proches de leurs enfants, de participer activement à leur éducation. Ce ne sont pas les personnes qui sont en cause, leur désir et leur bonne volonté. La question n'en est que plus poignante. Les pères ne sont pas « démissionnaires », comme on le dit un peu légèrement parfois. Ils sont, selon Guy Petitclerc « licenciés », évincés de leur place, privés de leur autorité. C'est leur fonction qui est ébranlée. Or, celle-ci n'est rien sans relais et appuis sociaux. C'est l'image sociale du père, comme de toutes les *fonctions* paternelles (il y en a d'autres que familiales) qui est devenue précaire.

« Naguère, les fils tuaient leur père pour se prouver qu'ils avaient des muscles. Mais maintenant, contre qui porter nos coups ? Nous voilà condamnés, orphelins que nous sommes, à poursuivre un fantôme en reconnaissance de paternité[2]. »

Il ne faudrait pas, toutefois, oublier tout ce qui témoigne en faveur de la figure du père. Bien que fragilisé et malmené, le lien paternel continue à être pressenti comme un trésor, une source de bienfaits. En littérature, nombre d'œuvres témoignent de la quête du père, du souvenir de celui-ci ou des retrouvailles avec lui. Œuvres d'hommage, de redécouverte, de réconcilia-

---

1. Christiane OLIVIER, *Les Fils d'Oreste*, Flammarion, Paris, 1994, p. 7.
2. Patrick MODIANO, *Les Boulevards de ceinture*, Folio, Paris, 1972.

tion posthume, de sauvetage de la mémoire[1]. Au seuil de notre siècle, Péguy a su célébrer les pères de famille, « ces aventuriers des temps modernes », ainsi que « cette grande bonté, cette grande piété descendante de tuteur et de père, cette sorte d'avertissement constant, cette longue et patiente et douce fidélité paternelle, un des tout à fait plus beaux sentiments de l'homme qu'il y ait dans le monde[2] ».

Lorsqu'elle le peut, cette tendresse ne demande qu'à s'exprimer. La difficulté est alors qu'en ce même temps où un grand prix lui est accordé, on ne sait plus très bien ce qui constitue le lien paternel, moins encore ce que signifie « être père ». À la question : « Finalement, être père, en quoi cela consiste-t-il ? », il en est peu qui pourraient répondre directement et brièvement. Quels sont les rôles, fonctions, significations propres au père, par rapport à ceux de la mère ? Peut-on nommer des traits de différence qui le distinguent de celle-ci ? Père et mère sont-ils substituables ? On pressent que la réponse est : non. Et pourtant... y a-t-il une seule des tâches dites « paternelles » que la mère ne pourrait assumer ? Dans l'autre sens (en inversant les termes), la réponse serait plus nette, vraisemblablement affirmative : on trouverait des exemples. Les pères et, plus généralement, les hommes ont aujourd'hui un problème d'identité.

Au-delà du subjectif ou du psychosocial, dans sa définition même, juridique ou anthropologique, le lien paternel n'est pas simple ; il est pluriel. Il est généralement bien entendu qu'il n'est pas seulement biologique. Il suppose une reconnaissance, une mémoire, elle-même culturellement relayée. Il n'y a pas de pères dans le monde animal. On reconnaît à la paternité au minimum trois dimensions : *biologique* (dont l'importance n'est pas à dénier), *volontaire* (fondée sur un acte de reconnaissance ou d'adoption), *institutionnelle* (portée par l'institution, la loi). Des débats ont lieu sur la priorité à accorder à telle ou telle de

1. Paul AUSTER, *L'Invention de la solitude*, *Smoke* ; Michel BRAUDEAU, *Mon Ami Pierrot* ; Annie ERNAUX, *La Place* ; Patrick MODIANO, *Les Boulevards de ceinture* ; Pascal JARDIN, *Le Nain jaune* ; Philip ROTH, *Patrimoine* ; Marc LE BOT, *Les Yeux de mon père* ; Jean ROUAUD, *Des hommes illustres* ; François WEYERGANS, *Franz et François* ; Jean-Louis FOURNIER, *Il a jamais tué personne, mon papa* ; Osvaldo SORIANO, *L'Heure sans ombre*.
2. Charles PÉGUY, *Véronique*, 1912 ; *L'Argent*, 1913, Paris, Gallimard, « La Pléiade », Œuvres en prose, p. 373 et 1132.

ces dimensions[1]. En sociologie, avec Irène Théry par exemple, on repérera trois composantes de la paternité : biologique (le père comme géniteur), domestique (celui qui prodigue les soins, nourrit et éduque), généalogique (celui qui, par la transmission du nom, inscrit dans une appartenance familiale et dans la chaîne des générations).

Tissé de plusieurs « fils », le lien paternel est à la fois fort et fragile. Il peut être dissocié, ce que les sciences humaines soulignent aujourd'hui à l'envi. Osons toutefois l'hypothèse que, si cela est possible, son unité, sa cohérence demeure un bienfait pour l'enfant. Comment cela peut-il être favorisé ? En vérité, le lien paternel est à son maximum de fragilité lorsqu'il est lui-même dissocié, séparé d'autres liens qui lui donnent consistance et qu'il contribue à enrichir. Dans une première partie, nous en repérerons trois. Nous tenterons ensuite une formulation, de type phénoménologique, de ce qui pourrait constituer un irréductible de la relation paternelle, avant de dégager quelques principes pour une éthique de la paternité.

UN LIEN LUI-MÊME RELIÉ

La relation père-enfants est aujourd'hui pensée en termes presque exclusivement affectifs, sur les registres psychologique, familial, intimiste. Il y a lieu de s'en étonner si l'on prend conscience que traditionnellement, pendant des millénaires et encore aujourd'hui dans bien des cultures, être père, c'est ou c'était d'abord assumer des fonctions éminemment sociales : fonctions de transmission, d'apprentissage, d'initiation, d'incorporation, de régulation des conduites. C'est ou c'était être relié à une appartenance plus vaste que celle de la cellule familiale, à des institutions, des normes, des valeurs, à des choses respectables, en se situant sur une scène plus large que la scène privée. *Être père, cela renvoie à plus grand que soi.*

Entre le lien paternel et le lien social, l'appui a longtemps été réciproque. Dans un sens, le père contribuait au lien social ; il y introduisait, y préparait, y conduisait. On a pu l'appeler « gar-

---

1. Par exemple à propos de la triste « affaire Montand », où Aurore Drossard a tenté de faire établir sa filiation par une investigation biologique.

dien des passages ». La mère a donné à l'enfant son corps charnel ; reste à l'introduire au corps social. Ce sera la tâche des
deux parents, bien sûr, mais, étant donné sa position[1], c'est là
que le père pourra manifester sa fonction propre. Dans le sens
inverse, le lien social appuyait le lien paternel. Il le confirmait,
le valorisait. Le père était une *figure*, et celle-ci se voyait relayée
par d'autres figures paternelles qui offraient à l'enfant des normes
et des préceptes sinon identiques du moins homogènes avec la
parole du père. Cela est très sensible dans l'exemple de la
Troisième République, où le curé et l'instituteur proposaient l'un
et l'autre des enseignements différents mais l'un et l'autre très
proches de ce que pouvait enseigner un père.

Longtemps le père a, pour une bonne part, tenu son prestige
de son métier : cultivateur, vigneron, maréchal-ferrant…,
l'enfant le voyait et le regardait travailler. Le métier, aujourd'hui
devenu « profession », est souvent lointain, abstrait, compliqué. C'est laconiquement qu'il est évoqué. « Les pères ne parlent pas de leur travail. Parce qu'ils sont débordés, fatigués ou
parce que leur travail leur paraît aliénant. Pourtant, parler de
sa vie de travail autour de la table, avec tout ce qui s'y rat-
tache, c'est un des plus beaux cadeaux que l'on puisse faire à
ses enfants[2]. » Et que dire si le père est chômeur ou oppressé
par la crainte de perdre son emploi ?

C'est peu de dire que la fonction paternelle ne reçoit guère,
aujourd'hui, d'accompagnement social. L'expression « en bon
père de famille », souvent citée ironiquement, prête à sourire. Et
quelle image du père ressort-elle des films, feuilletons télévisés,
bandes dessinées ? Souvent celle d'un personnage dérisoire se
rengorgeant d'un pouvoir aussi abusif qu'illusoire[3]. Quel sera le
poids du père face à ces nouveaux référents que seront les ani-
mateurs de la télévision, vedettes du monde des spectacles qui,
eux aussi, ne craignent pas de jouer les pourvoyeurs de normes ?
On le pressent : de même qu'il y a une accointance profonde
entre le lien paternel et le lien social, de même y a-t-il cohérence entre la crise du premier et celle du second.

---

1. Dès la naissance, le père se trouve *à côté* de la mère.
2. Germain DULAC, sociologue canadien, *Revue Notre-Dame*, Québec, n° 7,
juillet 1994.
3. Exemple : *Y aura-t-il de la neige à Noël ?* Pour les bandes dessinées,
voir Reiser, Cabu.

Indirect, le lien paternel passe aussi, il passe même d'abord et essentiellement par la mère. Plus social que le lien maternel, il est en même temps plus secret. *Pater semper incertus, sed mater certissima*, disait un adage du droit romain[1]. Entre le père et l'enfant, le lien passe par le corps et la parole de la mère. Il y a toujours un acte de confiance, de foi, dans la reconnaissance d'un lien paternel. Confiance soit dans la parole de la mère, soit dans l'institution matrimoniale[2]. Tout cela revient à dire que le lien paternel passe par le lien conjugal. Ici encore, nous sommes conduits au même constat : la fragilisation du second implique celle du premier. Dans sa signification comme dans les faits, le lien paternel est la principale victime de la fragilisation du lien conjugal. Ayant développé ailleurs ce point[3], je citerai seulement, pour mémoire, la formule dramatiquement vraie de Louis Roussel : « Tout se passe comme si le seul fragment durablement solidaire était désormais celui qui lie la mère à son enfant[4] ».

Les ruptures ne constituent pas le seul domaine dans lequel se vérifie la dépendance du lien paternel à l'égard de la relation homme-femme. Les incertitudes viennent aussi des doutes sur la différence. En effet, le sens de l'être paternel (ou de la fonction paternelle) ne se définit pas indépendamment de celui de l'être maternel (ou de la fonction maternelle). Tôt ou tard, la différence entre père et mère renvoie à la différence entre homme et femme, entre masculin et féminin. D'une manière ou d'une autre, il faut passer par ceci : le père est le parent de sexe masculin. Or, les critères pour appréhender la masculinité, comme la féminité, sont devenus de plus en plus flous, voire problématiques.

Une fois dépassés les stéréotypes du père-patriarche pourvoyeur d'argent-plongé dans son journal, une fois dépassés les clichés sur la virilité, sur quoi pourra s'appuyer la valorisation

---

1. « Le père est toujours incertain, mais la mère très certaine. »

2. Autre adage du droit romain, *Pater is est quem nuptiae démonstrant*, « Le père est celui que les noces indiquent. » (Principe remontant à l'empereur Trajan, IIe siècle de notre ère. (Auparavant, la paternité reposait sur la volonté de l'homme, qui adoptait l'enfant.)

3. Données et chiffres dans la conférence « Quelle famille pour demain ? », au chapitre précédent.

4. Louis ROUSSEL, « L'avenir de la famille », *La Recherche*, n° 214, octobre 1989, p. 125.

de la différence ? La prise de conscience du caractère culturel et contingent de toute traduction pratique de la différence ne fait que rendre celle-ci plus précaire. N'osant – et d'abord ne pouvant – plus jouer au patriarche, le père n'a qu'une possibilité : se mettre à l'école de la mère. « Les bons pères, ce sont ceux qui se comportent comme de bonnes mamans. Ce qui porte l'image du père, son vecteur, c'est l'agir féminin[1]. » On serait parfois tenté de dire : un père, c'est une mère... en moins bien. Souvent le père a du mal à trouver sa place dans une famille où la femme joue tous les rôles. On le voit, ce qui est en jeu ici est une juste relation entre les sexes. Là est sans doute un des défis majeurs de notre temps.

Enfin, et en troisième lieu, il convient de dégager la dimension religieuse de la paternité. Dans de nombreuses cultures, et dans la nôtre du côté de nos racines grecques et romaines, le sens de la paternité s'est trouvé en affinité avec des valeurs religieuses. Chez les Romains, le *paterfamilias* était dit « pontife du culte[2] » ; c'est lui qui présidait au culte familial. (Il y avait en effet une « religion familiale », avec ses dieux : mânes, lares, pénates ; issus du culte des ancêtres.) En judéo-christianisme, il en va différemment, en raison de la désacralisation des liens du sang, comme de l'institution et de la filiation elle-même. Mais ce n'est que pour mieux souligner combien la paternité humaine n'est pas absolue, renvoyant à une autre source de vie et de parole. La filiation humaine introduit dans une autre filiation ; les parents ne sont que les intendants d'un don qui les précède, les lieu-tenants d'un sujet plus absolu qu'eux. Ils ne sont pas créateurs mais pro-créateurs, non origine mais eux-mêmes fils et fille, et cela en un double sens : de leurs parents d'une part, de la Source de toute vie d'autre part. D'où la parole de l'Évangile : « N'appelez personne Père, car vous n'avez qu'un seul Père, qui est au cieux » (Mt 23, 9).

Ici encore, le père renvoie à plus grand, à plus haut que lui. Si une de ses caractéristiques par rapport à ses enfants, pendant quelque temps du moins, est la « hauteur », celle-ci renvoie elle-même à celle du « Très-Haut ». Il n'est père que dans l'obéissance. « Si le père désobéit aux lois de Dieu, le fils n'est

---

1. Germain DULAC, art. cité, *Revue Notre-Dame*.
2. *Pontifex*, littéralement, « celui qui fait le pont ».

pas tenu de lui obéir », pouvait écrire un auteur chrétien[1]. « On ne peut être père si on ne sait pas être fils », écrit très justement Jean Vanier[2]. Tout cela nous fait pressentir la proximité entre le sens de la paternité et celui du religieux, autrement dit, celui du *re-ligare*, de l'être relié. Il y aurait un beau travail de recherche à conduire sur la relation de correspondance, et même de causalité, entre l'affaiblissement actuel du sens religieux de l'existence et la fragilisation de celui de la paternité. Nous avons l'intuition que le lien paternel est d'essence religieuse. *A contrario*, une philosophie existentialiste athée, nihiliste, ou démiurgique n'y conduira guère.

LE PROPRE DU LIEN PATERNEL

Il est donc plus difficile de caractériser le lien paternel que le lien maternel. La mère a porté l'enfant, elle l'a mis au monde, éventuellement allaité. Elle est « très certaine », elle exerce sa maternité au vu de tous, à travers mille gestes évidents. Il y a une impressionnante évidence de la maternité. La paternité, en revanche, nous situe d'emblée face à un paradoxe : d'un côté elle est plus sociale, de l'autre, elle est plus secrète. L'acte par lequel un père est devenu père, ou plus exactement géniteur, a été un acte éminemment intime, caché, et nous avons l'intuition qu'il est important qu'il le demeure. C'est ainsi que l'on peut comprendre l'importance de l'interdit de voir le sexe du père, ce qui serait une chose extrêmement grave, dans la Bible. Il y a un « impossible à voir » de la paternité qui lui est tout à fait essentiel[3].

---

1. Jean BENEDICTI, théologien franciscain du XVIe siècle. Cette pensée, constante en judéo-christianisme est à l'opposé d'une allégation de Christiane OLIVIER, selon laquelle « le christianisme, en rapprochant l'image du père de celle de Dieu, a donné au père un pouvoir discrétionnaire absolu sur toute sa famille » (*ibid.*, p. 23). Il est regrettable de voir un ouvrage qui donne par ailleurs tant à penser se prêter à de telles fantaisies. Mais cela est courant dès qu'il s'agit du christianisme. Nous pourrions citer ici bien d'autres auteurs contemporains.

2. Jean VANIER, *Homme et femme il les fit*, Fleurus-Bellarmin, Paris, 1984, p. 97.

3. Voir à ce propos Philippe JULIEN, *Le Manteau de Noé*, Desclée de Brouwer, Paris, 1991, p. 41.

« Sem et Japhet prirent le manteau, le mirent tous deux sur leurs épaules et, marchant à reculons, couvrirent la nudité de leur père ; leurs visages étaient tournés en arrière et ils ne virent pas la nudité de leur père. » (Gn 9, 23.)

Cela dit, comme toute réalité mystérieuse, la paternité se manifeste, et manifeste son essence à travers son apparaître. L'approche la plus élémentaire, celle de l'éthologue, qui s'en tient à la simple analyse des comportements, peut déjà être révélatrice. « Une seule mère se développe dans le psychisme de l'enfant, écrit Boris Cyrulnik, alors qu'il a trois pères[1]. » Le premier, que l'on appellera le *père-planteur* est dit « intramaternel » : en donnant sa petite graine, le mâle géniteur supplée à l'impossible parthénogenèse, si fréquente dans le monde vivant. Nous faisons partie des espèces pour la reproduction desquelles un apport nouveau d'information est nécessaire, un principe de différence et de nouveauté impliqué. Nous sommes d'emblée au-delà de la pure et simple « reproduction ».

Vient ensuite le *père-visage*, celui qui apparaît autour du huitième mois, lorsque la maturation neurologique de l'enfant lui permet de différencier la perception de deux visages. Naît alors le père perçu (avec Cyrulnik, nous pouvons l'appeler le « père-su »), ce visage étranger rendu familier par la mère, cet « étranger intime », dira un autre auteur. Il est à noter toutefois que l'étrangéité n'est pas totale puisque, ainsi que des études récentes l'ont montré, le bébé intra-utérin peut déjà percevoir la voix de son père (mieux que celle de sa mère) et même goûter son odeur à travers le liquide amniotique. L'important est ici de repérer d'une part le rôle de la mère dans la nomination, d'autre part la situation intermédiaire de cet « étranger familier ».

Plus tard, à distance de la mère, prendra place le *père social*, celui qui se caractérisera par un rôle social, avec une fonction de représentation. Il aura sa manière à lui d'incarner le passage entre l'intimité familiale et ce qui est au-delà de celle-ci. Entrer et sortir : au-delà des stéréotypes sociaux, ces deux actes prennent chez le père une portée signifiante particulière. Selon le poète Christian Bobin : « Un père, c'est quelqu'un qui représente autre chose que lui-même en face de son enfant, et qui croit à ce qu'il représente[2]. »

---

1. Boris CYRULNIK, *Sous le signe du lien*, Hachette, Paris, 1989, p. 101.
2. Christian BOBIN, *Le Très-Bas*, Gallimard, Paris, 1992, p. 22.

À travers les gestes et les conduites les plus simples, nous appréhendons déjà un premier aspect de l'être paternel : il est médiateur. *Il rend présent ce qui vient d'ailleurs*, selon la belle formule entendue un jour. Une image significative de la paternité serait celle du *passeur*. Il fait passer l'enfant d'une rive à l'autre. Du proche au lointain, de l'intime au social, du passé à l'avenir. C'est la légende de saint Christophe qu'il conviendrait d'évoquer ici. On peut y voir une belle image de la paternité[1]. Le père porte l'enfant, mais il ne le porte pas comme la mère le porte ou l'a porté. Les épaules seraient à la figure du père ce que le giron est à celle de la mère.

« Cette chose haute à la voix grave qu'on appelle un père dans les maisons[2] » est d'abord éprouvée par l'enfant comme une *force*. Être fort : telle est certainement une des premières qualités qu'un enfant attend de son père. Une force qui sache, en s'autolimitant, se mesurer à sa faiblesse, une force sur laquelle il puisse compter. Il aimera éprouver cela dans le jeu, dans ces jeux entre le père et l'enfant où, à travers la description humoristique qu'en donne Boris Cyrulnik, nous voyons déjà se profiler quelques caractéristiques typiquement paternelles. « Dans l'ensemble, les pères sont moins toiletteurs et plus joueurs. C'est dans les jeux qu'on éprouve la plus grande différence de style. Les mères ont tendance à balancer doucement, à bercer, alors que les pères secouent rythmiquement leur enfant, ce qui pour un bébé constitue une information du plus haut intérêt. […] Mais le jeu le plus spécifiquement masculin, c'est le lancer de bébé. Les mères soulèvent leurs bébés en vocalisant, alors que les pères sont de grands lanceurs de bébés : ils soutiennent le petit à bout de bras et, sans le lâcher, le font monter et descendre comme dans un ascenseur, pour le plus grand plaisir de l'enfant[3]. » Plaisir mêlé d'anxiété, ce qui se traduit par le rire aux éclats, où l'enfant éprouve qu'il peut faire confiance à son père, s'abandonner à cette force qui ne le lâche pas.

Cette force au service de la faiblesse n'est pas une force aveugle. Elle est *liée*. Liée à la mère, liée à l'enfant, liée par

---

1. Voir à ce propos Yves BONNEFOY, *Dans le leurre du seuil* (1975), Poésie-Gallimard, Paris, 1996.
2. Jules SUPERVIELLE, « À une enfant », *Gravitations* (1925), Paris, Gallimard, « La Pléiade », p. 162.
3. Boris CYRULNIK, p. 114.

la parole. Nommé par la mère, le père est d'emblée présent sur le registre du symbolique. La parole est constitutive de son être même. Mais il n'est pas seulement « nommé » : il est lui-même sujet de parole. Selon Aldo Naouri, *le père est ce tiers dont la parole fait loi pour la mère*. La loi prendra bien sûr la figure de l'interdit, le fameux interdit du repli sur la dyade mère-enfant. Mais une représentation exclusivement négative du rôle du père serait ici regrettable. Tiers séparateur, oui, mais aussi présence aimante, sensible même. Il s'agit d'apporter à l'enfant « un amour d'une autre couleur ». Qu'il soit garçon ou fille, l'enfant n'a pas trop de l'amour de deux sujets différemment sexués pour découvrir sa propre identité, à travers un jeu subtil de différences et de ressemblances. « Le père et la mère sont les deux rails sur lesquels avance l'enfant », dit encore Christiane Olivier[1]. Le père n'est donc pas seulement « celui qui dit non », l'empêcheur de tourner en rond, ou le fameux « castrateur ». Sa présence est aussi corporelle, affectueuse. Il ne transmet pas que des interdits mais aussi des goûts, des découvertes, des passions. Cela est particulièrement important lors de l'adolescence du garçon. Il est témoin de la loi, mais de la loi comme principe de structuration de la vie. « Un père, c'est quelqu'un qui parle de la loi avec amour », peut dire Fernando Savater[2]. S'il fallait tenter une définition du père, nous la formulerions ainsi : *père est celui qui exprime et incarne une parole d'appel*.

Ce qu'il fera de diverses manières et selon les différents stades de la vie de l'enfant. Pendant les premières années, il apprendra à celui-ci l'obéissance à une loi autre que celle de son caprice. Son autorité s'exercera surtout de l'extérieur, l'enfant apprendra la « loi de l'autre ». Mais, progressivement, le père aidera son enfant à découvrir son autonomie, c'est-à-dire à suivre « sa propre loi », au sens noble de l'expression : non la loi (anarchique) de sa subjectivité immédiate, mais celle de sa conscience, de son jugement, de ce qui est bon pour sa croissance. Mettre son autorité au service de la croissance de l'autre, quelle plus grande source de joie ! Cela ne va pas sans risques, et il est toujours impressionnant de voir un père laisser son fils

---

1. Boris Cyrulnik, p. 102.
2. Entretien in *L'Express*, 7 avril 1994, p. 82.

ou sa fille prendre de la distance par rapport à lui, explorer son chemin, tout en sachant les risques qu'il encourt. Mais le plus grand risque serait de ne laisser aucune place au risque.

Cela ne signifie pas la démission. C'est tout un art que de continuer à aider, discrètement, en s'effaçant, une liberté à grandir, en balisant de temps à autre son chemin. Que l'on soit majeur civilement ne signifie pas qu'on le soit moralement, socialement, économiquement. Par la parole, par l'exemple, parfois par des exigences plus fermes, le père demeure témoin du principe de réalité et de l'appel à aller toujours plus loin. Être père exige d'assumer l'écart des générations, de supporter le désaccord, le conflit, la contradiction.

On ne façonne pas une liberté, on ne lui donne pas forme, mais on l'aide à trouver sa propre forme. Cela aura plus de chances d'avoir lieu si cette liberté rencontre en face d'elle une autre liberté, à la fois proche et différente, qui a déjà pris forme, assumé quelques combats de la vie, acquis une certaine consistance, voire résistance. Qu'il suive ou non le même chemin, le respect pour cette histoire qui a précédé la sienne, avec laquelle il a une solidarité ontologique[1], contribuera à structurer le fils ou la fille. La foi et les passions d'un père, celles du moins qui l'ont fait vivre, font partie, même pour celui qui les traite avec une condescendance apparente, des trésors d'une vie.

Le père est à la fois veilleur, témoin, adversaire et miroir. L'alliage entre ressemblance et dissemblance est particulièrement frappant en ce qui concerne la relation entre père et fils. La subtilité de cet alliage est ce qui rend cette relation si délicate, souvent difficile, parfois manquée. Comment se démarquer de celui dont on est si proche? Comment accepter de ressembler à celui dont on veut si fortement être différent? Ces contradictions se résolvent souvent à la fin de l'adolescence, quand le fils devient adulte. Paradoxalement, le moment où il s'éloigne est en même temps le moment où il se rapproche. Les premiers moments de cette reconnaissance « horizontale » (si l'on peut dire, car généralement le regard du père doit plutôt se lever) sont un moment de vérité particulièrement émouvant, que Péguy a célébré de manière inoubliable.

---

1. Qui a trait à l'être lui-même.

Demandez à ce père si le meilleur moment
N'est pas quand ses fils commencent à l'aimer comme des
hommes,
Lui-même comme un homme,
Librement,
Gratuitement,
Demandez à ce père dont les enfants grandissent.

Demandez à ce père s'il n'y a point une heure secrète,
Un moment secret,
Et si ce n'est pas
Quand ses fils commencent à devenir des hommes,
Libres,
Et lui-même le traitent comme un homme,
Libre,
L'aiment comme un homme,
Libre,
Demandez à ce père dont les enfants grandissent.

Demandez à ce père s'il n'y a point une élection entre toutes
Et si ce n'est pas
Quand la soumission précisément cesse et quand ses fils deve-
nus hommes
L'aiment, (le traitent), pour ainsi dire en connaisseurs,
D'homme à homme,
Librement,
Gratuitement. L'estiment ainsi.
Demandez à ce père s'il ne sait pas que rien ne vaut
Un regard d'homme qui se croise avec un regard d'homme[1].

POUR UNE ÉTHIQUE DE LA PATERNITÉ

Nous l'avons vu, on ne peut pas parler de la paternité en
termes purement descriptifs. Ainsi, une simple analyse des processus psychiques qui y sont impliqués ne serait pas suffisante.
Être père place devant des enjeux, des alternatives, des choix
existentiels. Si la paternité déborde le biologique, elle déborde
aussi le psychologique et le social ; elle engage une liberté et

---

1. Charles Péguy, *Le Mystère des Saints Innocents* (1912), Paris, Gallimard,
« La Pléiade », Œuvres poétiques, p. 738.

celle-ci appelle une éthique, c'est-à-dire un ensemble de fins et de valeurs qui mobilisent la volonté.

Une singulière responsabilité.

Une première prise de conscience liée à la paternité sera celle d'une singulière responsabilité. Le philosophe Hans Jonas voit dans la parentalité, et plus particulièrement dans la responsabilité parentale à l'égard du nouveau-né, le modèle, l'archétype même de toute responsabilité. Les parents sont responsables de la vie même de « cet être sans défense suspendu au-dessus du non-être », « ce nouveau-né dont la simple respiration adresse un "on doit" irréfutable à l'entourage, à savoir : qu'on s'occupe de lui[1] ». Double versant, donc, de l'appel à la responsabilité : en premier lieu, la vulnérabilité de l'enfant (et selon Paul Ricœur, « l'objet de la responsabilité, c'est le vulnérable en tant que tel »), en second lieu, le fait que les parents aient à répondre non seulement des actes de l'enfant, de ses conduites, mais du fait même qu'il vive, qu'il existe. De son être même. Il y a dans la parentalité une solidarité particulière, qui tient au fait que l'existence d'un être est passée par le corps de deux autres, par un acte et un ensemble d'actes de ceux-ci. On dira que ceci ne vaut que pour la paternité charnelle. Mais la paternité adoptive, d'une manière ou d'une autre, se coule dans ce modèle, même s'il est souhaitable qu'elle ne se confonde pas avec la paternité biologique, ne prétende pas se substituer à elle. Est père celui qui prend en charge l'existence même de l'autre, y compris sa subsistance corporelle et matérielle.

On dira aussi que ce qui est énoncé ici vaut aussi bien pour la mère que pour le père. En effet. Mais pourquoi faudrait-il que ce qui caractérise la relation paternelle soit nécessairement distinct de la relation maternelle ? Maints traits communs au père et à la mère sont essentiels pour le père ! Il est par ailleurs une raison supplémentaire d'expliciter, à propos de la paternité, la dimension de responsabilité : cette dernière y est plus facilement oubliée. Moins évident, moins charnel, moins spontanément ancré dans l'affectivité peut-être que le lien maternel, le lien paternel passe davantage par la parole, par la conscience

---

1. Hans Jonas, *Le Principe responsabilité*, trad. fr., Éd. du Cerf, Paris, 1997, p. 145.

aussi. Aldo Naouri dit que si, pour l'enfant, la mère est un donné, le père est un *dû*. Il faut à celui-ci les ressources de sa conscience morale, parfois, pour se mobiliser, pour poser certains actes qui coûtent, prendre les initiatives qui feront réellement exister le lien. L'affection n'est pas concurrencée mais, au contraire, renforcée par la conscience de la responsabilité.

L'exercice de la conjugalité.

Un second repère éthique sera celui de la *solidarité entre lien paternel et lien conjugal*. Un courant de plus en plus présent dans les milieux sociologiques ou juridiques tend à proposer de fonder la paternité non plus sur le mariage mais sur la reconnaissance de filiation, celle-ci pouvant, par hypothèse, recevoir un caractère plus solennel. Cette voie me paraît trompeuse et, sous le couvert de bonnes intentions, susceptible de contribuer à la fragilisation du lien paternel. En effet, nous savons combien le lien paternel est précaire lorsque le lien conjugal est absent ou fragile. Et ce n'est pas une « déclaration solennelle » qui y changera grand-chose. Il est bien vrai qu'en cas de séparation ou de divorce, le père a la responsabilité de continuer, dans la mesure du possible, à faire vivre le lien paternel, mais il faut voir la réalité en face (et ne pas idéaliser le divorce, après avoir idéalisé le mariage) : « Un homme qui divorce d'avec sa femme divorce presque toujours d'avec ses enfants », ose affirmer Aldo Naouri[1].

Un des premiers lieux d'exercice de la responsabilité paternelle sera donc de prendre tous les moyens qui sont en son pouvoir pour donner à son ou ses enfant(s) la chance d'une relation heureuse et stable entre son père et sa mère. Le premier cadeau qu'il puisse faire à ses enfants est d'abord d'être un bon époux. L'amour d'un père envers ses enfants n'est pas d'emblée direct, individuel ; il est pour une bonne part indirect, passant par l'amour qu'il donne à son épouse. L'enfant ne reçoit pas seulement l'amour direct de l'individu papa, parallèlement à celui de l'individu maman, mais il reçoit aussi et d'abord le rayonnement de la joie que ceux-ci se donnent mutuellement. « La paternité n'est pas première, mais seconde, subordonnée qu'elle est à sa position d'homme face à une femme, celle qu'il

---

1. In *Recomposer la famille*, Irène THÉRY dir., Éd. Textuel, 1995.

a choisie. Ce que fils et filles reçoivent réellement [de leur père] ne vient pas d'abord de ce que cet homme veut leur donner de bien, mais de sa manière à lui de s'adresser à cette femme-ci[1]. »

Le sens de la différence sexuelle.

Cela est indissociable de la découverte d'une relation juste entre les sexes. Il faut un homme et une femme pour faire un père. La fonction paternelle ne peut pas être définie indépendamment de la fonction maternelle. Le pari sur la paternité est aussi un pari sur la différence sexuelle. Or, celle-ci est un bienfait fondamental pour l'enfant. Qu'il soit garçon ou fille, on ne sera jamais trop d'un homme et d'une femme pour l'aider à grandir. Ni l'être masculin ni l'être féminin, en effet, ne récapitulent tout l'humain. La différence d'identité sexuelle entre ses géniteurs, le simple fait que l'un d'entre eux soit du même sexe que lui et l'autre d'un sexe différent, joue un rôle décisif dans la naissance de la conscience de sa propre identité sexuelle, laquelle aura lieu par un jeu subtil d'identifications et de différenciations[2]. Dans le duo mère-fille qui, sans lui, aurait du mal à sortir du jeu de miroir, le parent masculin apportera de la différence ; au fils il apportera une similitude, aux accents de connivence, qui le tournera vers son propre avenir. De la même manière, la mère aura son rôle à jouer si la connivence père-fils tourne à la complicité machiste.

Né de la différence des sexes, ce sera, *a priori*, un bienfait pour l'enfant que de grandir sur le roc de cette différence. C'est pourquoi une idéologie qui érigerait en modèle une « famille » où les « parents » seraient de même sexe – certains tentent aujourd'hui d'introduire dans le vocabulaire le terme incongru d'« homoparentalité » – irait à l'encontre d'un bien fondamental de l'enfant, et même d'un *droit* pour lui, dans la mesure où ses

---

1. Philippe JULIEN, *La Manteau de Noé*, p. 74. Voir aussi Tony ANATRELLA, « Les effets psychologiques du divorce », in *Le divorce est-il une fatalité ?*, X. LACROIX dir., Desclée de Brouwer, Paris, 1992.

2. « L'identité de l'enfant tient au fait qu'il est ressenti différent par un de ses parents et semblable par l'autre, et ceci bien avant que sa propre sexuation lui apparaisse comme un fait. [...] La structure inconsciente de nos enfants s'établit de zéro à cinq ans entre hétéro et homosensualité, qui sont les bases inconscientes de notre vie d'adulte. » Christiane OLIVIER, p. 127 et 196.

parents en ont le *devoir* (le devoir de faire tout ce qui est en leur pouvoir pour qu'il dispose des biens fondamentaux pour sa croissance). Certes l'enfant pourra grandir dans des conditions très diverses, faire face à bien des carences, nous le savons. Mais l'attitude *a priori* indifférente à ces enjeux, ou le discours qui érigerait ces carences en modèles seraient attentatoires aux droits de l'enfant.

Nous avons certainement gagné, dans l'évolution culturelle récente, en ne confondant plus la différence père-mère avec quelques stéréotypes sociaux. La différence entre les fonctions ne doit pas être confondue avec celle de rôles figés. Les fonctions relèvent de l'ordre du sens, c'est-à-dire de ce qui est signifiant ou signifié ; elles se jouent autour de la place que chacun tient dans les représentations de l'enfant. Cela ne veut pas dire qu'elles ne gagnent pas, parfois, à se traduire à travers certains rôles : l'enfant aimera associer certaines activités ou objets à son père ou à sa mère (ne donnons pas d'exemples, cela est trop périlleux !). France Quéré a pu faire observer que le partage systématique des tâches risquait de conduire à des conflits de territoire, à une sorte de guerre des doubles. Mais, aussitôt affirmé cela, il faut poser que, si l'on croit vraiment au sens et à l'importance de la différence sexuelle – ou de la différence entre père et mère – celle-ci saura se manifester même à travers des tâches identiques. Ainsi, faire la cuisine avec son père n'aura pas le même sens, pour un fils, que la faire avec sa mère. Le dépassement de certaines images simplistes de la virilité ne donnera pas forcément, comme certains le craignent ou le souhaitent, celle d'un homme efféminé ou androgyne. Au contraire, affranchie de ces images qui la limitaient et l'appauvrissaient, la différence pourra se donner libre cours. (Sans que nous ne soyons dupes : notre culture ne nous affranchit pas de toute image ; aux anciens stéréotypes succèdent inévitablement de nouveaux, même cachés.)

C'est donc un défi pour le sens du lien paternel (aussi) que d'avancer vers la découverte de relations entre les sexes qui allient le sens de l'égalité à celui de la différence. La confusion entre « mère » et « servante » ne sera bonne ni pour le sens de la maternité ni pour celui de la paternité, pas plus que la confusion entre « père » et « maître » (ou « patron »). Mais attention, les rapports de puissance peuvent s'inverser ; il est des façons pour la mère d'occuper « toute la place », reléguant l'homme à la périphérie... C'est tout un art dans une maison que de réguler équitablement l'expression de la parole féminine et celle de la parole masculine.

Une paternité relayée.

On ne peut pas être père tout seul. Pour s'exercer, la paternité devra être reliée et relayée par d'autres instances de transmission, d'autres formes de paternité, d'autres liens. Isolés, le père et la mère sont très démunis pour transmettre à leurs enfants normes, valeurs, biens spirituels. La transmission appelle d'autres appuis, confirmations, variations que ceux de la famille. Plus même, il faut percevoir que le sens de la paternité déborde le familial. À travers l'histoire, elle a eu une dimension politique, religieuse, sociale (le roi, tel Louis XII, pouvait être dit « père de la nation »). Chacun ou chacune de nous ne peut-il pas reconnaître qu'il a eu *plusieurs pères* ? Pères éducateurs, pères symboliques, pères spirituels. De même que le maître se distingue du professeur, le père spirituel se distingue du maître en ce qu'il transmet non seulement une pensée, une méthode ou des biens culturels mais une *vie*. Est « père » celui qui permet à l'autre de naître à une part nouvelle de lui-même. De naître à nouveau, de naître mieux, à une vie plus grande.

Les jeunes aujourd'hui manquent de pères non tant dans leur famille qu'*en dehors* de celle-ci. La fonction paternelle comme telle, avons-nous dit plus tôt, est peu valorisée. Même chez le prêtre, elle est aujourd'hui peu mise en avant dans la plupart des milieux chrétiens. (Pourtant, lorsqu'elle l'est, c'est souvent avec beaucoup de fruits.) Et les éducateurs se considèrent plus volontiers comme des « grands frères ». La quête de gourous ou de maîtres à penser viendra souvent traduire ce manque. Mais le « gourou » attire à soi, il fascine (chez nous du moins), alors que le père authentique libère, il mène plus loin que lui-même, il « é-duque », c'est-à-dire conduit au-dehors[1].

---

1. Selon l'étymologie la plus probable du verbe « éduquer » : *ex-ducere*, conduire au-dehors.

La vertu espérance.

« Engendrer, c'est faire l'acte d'espérance le plus radical », a pu écrire le bibliste Paul Beauchamp. Cet acte d'espérance concerne la personne de l'enfant, le prix de sa vie, mais aussi les biens humains à lui transmettre, le monde dans lequel il entre. Précisons qu'une telle espérance n'est pas seulement l'espoir, qui porte sur des objets précis ; elle dépasse largement l'optimisme béat. Elle peut fort bien aller de pair avec la conscience du tragique de la vie, avec celle des limites du monde que nous offrons à l'être nouveau. « Des guerres à ta naissance comme à la mienne aussi… », chante Félix Leclerc. L'espérance est le désespoir surmonté. Elle n'est pas une vision partielle de la réalité, mais un acte de foi, de fiance radicale en la bonté de la vie et en la nouveauté dont celle-ci est porteuse.

Lorsque, dans son magnifique poème *Le Porche du mystère de la deuxième vertu*, Péguy veut personnifier l'Espérance, il incarne celle-ci en un enfant, « la petite fille espérance ».

La petite espérance s'avance entre ses deux grandes sœurs…

Puis il nous fait entrer dans les pensées d'un homme qui travaille aux champs, en pensant avec tendresse à sa femme et ses enfants.

> Ses trois enfants qui grandissent tellement.
> Pourvu qu'ils ne soient pas malades.
> Et qui seront certainement plus grands que lui.
> [...]
> Tout ce que l'on fait on le fait pour les enfants.
> Et ce sont les enfants qui font tout faire.
> Tout ce que l'on fait.
> Comme s'ils nous prenaient par la main.
> Ainsi tout ce que l'on fait, tout ce que tout le monde fait on le fait pour la petite espérance.
> [...]
> Il y a dans ce qui commence une source, une race qui ne revient pas.
> Un départ, une enfance que l'on ne retrouve, qui ne se retrouve jamais plus.
> Or la petite espérance
> Est celle qui toujours commence.
>
> Cette naissance
> Perpétuelle.

Cette enfance
Perpétuelle. Qu'est-ce que l'on ferait, qu'est-ce que l'on serait,
mon Dieu, sans les enfants. Qu'est-ce que l'on deviendrait[1].

Les enfants incarnent l'espérance, mais encore faut-il que
celle-ci soit dans le cœur de leurs parents. (Ils ne peuvent pas,
par leur simple existence, suppléer à celle-ci.) Pourrait-il y avoir
paternité sans une espérance, une foi à proposer ? Il est bien
vrai qu'il n'y a pas, entre deux êtres, de transmission directe
de la foi, que celle-ci n'est pas un objet que l'on se passe,
comme le témoin au relais. Là est bien le paradoxe de la paternité : elle est don mais un don médiatisé, et cela de plusieurs
manières : si nous récapitulons, le don passe par la mère, par
les relais sociaux, par l'altérité de l'Origine, par la liberté de
l'autre. Être père en vérité, c'est éprouver cette dépossession
comme un bienfait.

Être père, c'est être porteur d'une promesse, en même temps
que d'exigences. Promesse de vie, en toutes les dimensions de
celle-ci : sensible, spirituelle, sociale. Or, bien souvent
aujourd'hui, les pères transmettent plus leurs angoisses, leurs
incertitudes, leurs inquiétudes quant à l'avenir qu'une espérance. Être père, c'est d'abord être « parent » au sens premier
du terme, « celui qui pare ». Mais « les parents ne parent plus »
chantait Léo Ferré... Être père, c'est prendre sur soi l'angoisse
du temps pour assurer une sécurité de base à l'enfant. C'est
être témoin de la résistance aux forces destructrices. C'est ouvrir
à l'histoire et à la création.

Mais qu'advient-il alors du père qui semble avoir échoué en
ce domaine (sur le plan professionnel par exemple) ? En vérité,
ce père a encore quelque chose d'essentiel à transmettre à ses
enfants : le sens du temps, de la durée. Il témoignera devant
eux que la vie est plus forte que la mort, qu'elle se déploie au
sein même de la faiblesse, qu'elle vaut la peine d'être vécue.
« Même si c'est dur d'être un homme ou une femme, de vieillir,
il est là quand même, *il tient le coup*, il a vingt ou trente ans
d'avance[2]. »

---

1. Charles PÉGUY, *Le Porche du mystère de la deuxième vertu*, 1912, Paris,
Gallimard, « La Pléiade », Œuvres poétiques, p. 550.
2. Philippe VAN MEERBEECK, psychiatre, intervention au colloque du Segec
à l'université catholique de Louvain, le 20 janvier 1996. Paru dans *Les Cahiers
du Segec*, Bruxelles, n° 6, 1996.

Être père, c'est finalement attester que, de génération en génération, se transmet le bien le plus précieux de tous, qui est l'acte de donner lui-même, lequel s'avère plus important que le contenu de ce qui est donné. Est ici en jeu le sens de la vie et de la vie comme don, au double sens, passif et actif, du terme : vie donnée (reçue), vie consistant à donner. Finalement, ce que nous donnons est meilleur que ce que nous possédons, gardons, réussissons. Et même que ce que nous sommes, à en croire cette étonnante parole de l'Évangile : « Vous qui êtes mauvais, vous savez donner de bonnes choses à vos enfants » (Lc 11, 13). Père est celui qui sait donner à ses enfants non seulement le meilleur de lui-même, mais meilleur *que* lui-même.

*

Bibliographie sélective.

Jean Delumeau (dir.) *Histoire des pères et de la paternité*, Larousse, Paris, 1990.
Alain Bruel, *Un avenir pour la paternité ?*, Syros, Paris, 1998.
Philippe Julien, *Le Manteau de Noé*, Desclée de Brouwer, Paris, 1991.
Christiane Olivier, *Les Fils d'Oreste*, Flammarion, Paris, 1994.
Gabriel Madinier, « Paternité et éducation », in *Nature et mystère de la famille*, Casterman, Paris, 1961.

De l'auteur.

« Paradoxale transmission » in *Cahiers pour croire aujourd'hui*, n° 11, 1988.
« Porter du fruit » in *Alliance* n°s 112-113, 1997.

CHAPITRE III

L'ÉDUCATION SEXUELLE
EST-ELLE POSSIBLE ?

Impressionnant est le contraste entre le nombre de messages, images, suggestions que reçoivent chaque jour les jeunes à propos de la sexualité ou de l'érotisme et la rareté des paroles de sens à ce sujet, qui offriraient des repères pour les conduites, des critères pour une évaluation. Plus largement, l'éducation affective est, de bien des manières, laissée en friche, comme si une « bonne nature » devait la conduire d'elle-même à bon port ou comme si les messages de la culture ambiante pouvaient suffire à l'alimenter. Aussi Françoise Dolto peut-elle se permettre ce diagnostic sévère : « L'éducation à la responsabilité affective ne fait pas partie des préoccupations des adultes préposés à l'éducation des jeunes générations. C'est le cadet de leurs soucis[1]. »

Lorsque des interventions ont lieu auprès de jeunes à ce sujet, ce qui demeure rare et, le plus souvent, ponctuel, la préoccupation dominante est généralement hygiéniste. Le discours porte sur la prévention de maux tels que les maladies sexuellement transmissibles, le sida et, dans le même lot, les grossesses non désirées. Mesurons alors l'écart entre les sujets abordés : mécanismes de la reproduction, cycles hormonaux, risques de contagion, efficacité des méthodes, fiabilité du latex... et les questions dont sont porteurs les destinataires. Lorsque, par une méthode de questions anonymes préparées à l'avance, certains intervenants donnent à leurs auditeurs l'occasion d'exprimer leurs interrogations, voici ce qu'ils peuvent lire :

---

1. Françoise DOLTO, *La Sexualité féminine*, 1982, Le Livre de poche, Paris, p. 20.

*– Est-il grave que je n'aie encore jamais fait l'amour à
16 ans, alors que des amis de mon âge ont déjà connu une
aventure ?*

*– Est-ce qu'un garçon et une fille ont envie de faire
l'amour pour les mêmes raisons ?*

*– Si un jour, par accident, il m'arrivait de mettre mon
amie enceinte, qu'adviendrait-il de notre enfant ?*

*– Après des déceptions dans le domaine de l'amour, je ne
recherche plus l'amour (j'y crois plus non plus), et j'ai de
nombreuses relations, courtes et peu intéressantes. Comment
croire à l'amour et peut-on y croire ?*

*– S'il me demande de coucher, est-ce un signe de véritable
amour ? À quoi reconnaît-on le véritable amour ?*

*– Peut-on être amoureux sans coucher avec cette
personne ?*

*– Comment être sûr qu'on a trouvé la bonne personne,
celle qui est pour nous ?*

*– Est-ce qu'à notre âge les tendances homosexuelles sont
normales*[1] *?*

Que d'interrogations, que d'enjeux de sens, de souffrances
secrètes ! On mesure l'écart avec un discours seulement pro-
phylactique. Une éducatrice osait l'avouer : « Ils nous parlent
amour, nous leur répondons pilule. » On dira qu'une telle éducation relève d'abord de la famille. Mais il n'est pas dit que
les parents soient les mieux placés pour parler sexualité avec
leurs enfants ! Une enquête montre que 17 % des jeunes osent
aborder avec leurs parents les questions relatives à la vie affective, 10 % seulement des garçons osant parler sentiment avec
leur père[2].

L'enjeu est pourtant de taille. À l'évidence, il ne s'agit pas
seulement de « parler de sexe » mais de préparer les jeunes
générations à ce que Françoise Dolto dénomme très justement
la *responsabilité affective*, c'est-à-dire la capacité à répondre

---

1. Extrait de deux livres de Pierre et Denise STAGNARA : *L'Éducation affective et sexuelle en milieu scolaire*, Privat, 1992, *Aimer à l'adolescence*, Dunod,
Paris, 1998. Les questions sont souvent présentées par le fac-similé de l'ori-
gnal. Nous nous sommes permis seulement de corriger les fautes d'ortho-
graphe et de grammaire !

2. Enquête du Conseil régional Rhône-Alpes, 1995.

de leurs affects, en les imprégnant de liberté. Il s'agit aussi, si telle est leur vocation, de les préparer à la vie de couple, à la conjugalité et à la parentalité. Tout cela suppose des étapes dans la maturation, des prises de conscience, des apprentissages que ne remplaceront pas les « expériences ». Ceux qui se préoccupent de ces questions sont de plus en plus convaincus que la « préparation au mariage » commence en réalité très tôt, dès l'adolescence, l'enfance, même.

Entre culture et vie affective, les corrélations sont nombreuses. « Il en est qui ne seraient jamais tombés amoureux s'ils n'avaient entendu parler d'amour », a pu écrire La Rochefoucauld[1]. Envisageons alors dans quelle mesure et comment, dans le contexte culturel régnant, une parole éducative en matière de vie affective et sexuelle est possible. J'aborderai la question sous l'angle spécifique de l'éducation sexuelle, mais l'idée est, précisément, de replacer celle-ci dans le contexte plus vaste de la vie affective.

DES NORMES EXISTENT

Longtemps régna le langage de l'interdit (dans toutes les cultures et non seulement, comme certains semblent le croire, dans le monde judéo-chrétien). Ce langage avait ses limites, mais il avait au moins le mérite d'exister. Par quoi aujourd'hui est-il remplacé ? Les ultimes repères pour savoir ce qui est bon ou ne l'est pas sont subjectifs : le désir, l'émotion, les sentiments... Quoi de plus flou que ces repères ? Nous sommes alors renvoyés à la grandeur et aux écueils du primat de la subjectivité. Tout cela est symptomatique de notre culture foncièrement libérale : chacun se vit et, concrètement, vit son corps comme sien et seulement sien, comme non solidaire, c'est-à-dire non soumis aux règles d'un corps plus vaste : société, institution, communauté, famille, Église. Comment entendre alors cette affirmation de Clifford Bishop : « La sexualité est quelque chose de trop important pour être laissée à la seule appréciation individuelle » ?

Une objection souvent faite à la suggestion d'une éducation affective est qu'il n'y aurait pas en cette matière de consensus

1. *Maximes* (1678), n° 136.

éthique suffisant pour proposer des repères communs. Des normes opèrent pourtant, en réalité. Il serait erroné de croire que nous vivions ou parlions dans un désert de normes et de valeurs, autant que de croire que le vécu corporel puisse être purement individuel. Nous vivons plutôt dans une forêt de normes, tyranniques même parfois, mais celles-ci sont, le plus souvent, implicites, contradictoires et insaisissables. C'est ainsi qu'à un discours libéral-libertaire peut s'adjoindre un rigorisme sévère concernant certains gestes d'affection ou d'amitié, lesquels seront très vite soupçonnés de pédophilie, d'inceste ou de harcèlement sexuel. Il n'est pas évident que notre civilisation nous rende très libres, comparée à d'autres, au sujet des gestes corporels ou de la pudeur. En ce domaine aussi règne le « politiquement correct ». Dans son livre *La Tyrannie du plaisir*, Jean-Claude Guillebaud montre que permissivité et pratiques répressives peuvent aller de pair : « N'obéissant plus qu'à leur pesanteur, nos sociétés conjuguent un *discours* permissif sans équivalent dans l'Histoire et une *pratique* plus répressive, sur bien des points, que les sociétés les plus traditionnelles[1]. » La délation n'a jamais été autant à la mode, note Tony Anatrella, qui évoque les gorges chaudes autour d'une princesse de Monaco surprise avec son amant ou de l'acteur Hugh Grant avec une prostituée.

À l'opposé, la permissivité elle-même peut prendre parfois la forme de l'obligation. C'est ainsi que la jouissance peut devenir non seulement un droit mais un devoir. De l'adage « tout ce qui n'est pas interdit est autorisé », on passera à : « tout ce qui n'est pas interdit est obligatoire ». Voici ce qu'un sociologue sérieux appelle « le devoir d'orgasme »[2]. De nouvelles

---

1. Jean-Claude GUILLEBAUD, *La Tyrannie du plaisir*, Éd. du Seuil, Paris, 1998, p. 29. L'auteur montre que, la régulation par le pénal remplaçant celle de la morale, on assiste à une inquiétante *judiciarisation* de la sexualité. « Alors qu'en l'espace de neuf ans (1984-1993) le nombre des condamnations pour viol (essentiellement sur mineurs) augmentait de 82 %, le nombre d'attentats à la pudeur commis par les personnes ayant autorité triplait et, de 1990 à 1993, les viols familiaux marquaient une progression de 70 %. Quant aux condamnations pour attentat à la pudeur sur mineurs, elles progressaient de 65 %. Début 1997, les affaires dites « de mœurs » occupaient jusqu'à 60 %, voire 80 % du rôle de certains ressorts judiciaires » (p. 18).

2. André BÉJIN, « Le pouvoir des sexologues et la démocratie sexuelle » in *Sexualités occidentales*, sous la dir. de Philippe ARIES et André BÉJIN, Paris, Éd. du Seuil, coll. « Points essais », 1984.

formes de culpabilisation en découlent, l'inquiétude n'étant plus de ne pas être moral, mais de ne pas être normal. Le sexologue lui-même en témoigne : « Aussi voyons-nous de plus en plus de jeunes filles consulter pour symptomatologie dépressive parce que, en ne se décidant pas au rapport sexuel, elles ont un sentiment d'anomalie. Ainsi voyons-nous des garçons humiliés, parce qu'il n'ont pas pu répondre à l'invitation d'une partenaire plus libérée et plus agressive[1]. »

En deçà de ces tendances, de façon plus constructive, des jugements de valeur sont présents dans les mentalités communes (sans qu'il y ait unanimité, bien sûr). Négativement tout d'abord, on relèvera que diverses conduites sexuelles sont spontanément désapprouvées par la grande majorité. Rares sont ceux qui oseraient, dans un débat public, se faire les avocats de l'inceste, du viol, de la pédophilie, de la prostitution ou même du multipartenariat. Actes ou conduites qui ont, pour la plupart, trouvé une place ou des justifications dans telle ou telle culture, mais qui, à des degrés divers, vont manifestement, dans la nôtre, à l'encontre d'un certain *êthos* commun, c'est-à-dire de valeurs éthiques rarement explicitées mais réellement opérantes. Après tout, pourrait demander un cynique pour chacune de ces conduites, où est le mal ? Il peut être fructueux de dégager quelles sont les valeurs normatives qui sous-tendent ces désapprobations. Les éléments de l'analyse peuvent finalement être rassemblés autour de trois critères :

Liberté. « Si ton partenaire est d'accord », « si tu respectes le désir de l'autre » : telles sont des conditions d'approbation courantes dans ces émissions de radio, tels *Love in fun*, ou ces feuilletons télévisés qui font souvent auprès des jeunes usage de pourvoyeurs de normes. Le recours à la force, la violence, l'exploitation de la faiblesse du partenaire sont d'un seul chœur désapprouvés. Apprécions. Nous sommes loin de la légitimation du rapt ou autres conduites approchantes dans certaines cultures. Le contexte supposé est celui d'un minimum de parole, de consentement, au moins dans le présent.

Égalité. Là s'origine sans doute la sévérité envers tout ce qui peut relever du harcèlement sexuel, de la pédophilie, de l'inceste, ainsi que de toute forme d'exploitation de la femme. Il y eut des morales qui, telle celle de la Grèce antique, trou-

---

1. Gilbert Tordjman, *La Première Fois,* Paris, Ramsay, 1981, p. 14.

vaient naturelles les inégalités entre homme et femme, comme entre maître et esclave ou adulte et enfant. Ces trois inégalités étaient d'ailleurs homologues, entrant dans un système de pensée qui était aussi un système de pouvoir[1]. Tout cela serait indéfendable aujourd'hui, entrant en contradiction avec la philosophie politique et sociale de base. Il n'est pas impossible en effet de discerner des normes républicaines ou démocrates à l'œuvre dans ces refus.

Exclusivité. Même si une marge d'exceptions non négligeable demeure, il paraît normal à la très grande majorité de subordonner les relations sexuelles à l'état amoureux et de n'être amoureux(se) que d'un(e) partenaire à la fois[2]. Les liaisons parallèles, l'adultère sont condamnés ou, du moins, font souffrir. Ces conduites sont généralement interprétées comme motif, ou même impératif, de séparation. L'origine d'une telle norme est moins facile à repérer. On peut y voir un corollaire de l'égalité, sous forme de réciprocité dans l'engagement affectif. Mais on pourrait être d'accord sur la pluralité, ce que certains ne manquent pas de faire. Peut-être y a-t-il là une marque de l'éthique chrétienne, dans la mesure où celle-ci enseigne la fidélité et la stricte monogamie. À moins, mais ceci n'exclut pas cela, que cette notion d'unicité ne soit tout simplement en cohérence avec le désir spontané d'être reconnu comme unique, avec le vœu que l'abandon total du corps qui s'y signifie et s'y réalise ne soit pas trahi par les mêmes gestes, du même corps, en ces mêmes sensations, avec un(e) autre. Il y aurait beaucoup à dire sur l'ancrage existentiel de la jalousie et sur ce qu'enseigne la souffrance d'être « trompé(e) ». « Elle était venue vivre avec lui pour que son corps devienne unique et irremplaçable[3]. » Cette notation de Milan Kundera trouve beaucoup d'échos dans les consciences.

Liberté, égalité, exclusivité : selon ces trois repères, certains traits éthiques peuvent s'expliciter ; il y a déjà matière à

---

1. Michel FOUCAULT, *L'Usage des plaisirs*, Gallimard, Paris, 1984.

2. Une importante enquête de l'INSERM sur le comportement sexuel des Français (Rapport Spira, 1992) indique que 85 % de ceux-ci sont « monopartenaires » (20 % des hommes et 10,5 % des femmes vivant en couple depuis au moins cinq ans, ont eu un autre partenaire que leur conjoint dans les cinq ans), *Populations et sociétés*, février 1993, n° 276.

3. Milan KUNDERA, *L'Insoutenable Légèreté de l'être* (1984), trad. fr. Gallimard, Paris, 1987, p. 76.

réflexion et à éducation. Sont-ils toutefois suffisants pour caractériser une véritable éthique sexuelle, c'est-à-dire offrir des critères appropriés aux décisions et aux enjeux en question ? On peut en douter. Trois points en particulier demeurent en suspens, indéterminés, toujours problématiques.

La définition des seuils, d'intimité ou d'engagement. Les questions posées aux intervenants gravitent souvent autour de cette hésitation : *à partir de* quel degré d'intimité, de maturité, d'intensité ou d'engagement, est-il souhaitable d'avoir des relations sexuelles ? En l'absence de rites de passage, absence souvent relevée par les sociologues, c'est l'acte sexuel lui-même qui est censé jouer ce rôle. N'est-ce pas beaucoup lui demander ? Ou trop peu ? Un rite n'est-il pas nécessairement socialisé ?

Le sens du lien, c'est-à-dire de l'engagement. L'éthique commune cultive beaucoup le sens du « respect », en donnant d'ailleurs un sens plutôt mou à ce terme. Mais cette notion reste en deçà de celle d'engagement, c'est-à-dire de l'implication des sujets dans leurs actes, implication qui a nécessairement une dimension temporelle. L'union charnelle est une confidence. Quel acte est-il plus engageant ? Contradiction alors avec l'optique de l'expérience passagère, malaise, hésitation. De surcroît, est-il légitime de s'engager ? Comment le faire, et jusqu'à quel point ? Les jeunes souvent sont démunis face à ces questions. Désarroi que traduisent bien certains personnages des films d'Éric Rohmer[1].

Le sens et l'importance de la différence sexuelle. Est-il important d'être homme et femme dans la rencontre sexuelle ? Est-il indifférent que ce soit une fille qui rencontre un garçon ou que les deux soient du même sexe ? Entre l'homosexualité et ce qu'il faut maintenant appeler « hétérosexualité[2] », y a-t-il simple alternative, comme on trouve des droitiers et des gauchers ? C'est le statut de la différence sexuelle qui est en question ; ici se noue une des grandes énigmes de notre culture, qui travaille beaucoup les esprits. En témoigne le fait que, malgré le petit nombre de personnes directement concernées (les estimations varient entre 2 et 4 % pour les hommes, moins pour les

---

1. *Les Nuits de la pleine lune, L'Ami de mon amie, Conte d'hiver, Conte d'été…*
2. « Ma grand-mère ignorait qu'elle était hétérosexuelle », lançait récemment un ami.

femmes[1]), la question de l'homosexualité, de ses causes, de son sens, de son statut figure au tout premier rang des questions qui me sont posées à l'occasion de mes conférences. Entre les ostracismes qui persistent encore et la banalisation où s'affiche une indifférence à la différence, la ligne de partage des eaux n'est pas facile à trouver. Fustiger l'homophobie ne peut tenir lieu de philosophie suffisante en la matière.

Des incertitudes demeurent donc, face auxquelles les ressources de l'affectivité sont d'un secours tout relatif. Globalement, la grande hésitation est celle qui oscille entre deux modèles, celui que suggère cette dernière, qui va dans le sens de la *gravité*, et celui qui règne dans les médias les plus superficiels, qui va dans le sens de la *légèreté*. L'acte sexuel relève-t-il du premier registre, qui est celui de l'aveu, de la confidence, du risque et de l'engagement ou du second qui est celui du jeu, de la récréation, de l'exercice et de l'« expérience », ce mot étant pris au sens de « parenthèse » ? Notre intuition est que profond est l'écartèlement de beaucoup de jeunes entre ces deux ordres de valeurs.

Pratiquement on peut dire que, dans notre culture[2] qui met en avant l'individuel et le psychoaffectif, s'ouvre un éventail de quatre degrés de sens, quatre visées possibles des « relations sexuelles » :

(1) Le premier degré est celui de la sexualité *opératoire* ou *fonctionnelle*. Les actes ou gestes de rapprochement sexuel y sont essentiellement la mise en œuvre de besoins ou de fonctions psychiques. Il s'agira de combler un vide, de se prouver sa virilité ou son pouvoir de séduction, de transgresser un interdit, de découvrir des sensations jusque-là étrangères, d'accéder

---

1. Selon le Rapport Spira (cité plus haut), 4,1 % des hommes et 2,6 % des femmes déclarent avoir eu « au moins un rapport avec une personne du même sexe qu'eux » dans leur vie ; les chiffres sont respectivement de 1,4 % et 1,3 % selon une enquête de l'Agence nationale de recherche sur le sida (ANRS) de 1995. Selon une enquête américaine de l'université de Chicago (1994), 2,8 % des hommes et 1,4 % des femmes se déclarent homosexuels ou bisexuels.

2. Sans même envisager l'interprétation qu'en donnent les autres cultures, qui comprennent souvent la sexualité en des termes totalement différents (comme participation à des forces cosmiques, comme contact avec le sacré, comme exercice d'ascèse...). J'ai présenté ces autres options dans mon ouvrage *Le Corps de l'esprit* (Vie chrétienne, 1995), Éd. du Cerf, 1999, chap. III.

à un savoir, d'être reconnu par ses pairs (les copains ou les copines). Nous sommes sur le registre du rite de passage, du passage à l'acte, de l'affirmation de soi, de l'initiation. Une telle sexualité est surtout égocentrée ; le partenaire n'est pas loin d'y jouer le rôle de moyen. Le plus souvent la relation est très éphémère.

(2) La visée *érotique* est celle qui cultive l'art du désir, du plaisir et de leurs subtiles relations. La dimension expressive n'y est pas prépondérante, car il s'agit surtout d'un jeu : entre proximité et distance, entre le voilé et le dévoilé, entre décence et indécence. Il s'agit de mettre en scène, d'explorer, d'inventer. Ce n'est pas sur ce registre que les adolescents se situent le plus spontanément, ni le plus brillamment, même si cette dimension ludique (à plus de deux partenaires parfois) semble se développer depuis quelques années. Mais c'est souvent autour d'une sexualité partielle, où l'oralité a une importance particulière.

(3) Appelons *sexualité amoureuse* celle dans laquelle domine la dimension affective, celle où les gestes sont valorisés comme expressifs, traduction du sentiment amoureux. Le contexte en est celui de l'intimité, de la confidence, de la tendresse. Cette légitimation de l'acte est la plus courante dans la jeune génération. À la question « accepteriez vous de faire l'amour avec quelqu'un dont vous n'êtes pas amoureux (se). » 65 % des 15-18 ans répondent « non »[1].

(4) Il ne faut pas négliger une troisième (ou quatrième) portée de l'union qui est sa signification d'*alliance*. L'interprétation qui fut pendant des siècles, des millénaires même, la plus normative (et pas seulement, dans le contexte chrétien ou religieux) continue à être présente dans les esprits. Maintes conversations avec des jeunes m'en ont convaincu. L'alliance conjugale est l'entrée de deux histoires l'une dans l'autre. On aura alors

---

1. « Lycéens, qui êtes-vous ? », sondage CSA-*Phosphore* (n° 123, avril 1991). Selon l'enquête ANRS (1995) citée plus haut, 87 % des filles et 70 % des garçons disent être amoureux de leur partenaire. Il faut toutefois faire la part des différences relatives aux situations ou aux milieux. C'est ainsi que, selon un article du *Monde*, « Les jeunes en pré-apprentissage échangent moins de caresses que les autres. Parallèlement, la pratique de la sodomie hétérosexuelle augmente nettement lorsqu'on passe de l'enseignement général à l'apprentissage ». (J. Y. NAU, 5 avril 1995). Il s'avère aussi que la corrélation entre sexualité et affection est nettement plus forte chez les filles que chez les garçons.

l'intuition que l'entrée de deux corps l'un dans l'autre a pour vocation d'exprimer ce lien, de le sceller, de l'incarner.

Hésitation, donc, entre quatre degrés de sens, quatre niveaux d'engagement (dont il est bien évident au demeurant qu'ils peuvent être mêlés, vécus avec bonheur dans le même temps). Ma thèse sera alors que la corrélation avec l'amour est un bon point de départ pour une intégration éthique, c'est-à-dire proprement *interpersonnelle*, de la sexualité, mais que ce rapprochement, toutefois, ne doit pas donner lieu à la confusion entre les deux ordres. Même si l'on pense que l'interprétation amoureuse est celle qui porte le plus de chances de personnaliser et d'unifier les pulsions, il importe de bien relever (a) qu'elle n'est pas la seule possible, (b) qu'elle a elle-même ses limites, pouvant être occasion de leurres ou de malentendus.

FAIRE L'AMOUR ?

« Lier l'amour à la sexualité, c'est une des idées les plus bizarres du créateur », lance un personnage de Milan Kundera[1]. On peut apprécier un tel rapprochement, qui, en effet, ne va pas de soi *a priori*. Mais l'association peut jouer dans deux sens opposés : elle est susceptible soit d'apporter de la valeur à ce qui pourrait n'être que pulsionnel ou animal, soit, en sens inverse, de porter au malentendu si l'on interprète comme « amour », avec toutes les valeurs véhiculées par ce mot, un désir qui relève plutôt de l'appétit. « Amour », que de confusions l'on commet en ton nom !

Il est tout de même significatif que l'expression la plus couramment utilisée pour désigner l'union charnelle, si l'on veut éviter les expressions obscènes ou dévalorisantes, soit « faire l'amour » qui, au XVIIe siècle, signifiait encore « faire la cour ». Il y a là tout un programme. Reste à savoir si l'on est fidèle à la visée de cette expression, savoir aussi en quel sens est entendu le verbe « faire ». Il n'y a pas plus polyvalent que ce verbe, qui peut signifier aussi bien fabriquer, bricoler, provoquer, extorquer, imiter, simuler, jouer, contrefaire que donner forme, construire, cultiver, exécuter, opérer, entreprendre, préparer,

---

1. Milan KUNDERA, *L'Insoutenable Légèreté...*, p. 179.

mettre en œuvre. Il pourrait être instructif de peser chacun de ces termes.

Mais c'est autour du mot « amour » lui-même que l'invitation au discernement peut être éducative. Que veut dire « je t'aime » ? Je désire te prendre ou je suis émerveillé que tu existes ? Je reçois la révélation de ton visage ou je me regarde en toi comme en un miroir ? L'amour est à l'intersection du plus oblatif et du plus captatif, du don et de la possession, du plus spirituel comme du plus archaïque. On dira qu'il faut bien se garder d'opposer ces aspects, et que la richesse propre à l'amour est précisément de se situer à l'intersection entre ces directions. Ce qui est vrai. Mais au sein de l'irréductible ambiguïté de l'expérience, le rôle de la parole est de saisir des différences. D'autant que les directions en question se trouvent correspondre à des orientations existentielles qui peuvent devenir dominantes. Ce n'est pas le moraliste, c'est le psychanalyste qui écrit : « Nous croyions aimer et il nous a été révélé que nous n'aimions qu'un reflet ; nous croyions aimer et nous n'aimions que nous-même déplacé ; nous croyions aimer et nous n'aimions que l'état où nous plonge l'amour[1]. » Propos qui fait écho à cet aveu de saint Augustin se souvenant, dans ses *Confessions* de ses amours de jeunesse : « Je n'aimais pas, mais j'aimais aimer. »

Pour sortir des glissements permanents de sens où des malentendus guettent à chaque moment, il peut être bon de discerner quatre niveaux d'expérience ou d'appréhension de ce que l'on entend derrière le plus enchanteur des mots. (1) L'amour peut tout d'abord être simplement de l'ordre du *plaisir*. Aimer le chocolat, c'est éprouver du plaisir à le manger ; aimer son ami(e), c'est éprouver du plaisir à être avec lui, avec elle. Nous sommes dans l'ordre de la jouissance de l'autre, de son charme, de son corps, de sa conversation. (2) Si l'on considère le retentissement intérieur, le bouleversement qu'une expérience nouvelle peut apporter à l'affectivité, l'amour sera plutôt de l'ordre de l'*émotion*. Il s'agit d'un remuement (tel est le sens originel du terme « é-motion »), d'un désordre, où l'on perd pied. Ce qui pourrait être désagréable est ici vécu plutôt comme agréable, à tel point que certains recherchent l'émotion pour

---

1. Christian DAVID, *L'État amoureux* (1971), « Petite bibliothèque Payot », Payot, Paris, p. 39.

elle-même. Mais il faut savoir que l'émotion est par définition passagère. (3) Plus intérieur encore que l'émotion est le *sentiment*. Il s'agit d'une orientation de l'affectivité. On parlait autrefois d'inclination, on parle encore de « penchant ». Nous ne sommes plus dans l'ordre de la jouissance, mais dans celui de la *ré*jouissance. Le sentiment est un des principaux ressorts de notre ouverture à l'autre (qu'on le compare à l'intérêt), mais il demeure précaire. (4) Les trois aspects évoqués jusqu'ici sont de l'ordre du « senti » ou du « ressenti ». C'est-à-dire de l'ordre de la passivité. Il est important de bien voir et de faire comprendre que l'amour est aussi acte, action, construction. Il est un mouvement vers l'autre, « une orientation et non un état d'âme », a pu dire Simone Weil. Selon un autre auteur, « être amoureux est un état, aimer est un acte[1] ». Il est donc très important de conduire à percevoir que l'amour est aussi, et essentiellement, volonté. Il ne s'agit pas ici de volontarisme, mais de la volonté comme mise en œuvre du désir, comme vérité de celui-ci, dans la mesure où il est assumé par la liberté, où le sujet conscient décide de le traduire en actes. Vouloir, c'est désirer vraiment.

Plaisir, sentiment, émotion, volonté : chacun de ces degrés a sa valeur, son importance. L'essentiel est de ne pas les confondre, de ne pas prendre l'un pour l'autre. Il s'avère aussi que, pour qui veut aller jusqu'au bout de l'amour, le quatrième degré est le plus déterminant, le plus décisif.

Ces quatre termes sont traversés par deux autres, qui ne font pas nombre avec eux, parce qu'ils les animent de l'intérieur : le *désir* et la *tendresse*. Le désir est le plus puissant mouvement qui nous porte vers l'autre. Encore faut-il s'entendre sur ce que l'on met derrière ce mot : il peut être aspiration à la rencontre, à la reconnaissance mutuelle. Mais le terme peut être employé pour désigner la convoitise, l'appétit sexuel. « Je te désire » : on voit l'ambiguïté. L'expression peut aussi bien signifier : « j'aspire à toi » que « je veux te posséder ». Ce que l'on appelle « désir » est intermédiaire entre pulsion et aspiration, entre ce qui *pousse* et ce qui *aspire*.

Le versant tendresse, qui est l'autre versant de l'affection amoureuse, est, bien entendu, une des plus précieuses ressources

---

1. Denis de ROUGEMONT, *L'Amour et l'Occident* (1939), coll. « 10/18 », p. 262.

de la vie affective. Éprouver de la tendresse pour l'autre, c'est dépasser la dureté courante des relations humaines. C'est passer du « dur » au « tendre », devenant soi-même tendre, « attendri » par l'autre. Dans la tendresse, je suis touché par la faiblesse de l'autre, par sa vulnérabilité. Il ne s'agit pas de condescendance : cette faiblesse que je pressens chez l'autre, je la ressens aussi en moi-même. Dans la tendresse, ce sont deux faiblesses qui entrent en résonance.

Nous sommes donc très proches de l'intuition centrale de l'amour comme reconnaissance de l'autre. Mais les deux notions ne sont pas, pour autant, synonymes. Si la tendresse indique le versant faiblesse de l'amour, celui-ci est aussi force. Une certaine complaisance dans la tendresse, ou recherche de la tendresse pour elle-même, peut traduire un désir de demeurer enfant, un besoin de relations protectrices, consolantes, sécurisantes. Le risque est alors l'enlisement dans une certaine immaturité. La maturité affective et personnelle suppose l'accès à d'autres aspects de l'amour : courage, volonté de vérité, mise en commun des richesses.

Tous ces discernements seront nécessaires pour aider les sujets à avoir un cap, une visée, comme un *amer*[1] dans la navigation qu'ils entreprennent. Faute de quoi ils risquent de prendre le premier affect, la première émotion pour la vérité de l'amour. Aucune définition n'étant apte à enfermer l'amour dans un concept, je propose ici trois formules glanées au fil des années :

« Aimer quelqu'un, c'est lui révéler sa beauté[2]. »

« Aimer, c'est vouloir l'autre comme sujet[3]. »

La formule la plus complète que j'aie entendue est celle de mon premier professeur de philosophie : « Aimer, c'est se réjouir que l'autre existe, et vouloir qu'il existe toujours davantage[4]. »

De telles propositions de sens seront un appel. Appel à ne pas se contenter de la complaisance dans l'émotion ou la sensation. Il y aurait beaucoup à dire, par exemple sur la « révélation de la beauté de l'autre ». Cela suppose d'abord d'avoir perçu, reconnu soi-même sa véritable beauté, c'est-à-dire son unicité, le rayonnement de son mystère, au-delà des canons

---

1. Objet fixe et visible servant de repère sur une côte.
2. Jean VANIER, *Homme et femme il les fit*, Fleurus-Bellarmin, Paris, 1994.
3. Gabriel MADINIER, *Conscience et amour* (1938), PUF, Paris, 1962, p. 86.
4. Antoine FOURNEL, auquel je suis heureux de rendre ici hommage.

superficiels de la beauté plastique. Cela suppose aussi de trouver les moyens, l'art et la délicatesse de lui permettre de recevoir elle-même (lui-même) cette révélation. Réfléchir sur ces enjeux, en particulier sur ce qui fait la beauté de chacun, c'est-à-dire son prix, son caractère irremplaçable, pourrait conduire assez loin, dans un contexte éducatif.

Car ce sont bien souvent des interrogations, des doutes et des inquiétudes de cet ordre qui conduisent les adolescents à la poursuite de l'amour. L'attrait vers le couple amoureux vient souvent d'un manque d'assurance personnelle. Le si grand prestige de ce modèle est, aux yeux de beaucoup d'observateurs, le signe d'une jeunesse aux identités souvent fragiles, aux histoires souvent douloureuses.

Dans ce contexte, une des tâches de l'éducateur sera de mettre en valeur la place de l'*amitié*. Cette forme d'affection a beaucoup d'importance dans la vie des jeunes. Mais la culture ne lui accorde pas la place qu'elle accorde à l'amour. La prégnance du modèle du couple amoureux et l'érotisation généralisée du regard empêchent même souvent d'en percevoir les valeurs spécifiques. Cette « convenance des volontés », selon l'expression de Montaigne, a quelque chose de plus tempéré, plus paisible et plus libre que l'amour. Elle supporte mieux la séparation, voire l'éloignement. Elle intègre la pluralité, où elle voit une richesse. Aussi dans l'amitié cherche-t-on moins à séduire, à posséder l'autre. D'où cette affirmation d'un beau personnage d'Éric Rohmer : « C'est plus facile d'être soi-même avec un ami qu'avec un amoureux, parce qu'il n'y a pas de comédie à jouer[1]. » Moins troublée ou obscurcie par la volonté de séduire et par les tensions propres à l'*éros*, l'amitié est plus claire. « Le véritable nom de l'amitié est peut-être confession », écrit Jean Lacroix, qui suggère aussi : « Être amis, c'est chercher ensemble le vrai et le chercher l'un dans l'autre. »

La primauté du modèle de l'amour-éros vient parfois troubler cette clarté et le côté libérant de la différence entre amitié et amour s'estompe, lorsque toute forme quelque peu vive et intime de la première est confondue avec le second. Combien plus simple est un monde où une affection amicale, fraternelle même, peut déployer toutes ses ressources sans que le côté fascinant ou troublant d'*éros* survienne, avec son cortège d'exi-

1. Margot, in *Conte d'été* (1998).

gences. Or, ce dernier n'est pas seulement « naturel » ; il est aussi culturel, c'est-à-dire plus ou moins favorisé, voire imposé, par les messages de la culture ambiante.

Mais, je l'ai dit, une des caractéristiques de l'amitié est de supporter la distance, la séparation. Là n'est pas le fort de « l'âge tendre » aujourd'hui. Pour des raisons diverses, au nombre desquelles les fragilités familiales[1] et l'incertitude devant l'avenir, pour des raisons plus profondes aussi, dont on devine qu'elles sont d'ordre spirituel, une très grande majorité de jeunes supportent très mal la solitude. Très tôt et très vite ils ont besoin de passer de l'affection familiale à l'affection amoureuse, de combler tout vide qu'ils pourraient sentir se creuser, de connaître la chaleur du corps à corps. Or, il ne faut pas se le cacher, beaucoup de quêtes éperdues de contacts corporels cachent ce qu'il faut bien appeler un désespoir. Une incapacité à se supporter, une fuite du vide, une assurance contre le néant. Selon le mot de Bernanos : « La volupté est d'abord une évasion. » Le côté trouble et régressif, la lascivité possible du sens de l'acte sont susceptibles de devenir fascinants, donnant lieu à ce que Baudelaire appelait « joie de descendre », notant plus loin : « C'est cette horreur de la solitude, le besoin d'oublier son moi dans la chair extérieure, que l'homme appelle noblement besoin d'aimer.[2] »

ENJEUX DE SENS

Parler de la sexualité, nous le pressentons ici, conduit à rencontrer la plupart des grandes questions de l'existence. C'est peut-être pour cela que tant reculent devant le sujet ou se réfugient devant des informations hygiéniques. Rassemblons en six rubriques les enjeux existentiels impliqués, qui méritent d'être réfléchis pour eux-mêmes, mais que le sexuel a l'intérêt de révéler.

1. *Sur le sens du corps*, ou : *les ancrages de la gravité*. Le modèle de la légèreté, ou d'une sexualité purement fonction-

---

1. « Les premières amours de l'adolescent sont absolues, extrêmes et d'autant plus précoces que le couple des parents a été peu rassurant ou inexistant. » Christiane OLIVIER, *Les Fils d'Oreste*, Flammarion, Paris, 1994, p. 120.
2. Charles BAUDELAIRE, *Mon cœur mis à nu*, XIX, LXV, (1867).

nelle se présente sous des jours séduisants dans une certaine culture superficielle ou à tel âge de la vie. La baisse des interdits et, du moins le croit-on, des risques de maladie ou de grossesse induit l'image d'une sexualité sans conséquence, sans gravité. Mais il faut bien rappeler ici qu'entre le corps et le sujet, la relation n'est pas de seule extériorité. Qu'entre l'intimité corporelle et l'intimité personnelle, il y a une proximité très étroite. Une banalisation de l'engagement corporel le plus grand a bien des chances d'entamer le sens de l'unicité de la personne et de son mystère. « Qui perd son intimité a tout perdu », dit un personnage de Milan Kundera qui a souffert de cela, tandis qu'un auteur musulman peut écrire avec beaucoup de justesse : « En dépouillant la sexualité de son mystère, je me dépouille moi-même de mes propres significations.[1] » Entre le sens du mystère du corps et celui de la personne, il y a une très grande affinité. Et cela vaut tout particulièrement pour la portée de l'acte sexuel. Chacun de nous n'est-il pas né d'un tel acte ? L'engagement du corps pourrait aussi être mis en valeur par une attention à la portée expressive des gestes de tendresse[2].

2. *Sur le sens de la liberté* ou : *invitation à la responsabilité*. La liberté évoquée plus haut n'est pas seulement un droit, elle est aussi source d'exigences. La liberté véritable n'est pas soumission au caprice, elle est entrée dans le dynamisme spirituel qui peut être défini comme capacité à donner (et non seulement à prendre). Il s'agit aussi de découvrir l'autre versant de la liberté, la responsabilité. Être responsable, c'est « répondre de ». Répondre *de soi* tout d'abord : de ses gestes, de ses désirs, de ses paroles, en les assumant et en apprenant – progressivement et imparfaitement – à les maîtriser. Ici pourrait être redécouvert le sens de la chasteté comme « maîtrise libérante des pulsions ». (Notons bien le rapprochement des deux termes : « maîtrise » et « libérante ».) Répondre *de l'autre* également, en recevant comme un appel sa confiance, son abandon, sa vulnérabilité. Le rapprochement des corps est une confidence, un risque, un aveu : il convient d'être digne de ces derniers.

---

1. Abdelwahab BOUDHIBA, *La Sexualité en Islam*, PUF, Paris, 1975, p. 301.
2. Je ne reprends pas ici ce point, que j'ai déjà développé dans plusieurs de mes ouvrages, notamment dans : *Le Corps de chair*, Éd. du Cerf, Paris, 1992, chap. II.1 ; *Le Corps de l'esprit*, Éd. du Cerf, Paris, 1999, chap. III.

3. *Sur le sens du temps* ou : *invitation à l'attente*. Les jeunes, comme nous tous, vivent dans un temps de plus en plus morcelé, sur des durées de plus en plus brèves. Mais cela ne veut pas dire que le temps existentiel, celui des grands rythmes ou moments de la vie psychique, corporelle et spirituelle ne continue pas à avoir sa mesure, ses exigences. Au sein d'une culture où tout porte à l'impatience, la parole éducatrice invitera à la *patience*, vertu capitale. Celle-ci se traduit notamment par la capacité à attendre le *kairos*, le temps favorable. « Il y a un temps pour tout sous le soleil », dit un auteur biblique[1]. Or, des relations sexuelles précoces peuvent être un obstacle à la maturation. Elles laissent des traces dans la mémoire profonde. En s'habituant à mettre en œuvre une sexualité opératoire ou fonctionnelle, le sujet aura du mal, par la suite, à vivre des relations où s'exprimerait, à travers ce même corps, un engagement de toute la personne. Une étude sociologique confirme cette intuition : les individus les plus précoces sexuellement ont une vie affective plus complexe et moins stable. « Ce sont ceux qui ont le plus de partenaires conjugaux qui se marient le moins et connaissent le plus de séparations[2]. »

4. *Sur le sens de la différence* ou : *le chemin vers l'altérité*. J'ai évoqué plus haut les perplexités à l'égard de ce que l'on appelle l'homosexualité. Il convient tout d'abord d'interroger ce terme, de le critiquer même. Il porte à la confusion entre des réalités fort différentes : un trouble passager, une ambivalence, des représentations, des gestes, des tendances, des conduites... L'homoaffectivité n'est pas l'homoérotisme, pas plus que l'homosocialité... Beaucoup s'identifient comme « homosexuels » alors qu'il n'est pas certain qu'ils soient marqués par une structure homosexuelle définitive. Il faut ensuite distinguer ce que l'on peut dire ou conseiller à une personne singulière des repères que l'on peut donner dans un discours général, *a priori*. C'est sur ce second registre que certaines dérives peuvent avoir lieu. Il me paraît en effet très important de tenir ensemble deux positions : d'une part le refus de tout ostracisme, de toute exclusion envers les personnes, d'autre part, même si cela est difficile, l'affirmation d'une non-équivalence, d'une dissymétrie entre une sexualité qui intègre la différence

1. Qo, 2.
2. Michel BOZON, in revue *Population*, n° 5, 1994.

sexuelle, et une sexualité qui ne l'intègre pas, c'est-à-dire dont l'*éros* se porte sur des partenaires du même sexe.

Être sexué, c'est, comme l'indique le terme même de « sexe », (de *secare*, couper), être marqué du sceau d'une différence. La question est d'assumer ou non jusqu'au bout cette différence, jusque dans son désir. Le désir sexuel est la force qui me porte vers le corps de l'autre[1]. Selon qu'il franchisse ou non cette différence, ou, autrement dit, selon qu'il tende ou non vers l'autre sexe, il ira plus ou moins loin sur le chemin de l'altérité. On peut dire en effet avec Marc Oraison que « la femme est pour l'homme l'autre le plus autre », et réciproquement. « Autre », le partenaire qui n'est pas de mon sexe l'est doublement : en étant un *autre sujet* et en appartenant à l'*autre genre*. L'homosexualité est comme un arrêt sur le chemin de la maturation sexuelle, en tant que celle-ci est intégration de la différence dans toutes ses dimensions, y compris comme désirée. En termes psychanalytiques, cela peut traduire une non-intégration du stade génital[2]. Pourquoi souligner cela, qui n'est pas très facile à dire ? Pour mettre en lumière, dans une culture du doute sur celle-ci, le prix et les enjeux de la différence sexuelle, les bienfaits de la rencontre de l'homme et de la femme, tout ce qui se donne dans la *connaissance* du féminin par le masculin, du masculin par le féminin. Pour inviter aussi les adolescents, qui traversent parfois une phase d'ambivalence ou de doutes, à la patience et à la conscience de ne pas être parvenus au terme de leur maturation affective. Cela dit, il ne faut pas oublier que les personnes homosexuelles peuvent, en d'autres relations que celles de l'érotisme, vivre et apprécier la rencontre de l'autre sexe. Et les ressources propres à l'homoaffectivité doivent être reconnues[3]. Suggérons ici l'uto-

---

1. À tel point qu'un de mes amis, psychiatre, a pu affirmer : « *Hétérosexuel* est un pléonasme, *homosexuel* une contradiction. »

2. « L'accession au stade génital est donc spécifiée par l'appréhension de la fonction vaginale et, plus largement, par la reconnaissance entière et véritable de la féminité. » Christian DAVID, *L'État amoureux*, Payot, Paris, 1971, « Petite bibliothèque Payot », p. 85. Voir aussi l'étude psychanalytique de Jean BERGERET, in *L'Amour du semblable*, collectif, X. LACROIX dir., Éd. du Cerf, Paris, 1995.

3. La parole individuelle aux sujets (réellement) concernés par une structure homosexuelle devrait faire l'objet d'un autre exposé. Je renvoie pour cela à plusieurs des textes de l'ouvrage collectif cité ci-dessus (notamment aux contributions du philosophe, du théologien et du conseiller spirituel).

pie d'un monde où des relations d'affection fraternelle pourraient être reconnues comme telles, traduites même par des gestes corporels, sans être aussitôt interprétées – par les personnes concernées comme par le regard des autres – à travers une grille réductrice.

5. *Sur le sens de l'alliance* ou : *préparer à la vie de couple.* J'ai relevé plus haut que la corrélation entre sexualité et alliance conjugale était loin d'être tombée en désuétude. Que le mariage soit le lieu où l'union prend sa signification la plus claire, la plus totale et la plus confirmée, celle du don mutuel des corps, demeure intuitivement présent chez beaucoup. Encore faut-il parfois le rappeler et le confirmer. Le minimum serait que nos interlocuteurs aient au moins le sentiment qu'une union qui a lieu en dehors de ce contexte est comme inachevée, en attente d'un cadre plus sûr et plus cohérent, où la parole prenne chair, où chair et parole donnée s'expriment mutuellement.

S'ouvre ici tout le chapitre de la *préparation à la vie conjugale.* C'est bien avant le mariage qu'il faudrait travailler sur les images du couple, sur les conditions d'une claire décision, sur l'art de vivre ensemble, sur celui de communiquer, sur le sens de la parole donnée, sur les enjeux spirituels de la fidélité. Prendre conscience du modèle familial désiré, être éveillé au sens de la responsabilité à long terme, réfléchir sur le sens de la paternité et de la maternité, sur les choix prioritaires d'une vie, être initié aux bienfaits de l'intégration dans une communauté... Des écueils trop fréquents, comme la survalorisation des attentes à l'égard du couple ou les images fusionnelles de celui-ci pourraient être indiqués. Des témoignages d'aînés pourraient être entendus, des biographies ou des correspondances explorées... Une simple initiation au droit du mariage serait déjà riche en enseignements. On le voit, les portes d'entrée en ce domaine ne manquent pas.

6. *Sur la fécondité* ou *l'accueil de l'avenir.* Nous avons jusqu'ici parlé de sexualité sans prononcer le mot « fécondité ». En quoi nous sommes de notre temps... La culture actuelle porte en effet à dissocier sexualité et fécondité. Sur la base de la régulation des naissances, qui est la possibilité de dissocier deux *actes* (union et procréation), nous passons à ce qu'avec d'autres j'appelle la « mentalité contraceptive », qui consiste à dissocier deux *significations.* Comme si la fécondation arrivait au coït comme un accident... Comme si l'union épuisait tout son sens

en ses dimensions érotique et relationnelle. Il faut pourtant le dire : *l'intégration de l'horizon fécondité fait partie du sens plénier de la sexualité.* Il n'est pas sans incidence sur sa signification que l'acte sexuel soit un acte inséminateur, quelles que soient les précautions que l'on prenne pour éviter les conséquences de cela. Freud lui-même a indiqué que le désir sexuel parvenait à sa pleine maturité en intégrant le désir d'enfant. Dans « génital », il y a tout de même la racine *genere*, engendrer ! Le désir d'enfant tourne vers l'avenir une sexualité qui risque toujours d'être déterminée d'abord par le passé (stades, fantasmes...). L'ouverture à l'enfant sera ouverture au tiers, ce troisième qui viendra incarner l'union et donner un sens concret, manifesté, durable au vœu d'être « une seule chair ». « C'est dans l'enfant qu'ils deviennent une seule chair », dit la tradition juive[1].

MÉDIATIONS

Comment proposer de tels repères ou indications de sens ? Il est bien évident que la relation de face-à-face, entre parents et enfants notamment, si elle a un caractère tout à fait irremplaçable, ne pourra être que rare, le plus souvent ponctuelle, insuffisante. Comme toute forme de transmission, l'éducation sexuelle devra s'appuyer sur des médiations, des relais, des étayages plus larges. Elle sera pour une bonne part *indirecte*.

Une première médiation sera celle de *la culture*. Entre culture et vie affective, l'imprégnation est réciproque : la première est habitée par la seconde, et réciproquement. Une bonne question est alors : quels modèles de l'amour, du couple et de la vie affective sont-ils induits par la culture que reçoivent ceux que nous avons la responsabilité d'éduquer ? Le résultat risque de n'être guère brillant. À l'école même, quelles images de l'amour émergent-elles des auteurs le plus souvent étudiés ? Quelles images autres que celle d'un amour mélancolique, passionnel, éphémère, adultère, au goût de mort ? On pourrait multiplier ici les exemples. Pour le cinéma, il en va de même. Éducatrice serait la démarche qui offrirait en contrepoint des

---

1. J'ai développé tout cela, avec les références, dans *Le Corps de l'esprit,* et dans *Le Mariage tout simplement,* Éd. de l'Atelier, Paris, 1995, nouvelle édition 1999.

représentations constructives de l'amour, non fatalistes du couple. Il est vrai qu'il a une très antique parenté entre littérature et fatalité. Mais des textes d'un autre genre, biographiques ou autobiographiques par exemple, pourraient prendre le relais.

Une seconde médiation sera celle de la détermination *du bon usage de l'interdit*. C'est un des rôles capitaux des adultes que de poser des limites. Beaucoup d'adultes actuels, de la « génération 68 », ont intériorisé le trop fameux slogan contradictoire : « Il est interdit d'interdire. » Il est vrai que, dans de nombreux cas, nous ne sommes pas en situation de pouvoir interdire tout simplement parce que l'on ne nous demande pas l'autorisation et que pour diverses raisons, pratiques, psychologiques, sociologiques, nous ne sommes pas en mesure de le faire. Mais il est des situations où l'interdit est possible et structurant. Évoquons deux exemples : dans la régulation de la vie d'un groupe dont nous avons la responsabilité (camp, sortie, voyage…), ou sous le toit familial. De même que les parents déterminent des règles de vie concernant les repas, l'habitation, divers rituels, de même il est souhaitable qu'ils en expriment concernant le coucher. Tous les anthropologues vous le diront : les relations sexuelles sous le toit parental reçoivent une dimension symbolique, sont chargées d'un poids de légitimité. Schématiquement, elles tendent soit vers l'incestueux soit vers le conjugal. Autoriser des relations sexuelles sous le toit familial, c'est donner au couple un statut quasi conjugal. Il est des situations où cela est manifestement aberrant.

Soulignons ici un des intérêts majeurs de l'interdit : il fait parler. Si les enfants ne sont pas d'accord, s'ils en font finalement à leur guise, on aura au moins eu l'occasion d'un échange de vues, de l'expression d'une réticence, ce qui change tout. Sinon – qui ne dit mot consent –, c'est, une fois de plus, la loi du silence.

Retenons de Jean Vanier une double indication sur les deux conditions auxquelles l'interdit peut prendre une signification constructive. La première est qu'il ne soit pas le seul langage. Qu'il soit précédé et entouré d'*autres paroles* sur le sens, soit des conduites en question soit, au moins, d'autres aspects de la vie affective. La seconde condition est qu'il ait lieu sur *fond de confiance*, et non de défiance. Que sa portée ultime soit « je sais que tu peux faire mieux[1] ».

---

1. Jean VANIER, *Homme et femme il les fit*, p. 49, 50, 179.

La troisième médiation, capitale, sera celle de l'existence de *lieux tiers*, lieux intermédiaires entre la famille et l'école, dont nous avons entrevu les limites. Irremplaçables seront les ressources de ces communautés, mouvements, structures, groupes, équipes où les jeunes pourront à la fois formuler et recevoir une parole vraie, en compagnie d'aînés, dans un contexte plus large que celui de la famille, plus relationnel et libre que l'école. Il n'est pas de transmission possible sans communauté. À l'évidence, la crise de l'éducation sexuelle est aussi une crise du lien social. Aussi ces lieux où se tissent des relations qui peuvent aller de la convivialité à la communion sont-ils d'un très grand prix. L'expérience de l'amitié et de l'amour fraternel permettra de situer à sa juste place l'amour érotisé dont la poursuite masque et révèle à la fois l'aspiration à une expérience de cet ordre.

C'est d'un tissu relationnel riche, nourri de paroles vraies qu'ont besoin les jeunes générations. De références qui les dynamisent et les éclairent, selon des repères autres que ceux de l'idéologie moyenne, telle que la reflètent par exemple ces feuilletons télévisés dont ils sont abreuvés chaque soir, où les états d'âme d'une affectivité à courte vue font office de seuls régulateurs. Sexualité et affectivité ne peuvent pas s'auto-orienter. L'avenir de la sexualité n'est pas dans la sexualité, il est dans la découverte d'autres dynamismes que ceux du psycho-sexuel, dans la participation à une vie plus large et plus riche que celui-ci. Dans l'expérience de la *joie de vivre*, laquelle est toujours le fruit d'un dépassement de soi, par la communion qui naît de la poursuite d'horizons plus vastes que le seul épanouissement de l'ego. C'est dans un tel contexte que pourra naître, être accueillie et échangée une parole qui les aide à accéder à la vérité de leur désir.

*

Bibliographie sélective.

Denise STAGNARA, *Aimer à l'adolescence*, Dunod, Paris, 1998.

Bernard DESCOULEURS, *Repères pour vivre*, Desclée de Brouwer, Paris, 1999.

Tony ANATRELLA, *Interminables adolescences*, Éd. du Cerf-Cujas, Paris, 1988.

André RUFFIOT dir., *L'Éducation sexuelle au temps du sida*, Privat, Paris, 1992.

Denis SONET, *Découvrons l'amour*, Droguet-Ardant, Paris, 1990.

De l'auteur.

Le Corps de l'esprit, Vie chrétienne, 1995, Éd. du Cerf « Foi vivante », Paris, 1999.

« Une parole sur la sexualité au temps du sida », *Études*, n° 3795, novembre 1993.

FONDATIONS

CHAPITRE IV

L'AMOUR SUFFIT-IL À FONDER LA FAMILLE ?

Jamais autant que de nos jours la famille n'a reposé sur le couple ; jamais autant le couple n'a cru pouvoir être fondé sur l'amour seul. À tel point que ce dernier en est venu à éclipser le mariage ou, plus simplement, les raisons de se marier. Le lien est de plus en plus compris et représenté comme résultant essentiellement de la conjonction entre deux désirs, deux amours. C'est l'élan spontané portant chacun des partenaires vers l'autre qui serait le seul ciment du couple. Le lien est alors pensé seulement en termes de désir, de sentiment, d'affects. De la relation est attendu ce que l'on appelle aujourd'hui l'« épanouissement », ou encore la « pleine réalisation de soi » ; et ceux-ci sont aussitôt pensés à travers l'imagerie courante du bonheur comme parfaite complétude, complémentarité entre deux tempéraments, deux caractères s'adaptant l'un à l'autre comme la clé à la serrure.

À vrai dire, cette conception se trouve paradoxalement associée, parfois en symbiose, d'autres fois en contradiction, avec une autre que j'appellerai *contractuelle*. Pour celle-ci, le lien est le résultat de deux actes de volonté, volontés qui s'engagent de façon conditionnelle, c'est-à-dire au prorata de leurs intérêts bien compris. Acte raisonnable, rationnel même éventuellement, pour un échange de services et de gratifications dans lequel chacun espère bien recevoir autant, voire plus, que ce qu'il apportera. Un tel pacte est conditionnel en ce qu'il est intéressé, conditionnel aussi en ce sens que ce que la volonté a fait, la volonté peut le défaire. La précarité est donc inscrite dans sa nature même.

Il est rare, bien sûr, que l'un ou l'autre de ces modèles se réalise à l'état pur. Généralement nous avons affaire à un mixte, à un mixage de l'un et l'autre. Mais leur contradiction viendra renforcer la précarité des couples : le modèle contractualiste repose sur l'idéal d'autonomie, le modèle psychoaffectif sur celui de la dépendance réciproque, qui ne sera parfois pas loin d'être fusionnelle.

Si chacun de ses modèles était vécu dans sa cohérence propre, le lien serait moins fragile. *Sur la base du froid calcul*, on pourrait fonder et « gérer » la vie du couple comme une entreprise dans laquelle seraient définis avec réalisme les droits et les devoirs de chacun. De nombreux couples ont fonctionné ainsi à travers l'histoire. « Tu laveras mes chemises, je réparerai ta voiture » ; « je ferai la cuisine, tu iras couper le bois ». Parallèlement, *sur la base de la seule valeur amour*, on pourrait conduire une vie de couple très loin en direction du don, du dévouement et même du sacrifice.

Mais le mélange entre les deux modèles donne un résultat hybride et contradictoire. Du côté du modèle de l'amour, on place très haut la barre des finalités et même des exigences, attendant beaucoup de la relation et du partenaire tandis que, du côté du modèle contractualiste, on reste fidèle à la logique de l'intérêt bien compris, voire à l'idéal d'autonomie. Aimer, oui, mais s'oublier, non. Être amoureux, oui, mais être « livré à l'autre », selon l'expression de saint Paul, non !

Tout se passe comme si nous héritions d'une culture de l'amour, en particulier de l'amour dans le mariage, qui est pour une très large part le fruit de l'héritage chrétien, tout en restant attachés à une culture hédoniste ou eudémoniste, culture de l'ego, du non-sacrifice et de l'épanouissement spontané. « Nous n'avons pas les moyens de notre culture amoureuse, trop riche pour des esprits trop pauvres », écrivaient récemment deux jeunes essayistes, Hubert Aupetit et Catherine Tobin[1]. Culture amoureuse imprégnée de christianisme et de romantisme, esprits imprégnés d'une sagesse hédoniste où continue à régner l'amour-propre.

Le point de parenté entre ces deux options est leur commune ignorance de deux autres fondements du couple, qui ne font

---

1. H. Aupetit-C. Tobin, *L'Amour déboussolé*, François Bourin, Paris, 1993, p. 242.

pas nombre entre eux, car ils relèvent de deux registres différents : l'institution et l'alliance. L'*institution* est une forme qu'une société se donne pour assurer sa propre pérennité. Entre les conjoints, elle joue le rôle de tiers : elle ne dépend pas de la seule volonté ou du seul intérêt des individus. Elle est référée à des valeurs, à des fins, à des critères qui sont au-delà de celui-ci. Quant au terme d'*alliance* il désigne le plus fort des liens, plus fort que les liens du sang (« l'homme quittera son père et sa mère »), plus fort aussi que celui résultant de la simple association, laquelle, en vérité, est à peine un lien, relevant de la seule logique contractuelle où prime l'autonomie de la volonté.

Je voudrais montrer ici que le lien conjugal a besoin d'être *fondé*, qu'il ne peut pas être seulement le *résultat* de processus psychoaffectifs, et, partant, qu'il appelle d'autres constituants, d'autres ressources que ceux de l'affectivité ou même de l'affection. Dans une première partie nous procéderons à une évaluation des ressources et des limites de la primauté du sentiment ; puis nous profilerons les autres ressources du lien ; avant de nous arrêter plus particulièrement sur la place du tiers – ou des tiers – dans le lien.

VALEUR ET LIMITES DU SENTIMENT

Il faut toujours commencer par comprendre un phénomène avant de le juger. Les refus ou dédains à l'égard de l'institution matrimoniale n'ont pas lieu en dehors de tout champ de valeurs. Ils ne sont pas totalement étrangers à la morale. Ils peuvent même être reconnus porteurs d'une certaine éthique (même si, comme nous serons ensuite obligés de le dire, il ne s'agit pas d'une éthique certaine). S'y traduit par exemple le refus de l'idée de *devenir propriétaire l'un de l'autre*, ou encore celui de la suprématie *du groupe* – social ou familial – sur les personnes.

Globalement, ce qui commande ces refus est une philosophie de la liberté, qui est aussi une philosophie de la subjectivité. Nous connaissons les valeurs liées à celle-ci. Une fois acquis les postulats de la modernité, à savoir la primauté de la conscience, du désir et de la liberté, on ne peut guère revenir en arrière. Ces postulats sont-ils suffisants pour penser le lien,

tant social que religieux ou conjugal ? C'est une autre affaire…
Nous touchons là aux limites du *subjectivisme*, c'est-à-dire de
la primauté et *a fortiori* de l'exclusivité du subjectif. La philosophie de la personne n'est heureusement pas seulement une
philosophie de la subjectivité. Dieu merci, le personnalisme est
plus large que le subjectivisme.

Venons-en à la primauté de l'amour. Il est certain que l'amour,
compris comme sentiment, n'a pas son pareil pour rapprocher
deux êtres, pour les lier même. Selon les termes de Christian
David[1], il les rend « perméables » l'un à l'autre, permettant
entre les sujets une communication, comme une « porosité »,
qui contraste avec leur habituelle clôture, la fermeture propre
à leur individuation, leur égo-ïsme. Soudain l'autre prend de
l'importance ; il m'apparaît dans son unicité, sa beauté, son
mystère. Dans certains cas même, il prend plus d'importance
que l'ego ; il devient objet de vénération, voire de dévotion. La
psychanalyse dit alors que l'autre prend la place de l'idéal du
moi, ou que se produit une « collusion » des psychismes, terme
qui peut s'entendre, avec Jean Lemaire, comme une fusion partielle des affects autour d'une problématique commune,
« lorsque les sujets expérimentent qu'ils rencontrent des conflits
intérieurs communs, tout en y répondant chacun à sa manière,
de façon complémentaire[2] ». A lieu alors un rapprochement non
seulement de conscience à conscience, mais d'inconscient à
inconscient, en analogie avec l'amour charnel, dans lequel la
relation d'un corps à un autre corps, à distance, par l'intermédiaire du regard et de la voix, ne suffit plus, mais où l'on tend
vers une relation de chair à chair qui établisse une connivence
toute particulière entre les sujets, les faisant goûter l'un à l'autre,
sentir la substance même de l'autre.

Par l'entrée des psychismes ou des corps l'un dans l'autre, nous
sommes sur le chemin de l'entrée de deux histoires l'une dans
l'autre, de cette intersection entre deux histoires que sera
l'alliance ; mais sur le chemin seulement, au commencement seulement. Car il s'agit ici d'intersection entre deux *désirs*, entre deux
inconscients, mais pas encore entre deux *libertés*, deux *volontés*.

1. Christian DAVID, *L'État amoureux*, Payot, Paris, 1971, « Petite bibliothèque Payot ».
2. Voir Jean G. LEMAIRE, *Le Couple, sa vie, sa mort*, Payot, Paris, 1979,
p. 143.

Au-delà de la problématique strictement psychologique, nous savons bien qu'il n'y a rien de tel que l'amour, même si nous conservons à ce mot un sens très indéterminé, pour rendre sensible à l'autre, pour pousser au don et à la générosité, seuls créateurs de liens. À celui qui n'aura pas connu ce « transport », au couple qui ne se sera pas constitué autour de ce moment très dense qu'est l'état amoureux, il manquera toujours quelque chose. (Dans notre conception du couple du moins, car, dans d'autres cultures, des couples ont vécu, ont duré, et pas nécessairement malheureux, cela sans être passés par là.)

Les attentes que crée l'amour, même s'il s'avère qu'elles sont aujourd'hui excessives, seront un bon ressort pour l'histoire du couple. Quelle source d'exigences et d'avancées, en effet, que de vouloir vivre une relation de qualité avec une même personne pendant vingt, trente, cinquante ans ! Quel meilleur appel à l'amélioration de soi, au dépassement de la seule logique de l'intérêt individuel ! Dans un monde où il voyait monter les valeurs utilitaires et marchandes, le philosophe Alain pouvait écrire : « Finalement, c'est le couple qui sauvera l'esprit[1]. »

Mais nous sommes bien obligés de constater aussi que cette valorisation a été victime de son succès. L'inflation des attentes vis-à-vis de l'amour finit par tuer l'amour. Une donnée statistique est éloquente : *jamais une culture n'a autant que la nôtre valorisé l'amour, et jamais le nombre des solitaires n'a été aussi grand.* En France, il a été multiplié par 2,5 en trente ans[2]. Du couple, pourrait-on dire, tout est attendu : harmonie, équilibre, entente sexuelle, intellectuelle et culturelle, bonne communication, transparence même, parfois. Une des raisons en est qu'il est devenu l'ultime lieu de reconnaissance, d'égalité, de repos (attendu du moins !) dans un monde de plus en plus compliqué, concurrentiel, impitoyable. L'ultime lieu du lien, de l'*être lié*, dans un monde où c'est le lien social lui-même, sous ses diverses formes, qui est devenu problématique.

Mais, pour réaliser un tel idéal, encore faut-il en prendre les moyens. Et des moyens qui parfois coûteront. Prendre l'initia-

---

1. ALAIN, « Les sentiments familiaux », in *Les Passions et la Sagesse*, Paris, Gallimard, « La Pléiade », Œuvres, p. 335.
2. En France, d'après le recensement de 1992, les « ménages à une personne » étaient au nombre de 6 244 000, contre 2 854 000 en 1962. Source : INSEE, *Données sociales,* La Documentation française, 1993.

tive de parler lorsque la communication sera difficile, reconnaître ses limites, demander pardon, consacrer du temps à l'autre en sacrifiant une autre activité, faire confiance, intégrer les différences d'éducation, accueillir la belle-famille... La liste pourrait être longue. Or, et ceci est un point très central dans cet exposé, de tels actes, de telles initiatives, de tels renoncements n'auront pas lieu si le seul ressort du lien est le désir, l'affection spontanée. Le sentiment n'est pas suffisant pour sortir des impasses du sentiment. Le désir n'est pas suffisant pour dépasser les pannes du désir. Car il y aura des pannes du désir. Il faut le savoir et le faire savoir aux futurs conjoints.

Contrairement à ce qu'a tendance à énoncer aujourd'hui un discours dominé par la psychologie, le désir – ou, du moins ce que nous mettons ordinairement sous ce terme – ne peut pas être le seul fondement du couple. Il est lui-même déterminé ; il est l'effet de causes, le résultat de processus obscurs venus de l'inconscient : identification, compensation, projection, mécanismes de défense, quête d'assurance... Ces mêmes processus qui un jour ont conduit à se rapprocher pourront un jour conduire à s'éloigner. Les thérapeutes de couple vous diront que souvent l'on voit un conjoint, après quelques années de mariage, reprocher à l'autre tel trait précisément par lequel il avait été attiré quelques années auparavant. En outre, à travers le temps, chaque personnalité change. Si donc un conjoint a pour fonction d'assurer l'identité de son partenaire, il devra être capable de modifier avec un art consommé sa manière d'être, au fur et à mesure des fluctuations des attentes de l'autre. Tâche extrêmement subtile, qui requiert un art extrêmement consommé. Peut-on subordonner le devenir du couple à ce genre de prouesse ? La durée n'appelle-t-elle pas d'autres fondements, moins aléatoires ?

Les ressources du sentiment amoureux sont celles des commencements. Même si celui-ci dure et s'il est bon qu'il revienne au cours de l'histoire du couple, il ne peut pas être le seul ressort, le seul moteur. Et, en toute hypothèse, il devra se transformer. Le psychologue et théologien Jean-Claude Sagne propose de distinguer quatre moments dans la vie d'un couple : (1) la *constitution*, temps de la fondation où l'imaginaire, la quête de complétude et l'idéalisation occupent une grande place ; (2) la *réalisation*, temps de l'épreuve de la différence, de l'accueil des enfants, de l'œuvre commune et de l'intégration des médiations; (3) la *maturité*, temps de l'adolescence des enfants, du deuil des constructions imaginaires, qui correspond souvent avec la grande crise du milieu de la vie; (4) la *résolution*, moment ultime qui est celui de la démaîtrise et d'un nouvel accueil de la vie comme don, dans la gratuité et le dépouillement. Entre chacun de ces moments et le suivant devra s'opérer un passage, auquel correspondra souvent une période de crise, laquelle n'est jamais qu'un changement d'équilibre, un réajustement, parfois douloureux. « L'histoire d'un couple est celle de décalages et de réajustements permanents » peut affirmer une conseillère conjugale[1]. Qu'est-ce donc qui permettra de tenir, de supporter ces changements de régime, de refonder, à chaque fois le couple, au-delà des ressources du commencement? « Il ne faut pas se raccrocher aux rêves anciens, il faut laisser mourir les rêves. Malheur à qui n'a jamais rêvé, mais malheur à qui ne sait pas mourir à son rêve[2]! »

À LA RECHERCHE DE NOUVELLES RESSOURCES

Même si nous affirmons que l'amour – quel que soit le sens que nous donnions à ce mot – est l'essentiel, reconnaissons que *l'essentiel n'est pas tout*. Irremplaçable, l'amour l'est sans doute; suffisant, sûrement pas. Les ressources nouvelles seront à chercher alors dans trois directions : (a) au-delà de l'amour, en des ressources autres mais encore intersubjectives; (b) en deçà de l'amour, en des sources d'énergie plus profondes et plus constantes que le sentiment; (c) au-delà du couple lui-même, par l'ouverture à plus grand que lui.

Trop souvent aujourd'hui, et particulièrement peut-être dans les milieux chrétiens, on parle indifféremment de « lien conjugal » ou d'« amour ». « Votre lien », « votre amour » : dans nombre de sermons de mariage, ces deux expressions sont employées comme équivalentes. Si pourtant nous nous arrêtons sur la notion de lien, nous sommes conduits à remarquer que celle-ci est plus large, qu'elle contient d'autres ingrédients que l'amour. Ce n'est pas seulement l'amour qui cimente le couple.

---

1. Jeannine MARRONCLE, « Illusions et vérité de la relation conjugale », in *Christus*, n° 151, juillet 1991, p. 287.
2. Gustave THIBON, *Ce que Dieu a uni*, Lardanchet, 1946, p. 133.

Sept autres termes au moins peuvent être retenus, qui pourraient être sept autres noms du lien.

Œuvre. On ne se marie pas, on ne vit pas quotidiennement ensemble que pour s'aimer, mais aussi pour faire œuvre commune. Pour réaliser *entre* nous, avec tout le poids de cette expression, une communauté, c'est-à-dire une mise en commun de nos ressources, l'invention d'une manière de vivre qui nous sera propre, une maisonnée, un foyer de relations et d'hospitalité, fruit de l'intersection de nos histoires, de nos cœurs et de nos corps. Or, la réalisation de tout cela requiert un art, une *technè*, un savoir-faire. Mieux encore, une sagesse. Tenir ensemble n'est pas seulement une question de fins, c'est aussi une question de moyens : *comment faire ?* C'est tout un art que de savoir communiquer, se réjouir ensemble, trouver la bonne distance entre les personnes, avec les familles d'origine, accorder leur place aux amis, intégrer la dimension spirituelle, être ouverts à une communauté plus large... Sans parler de l'éducation des enfants, un art, elle aussi !

Fécondité. À la différence du concubinage, le mariage est foncièrement tourné vers l'avenir. Se marier, c'est fonder une maison, une maisonnée, un lieu où des enfants pourront être accueillis et grandir. Le couple ne peut pas être à lui-même sa propre fin. Ce qui lie les conjoints, c'est, parmi les fins les plus essentielles, le fait de donner la vie, recevant les enfants l'un de l'autre. Ce n'est finalement que dans les enfants, selon la sagesse juive, qu'ils « deviennent une seule chair », que leur chair devient réellement une[1]. La fécondité vient incarner l'union, et cela sous diverses formes, de diverses manières. Si l'amour est don, elle est comme le don du don, son redoublement vers l'extérieur, son incarnation. Par la suite, le bien des enfants sera une raison légitime, une source d'obligation morale même, pour les conjoints, de faire tout ce qui est en leur pouvoir pour que les enfants puissent compter sur la solidité du lien qui unit leurs père et mère.

Mémoire. Le lien est aussi mémoire, comme il est histoire. Une histoire au cours de laquelle les moments heureux comme les malheureux, les joies comme les peines ont tissé, année après année, des liens invisibles. Avoir vécu ensemble tant de choses,

---

1. « L'enfant naît des deux, et c'est là que leur chair devient une. » Rachi, commentateur juif du Talmud, XIIᵉ siècle, cité par Josy EISENBERG, *Et Dieu créa Ève*, Albin Michel, Paris, 1979, p. 155.

même les conflits surmontés, contribue à une telle intersection de nos histoires que se séparer de l'autre serait se séparer d'une part importante de soi. En vérité, ce serait une petite mort.

Justice. Certains auteurs, tel Emmanuel Lévinas, reprochent parfois aux chrétiens de trop parler d'amour, et pas assez de justice. Le reproche peut s'appliquer à notre domaine. À quoi bon éprouver de grands sentiments pour l'autre si, concrètement, règne dans le couple, dans la famille, une injustice cachée ? Si le partage des tâches est inéquitable, si l'un utilise l'autre à son profit ? L'art de la conjugalité est ou devrait être aussi exercice de vertus sociales, quasi politiques : équité, solidarité, discussion, négociation. L'art le plus délicat sera d'associer ces vertus à un autre bienfait de la vie conjugale et familiale, la gratuité.

Gratitude. Des sociologues l'ont établi : le couple est sur la voie de la dissolution lorsque l'on ne raisonne plus qu'en termes d'égalité et d'équivalence. Ou lorsque chacun oublie tout ce qu'il doit à l'autre. Au contraire, ce que certains appellent « l'endettement mutuel positif » fait partie de ce qui constitue le lien. De même que le don seul est créateur de liens, de même la conscience des dons reçus avivera-t-elle la conscience du prix, de la valeur du lien. « Je lui dois tellement ! » disait une femme qui hésitait à divorcer d'avec son mari.

Loyauté. Il s'agit ici de la source la plus claire et la plus explicite de la conscience d'être liés. Une parole a été donnée, parole d'en*gage*ment en ce sens précis qu'un « gage » a été mutuellement remis à l'autre, que l'on prend à témoin de notre capacité à « tenir parole ». Or il y a dans le sens de la parole donnée, dans le respect de celle-ci, une fondation d'humanité. Être homme, c'est être capable d'une parole d'homme. Il y aurait beaucoup à dire ici sur la fonction personnalisante de la parole donnée. Ne nous sommes-nous pas construits sur la base de quelques parole tenues ? Ne nous sommes-nous pas structurés ainsi ? À certains moments de notre vie, les plus intenses ou les plus décisifs, nous prononçons certaines paroles et, ensuite, nous tenons notre unité, la cohérence de notre histoire de notre loyauté à l'égard de celles-ci. Comme le dit très joliment France Quéré : « Si nous tenons parole, la parole nous tiendra[1]. » Nous rencontrons là le sens de la promesse, qui sera notre septième et dernier terme.

---

1. France QUÉRÉ, *L'Amour, le couple*, Éd. du Centurion, Paris, 1992, p. 75.

Promesse. En vérité, ce terme pourrait être le premier, car je ne vois guère d'autre acte fondateur équivalent. Au moment où tend à dominer la mentalité empirique, la méthode expérimentale, et la « fidélité » au jour le jour il faut savoir dire ce que la promesse, surtout explicite et solennelle, comprend d'irremplaçable. Ce par quoi commence la relation n'est pas nécessairement ce qui la fonde. L'un et l'autre sont même bien différents. Ce par quoi elle commence est le sentiment. Or, je ne vois guère comment le sentiment – *a fortiori* lui seul – pourrait être fondateur. Comme le désir, il est lui-même causé, il est *résultat*, fluctuant de surcroît. Il n'est pas principe, origine, roc. Seul peut l'être un *acte*, un acte de parole. « Tout le sérieux d'un homme est dans sa parole », affirme Jacques Ellul.

La promesse est affirmation de la liberté à travers le temps, d'une liberté qui ne se limite pas à l'instant présent mais est capable de déborder sur le futur. Elle est une victoire sur la discontinuité du temps, un pari sur la continuité par le pouvoir qu'a la liberté, grâce à la parole, de lier le temps. Je lie d'avance le futur au présent, et cela non par une détermination rigide mais par une reprise de mon acte par cette même liberté à laquelle est confiée la responsabilité de rendre vraie ou fausse, après coup, la parole que je prononce maintenant.

La promesse est créatrice de liens, lien à soi-même, lien à l'autre. Promettre, c'est se constituer débiteur de l'autre, *obligé* envers lui (la notion d'obligation contient déjà celle de lien : *ob-ligare*). Je me dois, je te dois de tenir cette parole, c'est-à-dire d'agir conformément à ce qu'elle annonce. La fidélité me donne consistance en me rendant fiable, c'est-à-dire non seulement *capable de* confiance, mais moi-même *digne de* confiance, digne de foi (de fiance), ce qui est une des plus grandes et des plus appréciables qualités humaines.

C'est seulement par le sens de la promesse que nous sommes conduits à dépasser une conception du lien comme résultat, c'est-à-dire comme fragile en n'étant que *conditionnel*. Tel est en effet le point commun entre les conceptions contractuelle et psychoaffective mentionnées plus haut : si l'une et l'autre sont *conditionnelles*, c'est au sens suivant : je reste avec toi à condition que j'y trouve des gratifications, à condition que mon intérêt continue à me le dicter. Le lien n'est alors qu'un moyen au service de deux requêtes personnelles. Il va alors de soi que si, au fil du temps, l'un des deux ou l'un et l'autre pense(ent) y trouver plus d'inconvénients que d'avantages ou, selon la logique la plus directement pragmatique, plus de déplaisirs que de plaisirs, il conviendra de mettre un terme à l'union.

Dans la fidélité à la promesse, il y a un élément de plus, une référence autre que les gratifications du présent. À distance de celles-ci, il y a comme un cadre, une limite que nous nous sommes fixés, au sein desquels il faudra prendre les moyens de dépasser les éventuelles déceptions du présent. Une orientation vers l'avenir qui demeure présente par la mémoire d'une parole passée. Paradoxalement, un avenir ouvert par le passé. On ne colle pas au présent, ce qui est un écueil des générations actuelles, qui vivent dans le quasi-instantané.

La fidélité introduite par la promesse est *inconditionnelle* en ce sens que l'on s'y engage non pas à n'importe quelle condition mais *au-delà de toute condition*. Non à n'importe quelle condition, car l'engagement ne vaut que si le lien existe avec un minimum de réciprocité, s'il n'est pas destructeur, si la personne n'y est pas menacée, écrasée ou bafouée. Mais l'on est quand même au-delà des conditions en ce sens que celles-ci ne sont pas la fin, le but de l'union. La visée demeure au-delà de la balance des intérêts individuels ; on est au-delà du calcul, des bilans comptables. On ne se demande pas si l'on perd ou si l'on gagne, car le désir le plus déterminant est de *donner*. La fin n'est pas telle image, toujours limitée, du bonheur, mais la réalisation de l'unité, la construction d'un lien vivant, toujours perfectible, lien qui est *fin* et non moyen. C'est lui qui est la fin, en ce sens qu'il a par lui-même du prix ; on accepte d'avance qu'il coûte, c'est-à-dire la perspective de renoncer à une logique strictement individuelle pour nourrir et conforter cette vie commune, la vie de ce « nous » qui naît entre « je » et « tu ».

Seule une telle logique, tous les couples le savent bien, permet de construire un lien solide et vivant. Or, nous pressentons bien qu'entrer dans une telle perspective est un choix radical, une décision spirituelle. Il ne suffit pas, alors, d'argumenter sur le bien-fondé de celle-ci, de démontrer sa valeur. Il faut aussi s'interroger sur les possibilités de sa réalisation et, au premier chef, sur les ressources auxquelles elle pourra puiser, l'énergie qui permettra de la mettre en œuvre. L'amour est débordé, cette fois, non plus vers l'extérieur mais vers l'intérieur.

« Je n'ai plus la force de lui pardonner », disait un jour une épouse sur le point de divorcer. Il est certain que pardonner demande de l'énergie. Une énergie intérieure qui vient de plus loin que les états d'âme, le désir, et même l'affection. Une énergie spirituelle, osons employer le mot et avançons que trop souvent aujourd'hui on n'aborde les problèmes conjugaux qu'en termes psychologiques, et pas assez en termes spirituels. Pourtant, *donner, pardonner, faire confiance, avouer sa faiblesse*, tout cela ne met-il pas en jeu des attitudes proprement spirituelles ?

Par « spirituel » j'entends le dynamisme profond de la liberté et de l'amour, lequel ne coïncide pas avec l'élan spontané du désir ou des affects. Le désir ouvre à des possibles, à des virtualités. La liberté réalise, elle met en œuvre, elle est décision, *volonté*. Avec le mot volonté, nous nous trouvons à l'intersection, au point de rencontre entre liberté et amour.

La volonté est au cœur de l'amour. Elle se confond même avec lui dans la pensée de saint Augustin, qui va jusqu'à les définir l'un par l'autre : d'une part « l'amour n'est autre que la volonté dans toute sa force » ; d'autre part « la volonté n'est rien d'autre que la puissance d'aimer[1] ». Rapprochons cela de deux définitions de l'amour : pour Thomas d'Aquin, « aimer, c'est vouloir du bien à l'autre » ; pour le philosophe Gabriel Madinier, « aimer, c'est vouloir l'autre comme sujet[2] ».

Dans une telle perspective, le lien n'est pas seulement *résultat* ; effet de processus, mais il est *résolu*, but, objet de construction. Il n'est pas seulement issu du passé, mais à l'horizon de l'avenir. « Je t'aime afin de commencer à t'aimer », écrit joliment le poète chilien Pablo Neruda. L'amour alors n'est pas passion, mais action.

Notons bien qu'il ne s'agit pas là de volontarisme. Le volontarisme serait le fait d'une volonté qui croirait pouvoir ne s'appuyer *que* sur ses propres forces. « Il faut parce qu'il faut... » De l'idéalisme rationaliste nous héritons parfois une telle conception. Mais dans la grande tradition réaliste, la volonté est habitée par le désir ; elle reçoit son énergie de celui-ci. Selon Jean-Claude Sagne, « la volonté, c'est le désir assumé par le sujet conscient et parlant[3] ». La volonté, c'est le désir

1. Saint Augustin, *De Trinitate*, XV, XXI, 41 ; *La Cité de Dieu*, XIV, VII, 2.

2. Saint Thomas d'Aquin, *Somme théologique*, Ia, IIae, qu. 6, art. 4 ; Gabriel Madinier, *Conscience et amour* (1938), PUF, Paris, 1962, p. 86.

3. Jean-Claude Sagne, « Volonté et vie spirituelle », in *Psychologie et foi*, n° 8.

plus la décision, avec la cohérence, c'est-à-dire la fidélité à cette décision.

Mais, me direz-vous, que se passera-t-il lorsque le désir en question sera, comme nous l'avons dit, « en panne » ? Lorsqu'il ne sera plus le ressort suffisant pour relancer le lien ? C'est ici qu'intervient une vertu, c'est-à-dire une force acquise, force secrète d'un acte secret, indiqué en filigrane dans le mot « fidélité », lequel vient du latin *fides*, que l'on peut traduire de trois manières indissociables : par fidélité, par confiance ou par *foi*. Au cœur de la fidélité, comme son ressort intime et ultime, la foi. Plus profond, plus décisif que « je t'aime » est : « je crois en toi ».

La foi est le contraire de la peur. Or, vous entendrez souvent des jeunes, lorsqu'ils vous parlent de leurs hésitations devant le mariage, recourir à ce terme de « peur ». Nous avons peur d'échouer, peur d'être prisonniers l'un de l'autre, peur de faire comme nos parents… C'est là qu'il faut les aider à entendre la parole qui fut de Jésus avant d'être reprise par Jean-Paul II : « N'ayez pas peur. » Dans les couples déjà constitués aussi, la peur peut jouer un rôle dissolvant : qui dira les conséquences de la peur de l'autre, peur d'être utilisé par lui (elle), peur de l'avenir, peur de souffrir, peur devant la vérité… Le contexte de la phrase d'Évangile que je viens de citer est le passage où Jésus s'est approché *de nuit* de la barque des disciples en marchant sur la mer[1]. Il invite Pierre à marcher comme lui sur l'eau agitée. Ce que fait celui-ci, mais soudain « voyant la violence du vent, il prit peur ». Alors il coule. « La peur réalise ce qu'elle craint », disait Victor Frankl.

La foi est l'acte décisif, la vertu centrale du lien conjugal. Elle n'est pas seulement croyance ou crédit mais *fiance*, acte de se fier à – mieux, de se fier *en* – l'autre. Une autre image de cela est celle que l'on trouve dans ces récits d'aventures où le héros doit franchir un abîme en marchant sur une poutre invisible. C'est seulement au moment où le chevalier aura posé le pied sur celle-ci (encore invisible !) qu'elle deviendra visible, à l'instant même où elle lui apportera un appui. Le pas de la foi est effectivement un *pas*, dans la mesure où il consiste à avancer, à se disposer tout entier, en anticipant, à se jeter puis à trouver un point d'appui, sans voir d'abord celui-ci. Point

---

1. Mt 14, 22-33.

d'appui par essence invisible, étant à-venir. Il y a des moments où la lancée antérieure suffit, où un pas en entraîne un autre, naturellement. Et il y a des moments où cette lancée est « en panne », perd de son évidence, se trouve contredite, semble impossible. C'est l'heure de l'épreuve. De la décision, au sens fort de ce mot. Du renouvellement ou de la fin de l'alliance. L'heure de sa refondation.

En qui ou en quoi s'agit-il de croire, ici ? Il s'agit, bien entendu, tout d'abord, de croire en l'autre, en la présence en lui d'une source de vie toujours renouvelée, de richesses que nous n'aurons jamais fini de découvrir, en sa capacité de se renouveler, de repartir. (Lorsque cette foi est démentie avec obstination, il est vrai que les choses se compliquent singulièrement, mais ce n'est pas par là qu'il faut commencer dans une réflexion sur les conditions de possibilité d'un lien durable.) En second lieu, et surtout lorsque la relation à l'autre est soumise à des turbulences, il s'agit aussi de foi *dans le lien lui-même*, dans la valeur de celui-ci ; il s'agit de croire qu'il n'est pas seulement un moyen au service de l'épanouissement des individus, mais qu'il a par lui-même une valeur, une réalité, telle une troisième vie née entre nous. Il s'agira alors de croire, en troisième lieu, en la fidélité elle-même, autrement dit, si nous nous rappelons l'étymologie évoquée plus haut, de croire dans la *fides* elle-même. À travers les épreuves, le lien conjugal se purifie, voit se manifester son ressort essentiel, cette *foi dans la foi*, qui est non seulement foi en soi, foi en l'autre, mais foi en la valeur et en la possibilité de ce mouvement de fiance. Foi dans la vérité humaine du passage à l'autre malgré la nuit. Comme la foi en Dieu, la foi conjugale doit traverser des nuits pour devenir ce qu'elle est. Il faut passer par la mort pour trouver la vie. Il n'est ni amour ni alliance qui tienne sans l'acceptation de ces passages. Autrement dit, la vie conjugale n'est pas un long fleuve tranquille...

La foi est le versant subjectif d'une relation dont l'autre versant, l'autre pôle, mystérieux, est une donation, celle de l'amour reçu comme *gratia*, comme *grâce*. Gilbert Cesbron rassemble très bien ces deux sources ultimes de l'amour en écrivant : « Rencontrer l'amour, c'est la grâce ; croire en lui, c'est la foi. » L'amour comme grâce s'avère être le fondement ultime du lien, une source de solidité et de vitalité beaucoup plus constante et sûre que les aléas du sentiment. Je parle ici de l'amour-*agapê*, amour-charité, qui est don en un double sens : un sens actif, don consistant à donner, et sens passif, don donné, don reçu. Cet amour-là est la basse continue, le fond permanent, le roc de la relation. C'est fondés sur lui que l'on aura la force de pardonner, le courage de recommencer. C'est sur lui, et non sur le sable du sentiment, que sera fondée *la maison bâtie sur le roc*.

De cet amour reçu comme grâce, de cette « grâce d'aimer », certains non-croyants, ou plutôt non-confessants – car, précisément, en ce sens ils sont croyants – ont le pressentiment, l'intuition, voire la certitude. Les croyants-confessants sont ceux qui d'une part nomment la source de ce don, d'autre part la nomment en faisant corps avec d'autres. Ce qui, de deux manières, les renvoie au Tiers (au singulier) ou aux tiers (au pluriel) dont il va être question tout de suite.

On peut aussi traduire *agapê* par « amour fraternel ». C'est peut-être le terme qui parle le plus à la génération montante. Osons dire que celui-ci est à la base, à la racine, à la source de l'amour conjugal et familial. Lorsque *éros*, le désir, et *philia*, la concorde spontanée, sont en panne, l'amour fraternel prend le relais. Et lorsqu'ils ne sont pas en panne, lorsqu'ils vont bien, cette dimension de l'amour vient les enrichir. Elle leur apporte sa note propre, les ouvrant notamment à plus large, plus grand, plus universel. C'est en effet un des intérêts de la notion d'amour fraternel que d'ouvrir à l'universel. Or, l'amour conjugal bien compris est ouvert à plus grand que soi.

LE TIERS INCLUS

La plupart des propos tenus sur le mariage – et *a fortiori*, bien sûr, ceux tenus sur le couple – impliquent une logique duelle, intime, essentiellement privée. Cela est le fruit des choix personnalistes évoqués en commençant. Mais cela peut aussi être le symptôme d'une conception partielle, tronquée car trop intimiste du lien. Cette conception elle-même est paradoxalement un des facteurs de fragilisation des couples. En effet, l'expérience le confirme, *couple isolé, couple menacé*. « Aujourd'hui, le couple ne peut s'appuyer que sur ses propres forces », entendais-je récemment. Et je me suis dit que là était l'origine de bien des maux.

Le rôle des tiers dans la constitution du lien peut être appréhendé à partir de trois points de départ : la promesse, l'institution, le sacrement.

La promesse. Déjà lors de sa constitution, le pacte d'alliance appelle des témoins. Que serait une promesse, un pacte qui se voudrait seulement intime ? La promesse ne se réduit pas à l'aveu ; elle n'acquiert sa pleine dimension que lorsqu'elle vient se graver dans des oreilles et des mémoires autres que celles des contractants[1]. Les témoins apportent à la promesse une objectivité qui déborde celle de la confidence ; ils seront la mémoire vivante de la parole émise. Ils pourront éventuellement (j'ai connu le cas) la rappeler explicitement aux conjoints.

Nous touchons là à l'essentiel du mariage. Un juriste français, Guy Raymond, définit celui-ci comme *un acte de parole solennelle*[2]. Le terme « solennelle » implique une référence aux tiers. Au fond, se marier, c'est ne pas compter que sur ses propres forces. C'est prononcer une parole qui implique davantage que la subjectivité des époux, ne serait-ce que parce qu'elle a des effets juridiques.

Dire que la parole peut être *fondatrice*, c'est dire qu'elle peut donner naissance à une nouvelle cellule sociale : une famille, avec toutes les responsabilités que cela implique, tant de la part des conjoints que de la part de la société. En vérité, même si cela n'est pas assez sensible ou pas assez traduit dans les faits, le mariage unit non seulement deux sujets entre eux, mais *un couple à la société*. Comme le fait remarquer Paul Ricœur, « ce n'est pas le couple qui dit qu'il est marié, ni quand il est marié, c'est la société ». Témoins, officier, ministre, amis, famille, communauté, conseillers, représentants de la loi... tous contribuent à la constitution du lien. Il serait bon que cela ne soit pas que ponctuel et qu'au-delà de la cérémonie de sa fondation, le couple puisse trouver des points d'appui, des interlocuteurs, des conseillers. Un de mes amis suggérait : peut-être

---

1. « Il faut élever les attachements au-dessus des états psychologiques qui les ont fait naître et leur donner des formes objectives, fixées par l'écriture, insérées dans les coutumes. [...] La moralité a besoin d'une inscription qui résiste aux colères et aux intempéries. » Lire à ce propos tout l'excellent développement de France QUÉRÉ in *La Famille*, Éd. du Seuil, Paris, 1990, p. 196.

2. Guy RAYMOND, *Ombres et lumières sur la famille*, Bayard-Éditions, Paris, 1999, chap. 3.

les couples ont-ils moins besoin de « témoins » que de « parrains ».

L'institution. « Veux-tu être mon époux, mon épouse » : la formule n'est pas équivalente à « je t'aime » ou « m'aimes-tu ? ». Devenir « époux » ou « épouse », c'est entrer dans un nouveau statut, une nouvelle position. C'est notamment cesser d'être célibataire. Le lien sort de la seule intimité. Le social se traduit à travers le langage : être « époux » n'est pas exactement, pas seulement être « ami », « copain » ou « compagnon ». Accepter l'institution, c'est accepter la différence.

Le passage par une ritualité est aussi l'acceptation d'une *forme*, c'est-à-dire la reconnaissance que l'alliance n'est pas seulement union des cœurs, mais intégration de règles. Elle est un *acte agrégatif*, dirait un anthropologue. Se marier, c'est poser un acte citoyen, en participant aux lois de la cité et en acceptant celles-ci, par l'entrée dans une institution que d'autres ont définie avant nous. Ce qui revient à reconnaître que nous ne sommes pas à l'origine absolue de ce que nous vivons. Auteur des formes sociales dans lesquelles nous entrons, le corps social en est aussi quelque peu le sujet. Il l'est, par exemple, de la cérémonie. Se marier, c'est accepter de *ne pas être les seuls sujets de notre union.*

Au regard de cela, la conception contractualiste, si répandue aujourd'hui, définit l'union de façon purement duelle. « Le lien contractuel concerne deux personnes libres, égales et responsables d'elles-mêmes qui décident de se lier en vue de chercher l'une auprès de l'autre des gratifications. Les obligations entre ces personnes sont suspendues à leur seule volonté ; c'est le principe : est juste ce que la volonté reconnaît comme telle. Sont alors disqualifiés les devoirs et obligations que ne reconnaîtrait pas directement la volonté[1]. » Je viens de citer mon collègue Paul Moreau qui, dans ce qui suit aussitôt, fait remarquer qu'il n'y a pas, dans la logique du contrat, de place pour l'enfant, ni comme sujet, ni comme objet. Ni comme sujet, dans la mesure où, venu au monde sans que rien ait pu être convenu – et pour cause ! – entre ses parents et lui, il est bien évident qu'il n'est pas le partenaire d'un contrat. Ni comme objet car il serait proprement scandaleux de voir en lui un objet de

---

1. Paul MOREAU, « La place de l'enfant. Conjugalité, parentalité : la médiation de la loi », *Études*, n° 3902, février 1999.

contrat. Apparaît ici par la négative que la place indiquée par l'institution est celle-là même du tiers. À ce tiers qu'est, ou sera, l'enfant, il faut une place que, précisément, ménage l'institution. Celle-ci lui reconnaît des droits et des devoirs qui ne découlent pas de la seule volonté individuelle de ses parents. Elle définit une forme de vie qui limite la toute-puissance des parents sur leurs enfants et insère l'histoire de celui-ci, ne serait-ce que par la nomination, dans la société. On peut dire que, par le mariage, la famille est constituée dès avant la naissance des enfants. Le mariage peut alors être défini comme « fondation de la famille en tant qu'attente réfléchie de l'enfant, reconnaissance anticipée par les époux de leurs responsabilités de futurs parents[1] ».

Le sacrement. Responsabilité et don sont les deux pôles de la conjugalité. Le terme de don, que nous avons déjà rencontré, renvoie à une altérité, celle de la source du don, reconnue comme donatrice si elle est reconnue comme personne. C'est ce que fait la foi chrétienne. Elle nomme cette source non seulement « Dieu », terme trop général, mais « Père », « Fils », « Esprit ».

Certains ont pu dire que le mariage était le premier sacrement, « le modèle perdu des autres sacrements », selon un théologien[2], car il est peu de réalités humaines où, à travers des gestes et des paroles à la fois symboliques et réels, se manifeste et s'incarne si bien, si explicitement le don de la grâce. Et cela non seulement par l'échange des consentements, mais dans le don des corps, les repas partagés, les sacrifices consentis. Altérité et présence divine donc, qu'un agnostique comme Jacques Lacan reconnaissait déjà en écrivant : « Pour que le couple tienne sur le plan humain, il faut qu'un dieu soit là[3]. » La mystérieuse et toujours énigmatique parole de l'Évangile, « *Ce que Dieu a uni...* » affirme Dieu comme sujet du lien, sujet non seulement Tiers, le Tiers absolu, mais Premier, précédant le « oui » des conjoints. Le « oui » de Dieu nous précède et vient habiter notre « oui » humain.

---

1. Formules de Paul MOREAU, « la place de l'enfant... »

2. Roland SUBLON, « Le mariage, salut du sexe ? », in *La Lettre ou l'Esprit. Une lecture psychanalytique de la théologie*, Éd. du Cerf, Paris, 1993, p. 125.

3. Jacques LACAN, *Séminaire*, livre II, Éd. du Seuil, Paris, 1978, p. 306.

Ce qui est remarquable dans la notion de sacrement, c'est que l'ouverture vers le Tiers divin y est indissociable de l'ouverture vers des tiers humains. Sacramentel veut dire ecclésial. En bonne théologie, le sacrement est un geste ecclésial. Or, ecclésial veut dire communautaire. La dimension communautaire est constitutive du sacrement de mariage comme elle est, plus ou moins consciemment, constitutive du mariage tout court. Nous l'avons déjà entrevu tout à l'heure : l'amour-*agapê*, amour fraternel, a une dimension plus large que le couple. En s'ouvrant donc à la dimension communautaire, l'amour conjugal s'approfondit en même temps : il va vers sa source. L'ouverture horizontale ne fait qu'un avec l'ouverture verticale, vers le haut et vers le fond. Cela est très existentiel : tous les couples qui l'ont expérimenté peuvent en témoigner : nous sommes beaucoup plus et mieux en communion entre conjoints lorsque nous sommes également en communion avec d'autres. La communion avec des frères et sœurs qui vivent le même mystère que nous vient enrichir la substance même de ce que nous vivons.

Ainsi donc l'amour peut-il être reconnu comme valeur centrale dans le mariage à condition d'être travaillé par d'autres valeurs et réalités. À condition d'entrer en dialogue ou dialectique, aussi bien à l'intérieur de lui-même que vers l'extérieur. En étant recentré et décentré. Recentré sur l'amour-*agapê*, décentré vers des finalités autres que lui-même. En effet, contrairement à ce que l'on entend dire parfois, l'amour ne peut pas être à lui-même sa propre fin. Sa nature propre, d'ailleurs, s'opposerait à cela, puisqu'il est don, consistant à se dépasser, s'oublier, trouver sa vie dans le mouvement vers l'autre. Sa fin est la vie de l'autre, des autres, des enfants, d'une communauté, de l'Église, de l'humanité.

Il en va de même du lien lui-même, qui n'est pas seulement l'union de deux cœurs, mais un trésor social, une source de socialité, un principe de cohésion et de solidarité. Le problème est qu'il est trop isolé en son genre, qu'il n'est pas assez relayé par d'autres sources de lien, de liaison, de reliance. De *re-ligion*, au sens étymologique du terme ! *Re-ligare* signifie « relier[1] ».

---

1. Autre étymologie possible : *re-legere*, « prendre très grand soin ».

Le couple, comme le mariage, comme la famille gagnent ou gagneraient à être complétés relayés, nourris, par d'autres communautés.

*

Bibliographie sélective.

Jean-Claude SAGNE, *L'Homme et la Femme dans le champ de la parole*, Desclée de Brouwer, 1995.
Jacques de BOURBON-BUSSET, *Lettre à Laurence,* Gallimard, Paris, 1990.
Jean-Gérard LEMAIRE, *Le Couple, sa vie, sa mort*, Payot, Paris, 1979.
Jacques et Claire POUJOL, *Vivre heureux en couple*, Empreinte-Temps présent, 1999.
Françoise SAND, *Le Couple au risque de la durée*, Entretiens avec Y. de Gentil-Baichis, Desclée de Brouwer, Paris, 1998.

De l'auteur.

Les Mirages de l'amour, Bayard Éditions-Novalis, Paris, 1997.
« L'amour entre mirages et réalité », *Études*, n° 3896, décembre 1998.

CHAPITRE V

POURQUOI SE MARIER ?

« Pourquoi se marier ? » Nombreux sont ceux qui posent aujourd'hui cette question, non sur le ton d'une hostilité au mariage, mais plutôt sur celui d'une tentation d'indifférence. Il faut dire que la plupart voient mal la différence entre « se marier » et « ne pas se marier », entre mariage et concubinage. À la question posée un jour par l'animateur d'un jeu télévisé, deux jeunes qui s'étaient présentés comme vivant en couple répondirent par cette formule révélatrice : *On n'est pas mariés, mais c'est tout comme.* La formule témoigne à la fois d'une sorte d'ignorance en douceur du mariage et de l'adhésion à un modèle très proche de celui-ci. Chez ceux mêmes qui sont déjà mariés, la réponse à la question des raisons de se marier ne va pas de soi, faisant l'objet non seulement d'hésitations, mais d'une moue dubitative. *Qu'est-ce que ça changerait ?* : c'est par cette question qu'un père de famille, lui-même marié, répondit à qui lui demandait si sa fille, vivant en union libre, envisageait le mariage.

C'est l'institution qui a perdu de son évidence. Or, il est toujours très difficile de dire le sens d'une institution, surtout lorsqu'elle est si ancienne et si fondamentale. En principe, ce sens va de soi. Lorsqu'il est nécessaire de la justifier c'est qu'elle est fragilisée. Et cela requiert une explicitation dont tous ne se sentent pas capables. Beaucoup y ont d'ailleurs renoncé ; rares sont les lieux où se dit le sens du mariage, y compris dans le contexte éducatif : école, lieux de culture, et même en famille. Quant à l'État, la législation, l'administration, ils soutiennent de moins en moins le mariage. Le concubinage est de plus en plus traité par le corps social d'une manière équivalente au mariage. En matière de prestations, de filiation, d'autorité parentale, de procréations médicalement assistées, les droits des concubins sont de plus en plus alignés sur ceux des époux. L'évolution est univoque et va toujours dans le même sens. Ces mesures étant un langage du corps social, les jeunes ne reçoivent guère de message leur disant que ce dernier accorde du prix, lorsqu'il s'agit de fonder une famille, à l'engagement conjugal. Si tous les messages extérieurs vont dans le sens de l'indifférence, on ne voit guère comment les sujets concernés feront la différence. Il demeure bien quelques différences juridiques, significatives, entre mariage et concubinage, mais elles sont ignorées de la plupart, très rarement enseignées.

Il est même étonnant que, dans un tel contexte, tant de jeunes continuent à se marier. Car, ne l'oublions pas, la majorité continue à poser ce choix. En un temps où l'on entend constamment parler d'abandon du mariage, il peut être bon de rappeler qu'aujourd'hui encore, *sept couples sur huit*, entre trente et cinquante ans, sont mariés et qu'entre vingt-cinq et trente ans, *six sur dix* se marient[1]. On entend et on lit beaucoup, également, qu'un enfant sur trois naît hors mariage. Mais cela veut dire que deux sur trois naissent dans le mariage ! Il serait pour le moins prématuré de vendre la peau du mariage, comme le font certains sociologues.

La baisse a tout de même été de quarante pour cent en vingt ans, et elle peut se poursuivre. Il est bien vrai aussi que le doute est profond, et que le *qu'est-ce que ça changerait ?* travaille les esprits. Un indice toutefois que cela change peut-être quelque chose ou, plus précisément, que l'engagement conjugal manifeste une démarche spécifique est que les couples non mariés se séparent six fois plus que les couples mariés, sur une durée de dix ans, deux fois plus, encore, si des enfants sont présents[2]. Il doit bien y avoir une différence de sens entre l'acte qui consiste à *déclarer* que l'on vit ensemble et celui de *s'engager* à le faire.

La question est celle du fondement du couple. Plus que cela, de la fondation, de l'acte fondateur d'une famille. Car une

1. *Population et sociétés*, septembre 1994, n° 293.

2. Laurent TOULEMON, « La place des enfants dans l'histoire des couples », *Population*, n° 49, juin 1994.

famille, en tant que cellule sociale appelée à durer, cela se fonde. Comme à une « maison », il lui faut des fondations. Or, de plus en plus, actuellement, le seul fondement envisagé est l'amour, entendu comme lien amoureux, comme sentiment. Après avoir, pendant des siècles, été placé au second plan par rapport à l'institution, puis à égalité avec elle, il occupe maintenant la première place. De façon quelque peu schématique, on pourrait résumer en trois formules l'évolution des mentalités quant à la relation entre le mariage et le sentiment. Pendant des siècles et dans diverses cultures, la pensée fut : *Puisque nous sommes mariés, aimons-nous* (apprenons à nous aimer) ; puis, à partir du XVIIIe siècle en Europe, *Puisque nous nous aimons, marions-nous* (l'amour est au centre de l'institution) ; enfin, depuis les années 70 dans certains milieux surtout : *Puisque nous nous aimons, pourquoi se marier ?* L'amour en est venu à effacer, éclipser l'institution.

L'amour peut-il être le seul fondement du couple ou de la famille ? À cette question, la réponse ne peut être que négative. S'il s'avère bien être un des plus puissants ressorts qui conduisent deux êtres à se rencontrer, à se révéler l'un à l'autre dans leur unicité, il n'est pas du tout évident qu'il puisse être le fondement suffisant pour un lien stable et durable. Il est même évident qu'il ne l'est pas. Le sentiment est intrinsèquement précaire ; il connaîtra des hauts et des bas, il aura ses pannes et ses crises. Il n'y a pas de durée sans apparition de décalages, sans déceptions, sans conflits. Retenons cette définition du lien conjugal par Jean Lemaire, théoricien de la thérapie des couples : le lien conjugal est le lien capable de surmonter les situations génératrices de conflits[1]. D'où viendra, alors, l'énergie nécessaire à ces dépassements ? Le sentiment à lui seul ne permet pas de dépasser les crises du sentiment ; le désir ne permet pas de dépasser les pannes du désir. Et il y aura des pannes du désir...

En vérité, le lien conjugal est plus que le lien amoureux ; il y a dans le lien conjugal quelque chose que l'on ne trouve pas dans le lien amoureux. Quoi donc ? C'est ce que cette conférence voudrait aider à percevoir.

---

1. Jean G. LEMAIRE, *Le Couple, sa vie, sa mort*, Payot, Paris, 1979, p. 31.

MARIAGE OU COHABITATION ?

« Crois-tu que le fait de ne pas être marié avec moi soit quelque chose que tu puisses envisager pour le restant de tes jours ? » Cette question-déclaration finale du fameux film *Quatre mariages et un enterrement* est révélatrice à bien des égards. Il s'agit en quelque sorte de ce que Georges Brassens eût appelé une « non-demande en mariage ». Mais, en même temps, l'analogie, jusque dans les termes, avec l'engagement conjugal est frappante : *pour le restant de tes jours...*

Il est vrai que l'écart diminue entre mariage et cohabitation. Ce n'est pas sans raisons que si nombreux sont ceux qui ont du mal à voir la différence. Ils auraient saisi celle-ci avec évidence il y a cinquante ans, en un temps où choisir l'union libre était la marque d'une contestation délibérée de l'institution, d'inspiration anarchiste ou existentialiste par exemple. Aujourd'hui, nous voyons la grande majorité des concubins vivre « en bons pères de famille ». Ce n'est pas « l'amour libre » ; les aventures, les conduites volages sont désapprouvées. On souhaite durer, on accueille des enfants et on les reconnaît (85 % des enfants nés de familles naturelles sont reconnus par les deux parents).

La plupart de ceux que l'on nomme aussi « cohabitants » font sans le savoir un travail d'historiens ou d'ethnologues, dans la mesure où ils redécouvrent certains aspects des formes anciennes du mariage. Celui-ci en effet n'a pas toujours eu la forme que nous lui connaissons, et qui remonte au concile de Trente (XVIe siècle) ou à la Révolution. Pendant le premier millénaire de notre ère, les rites matrimoniaux ont varié, selon les régions surtout. Ici, le rite principal était le changement de domicile de la jeune fille, là la consommation charnelle, ailleurs un repas entre les deux familles, avec échange de cadeaux, ou encore, en plusieurs cultures, la cohabitation elle-même, à partir d'une certaine durée. Au XVIe siècle encore, en France, un juriste, Loysel, pouvait écrire, reprenant un vieil adage : « Boire, manger, coucher ensemble, c'est mariage, ce me semble ». C'est au XIIe siècle que l'Église d'Occident a choisi comme rite essentiel l'échange des consentements, hérité de la Rome antique ; mais il fallut du temps pour que ce rite se généralisât, et encore plus de temps pour qu'il s'accompagnât de la cérémonie que nous connaissons.

À leur manière donc, les concubins réinventent ce que dans d'autres cultures, telle la culture africaine, on nomme le « mariage coutumier ». Ils redécouvrent des rites, c'est-à-dire des gestes symboliques. Inviter par exemple son compagnon ou sa compagne à une fête de famille (surtout s'il s'agit des noces d'or des grands-parents !) ne manque pas de portée. De même, offrir pour Noël des cadeaux de Noël aux parents du partenaire, organiser un repas entre les deux familles... Ils explorent une voie du côté de ce qui serait un « mariage par étapes », certaines de celles-ci ayant quelques traits communs avec les fiançailles – aux relations sexuelles près.

Les positions du concubinage à l'égard du mariage sont très variables : du refus explicite à l'imitation, de l'union libre au quasi-mariage, tous les degrés sont présents. Qu'il s'agisse toutefois de non-choix du mariage ou de choix du non-mariage, il peut être bon d'entendre ce qui est couramment reproché à l'institution, ce que l'on veut éviter en s'en abstenant.

On peut résumer en trois formules les aspects de l'institution matrimoniale qui sont aujourd'hui refusés : (1) l'idée de *devenir propriétaire l'un de l'autre* – et certaines conceptions ou pratiques du mariage ont pu le donner à penser –, (2) l'idée de *maîtriser l'avenir*, de supprimer la part d'inconnu inhérente à celui-ci, (3) la suprématie *du groupe*, groupe familial ou social, sur les personnes. L'éthique à l'œuvre est alors une éthique de l'authenticité, du respect de l'altérité, de la vie au jour le jour, de l'intersubjectivité. Elle est très réticente envers tout ce qui soulignerait l'objectivité du lien, aussi bien en direction du familial qu'en direction de la vie publique. Le religieux est mieux compris parfois car il confirme un certain caractère sacré du lien, mais il ne l'est plus dès lors qu'il édicte des règles ou une discipline.

Il faut entendre cette éthique implicite et les valeurs dont elle se veut porteuse. Nous ne sommes pas en dehors de toute norme. Des questions toutefois demeurent, qu'il est de la responsabilité des adultes, parents, éducateurs, pasteurs, de poser.

Sur le sens de la décision.

La naissance du couple, sa constitution et le commencement de sa vie commune sont, le plus souvent, le lieu et le résultat de processus continus, par lesquels on est passés, comme en glissant, d'une situation à une autre. « Les choses se sont faites toutes seules », disaient deux jeunes tourtereaux à France Quéré, qui rapprochait cette formule d'une réplique de Samuel Beckett : « Quelque chose suit son cours »[1]. Quel est ce « quelque chose » ? À quoi obéit-on alors ? À ce qui se passe entre deux complexions psychiques. Où donc est l'acte de la liberté ? Pour que cette dernière s'exprime, il lui faut être capable de se rassembler dans une claire décision. À quel moment, alors, une décision est-elle prise ? Selon l'étymologie latine de ce mot[2], décider, c'est *trancher*. C'est renoncer à certains possibles et marquer un commencement, en s'engageant dans une voie. Toutes les observations relatives à la vie des couples montrent que ceux-ci ont beaucoup plus de chances de durer, c'est-à-dire de surmonter leurs difficultés, s'ils peuvent se référer à un acte fondateur, à une claire parole de décision.

Le mariage est un acte de parole solennelle. Il est essentiellement cela. Rien ne pourra remplacer la mémoire de cette promesse par laquelle chacun a consenti à être lié à l'autre. *Veux-tu être mon épouse ? – Oui.* Chacun pressent que cela va plus loin que « je t'aime » ou même que « je t'aimerai toujours ». Il s'agit de changer de statut, de se le demander et de consentir mutuellement à le faire l'un à l'égard de l'autre (et des autres – nous y reviendrons). *Je te reçois comme époux et je me donne à toi* : aussi réelles soient les ressemblances entre le concubinage et le mariage, il y a et il y aura toujours une différence entre avoir ou ne pas avoir prononcé, à haute voix et devant témoins, une telle parole, dont la portée est si forte que nul ne peut l'entendre sans émotion.

Or, la promesse est plus que l'aveu. Elle déborde l'intimité ; elle tend à ce qu'un psychanalyste dénomme *extimité*[3] ; elle appelle des témoins. La promesse ne prend toute sa dimension qu'en se gravant dans l'oreille et la mémoire de sujets autres que ceux qui viennent de la prononcer, témoins qui resteront la mémoire vivante de cet acte de parole. En étant fidèles l'un à l'autre, nous serons aussi fidèles à ceux qui étaient présents

---

1. France QUÉRÉ, *La Famille*, Éd. du Seuil, Paris 1990, p. 204. La pièce de Beckett est *Fin de partie*.

2. De *caedo, caesum*, briser, fendre, trancher.

3. Philippe JULIEN, « La déclaration de couple », in *Études*, n° 3724, avril 1990, p. 493.

autour de nous ce jour-là, et qui ont cru à notre engagement. Ainsi le lien acquiert-il une certaine objectivité, en ce sens qu'il dépasse la seule subjectivité, la seule intimité des deux contractants. C'est par le même mouvement que, amoureux, ils tendaient spontanément à graver leur amour dans le bois ou la pierre. Mais cela restait vain. La parole vivante devant la mémoire d'une communauté a une autre portée. Parole qui ose aussi prendre la forme de l'écrit, en confiant les signatures des uns et des autres à la mémoire sociale des registres.

Sur le sens du rite.

« Il faut des rites, c'est trop oublié », dit le Renard au Petit Prince. Le rite est plus qu'une forme vide. Il est un langage du corps social, qui célèbre un événement, lequel dépasse la vie privée des deux individus. Accepter d'entrer dans un rite, c'est accepter de *ne pas être les seuls sujets de l'acte*. Se marier, c'est reconnaître que la naissance de notre lien est aussi un événement pour une communauté donnée. La fondation d'une famille ne peut pas laisser le corps social indifférent. Il a tout lieu de se réjouir, puisqu'il célèbre l'événement par lequel lui-même existe, dont la réitération assure sa pérennité.

Il est courant d'entendre dire aujourd'hui que nous manquons de « rites de passage ». Or, le mariage en est l'exemple le plus caractéristique. Il réussit cet exploit de marquer à la fois une séparation et une continuité. Séparation d'avec les familles et groupes d'origine, continuité avec la vie et la volonté de ceux-ci. On note souvent que les cohabitants quittent si progressivement leur famille que parfois ce départ est incertain, jamais achevé, jamais assuré. On pourra toujours venir faire laver son linge chez maman... La fête du mariage marque un départ, une discontinuité, un changement de statut et de position sociale ; pour la fille, de nom d'usage. On se réjouit pour ne pas pleurer ; la notion de sacrifice n'est pas loin. Mais le rite marque aussi une continuité : la communauté familiale, amicale, sociale, religieuse, en se réunissant et se réjouissant, manifeste qu'elle approuve cet acte, lui apporte son appui. Le lien social y est célébré autant que le lien intime. Non seulement célébré, mais renforcé. Prenons conscience du nombre de relations qui sont relancées, rétablies, nouées même, au cours d'une fête de noces. Citez-moi une fête équivalente. Or, ce seront parfois les mêmes qui dans leurs écrits se lamenteront sur l'affaiblissement du sens de la fête aujourd'hui et qui par ailleurs négligeront une des fêtes les plus significatives et les plus universelles.

En se mariant, les sujets reçoivent de nouvelles désignations. Ils deviennent « époux » et « épouse », « gendre », « belle-fille », « beau-frère », « belle-sœur », « neveu par alliance »... Ils prennent ainsi place dans ce qui devient leur « belle-famille ». Le mariage est aussi l'alliance entre deux familles, ce que l'on a tendance à oublier parfois aujourd'hui mais n'en demeure pas moins vrai. Or, le vocabulaire est toujours révélateur. A-t-on pris conscience du flou dans les appellations dont on dispose à l'égard des cohabitants ? Eux-mêmes se désignent l'un l'autre comme « mon copain », « ma compagne », « mon amie », « mon Jules », expressions pour le moins polyvalentes et qui ne désignent pas une relation déterminée, une *place* dans l'histoire. Et l'on sait que les expressions auxquelles les parents devront recourir ne sont pas moins vagues ou maladroites. Incertaines en tout cas, manifestant que, si une relation d'élection affective a eu lieu, elle n'a pas pris la forme d'une désignation spécifique qui permettrait de reconnaître et de manifester l'entrée effective dans la famille. Les concubins restent célibataires.

Sur le sens de l'attente.

Une des intuitions de ceux qui choisissent de cohabiter avant de se marier, et qui sont aujourd'hui la très grande majorité, est qu'une relation aussi sérieuse que la relation conjugale doit être préparée, qu'il faut bien se connaître avant de prendre un tel engagement. Ils ont vu autour d'eux tant de couples qui ont mal tourné... On ne peut qu'approuver un tel sérieux, une telle volonté de se préparer. Mais il est plusieurs manières d'entendre ce mot, deux manières de se préparer : *essayer* ou *attendre*.

La première correspond bien à la mentalité contemporaine, qui privilégie l'expérimentation, ou même l'empirisme. Mais, en ce domaine, qu'est-ce donc qui est expérimenté ? La relation ou l'autre ? Et surtout, à partir de quand un essai sera-t-il concluant ? La vie en couple peut très bien « marcher » pendant une période d'essai, et plus du tout à partir du moment où l'on sera mariés. La décision introduit un autre paramètre, qui pourra changer la donne. Il y aura toujours un écart entre ce qui précède et ce qui suit l'engagement.

Si l'expérimentation était concluante, les couples qui ont cohabité avant de se marier seraient plus stables que les autres. Or, les statistiques parlent en sens contraire. Une enquête de 1992[1] indiquait, sur une durée de dix ans, un taux de 12 % de divorces après les « mariages directs » (sans cohabitation) et de 15,6 % pour les mariages précédés d'une cohabitation. L'écart, certes, est mince, mais il oblige au moins à renoncer à l'idée selon laquelle l'expérimentation, de soi, serait un facteur de solidité. Mon explication de cette statistique étonnante est que ceux qui misent sur l'expérimentation, *a fortiori* sur l'expérimentation seule, pour assurer la stabilité de leur couple ne misent pas « sur le bon cheval ». Le seul facteur déterminant – je ne dis pas suffisant, mais déterminant tout de même – sera *la force de la décision* par laquelle nous sommes résolus à tenir ensemble, quoi qu'il arrive. Celui qui mise sur l'expérimentation comme telle risque de miser sur les déterminismes psychoaffectifs dont nous parlions plus haut, et donc sur les aléas de ceux-ci.

Ajoutons qu'il est d'autres manières de se connaître que la cohabitation et que celle-ci, si elle est incontestablement une source d'abondantes informations sur la vie quotidienne, a aussi ses limites. Les multiples détails et questions pratiques de cette vie peuvent être « l'arbre qui cache la forêt », c'est-à-dire distraire des questions et enjeux essentiels : ma vocation profonde, intime, est-elle bien de vivre avec lui, avec elle, ou même de me marier ? L'alternance de proximité et de distance que permettent les « fiançailles », que l'on appelait autrefois les « accordailles », crée à cet égard une respiration bienvenue. Des moments d'intense partage ou d'intimité alterneront avec des moments d'absence ou d'éloignement propices au retour sur les événements, sur les paroles. Moments d'intériorisation, ou encore de correspondance : qui dira ce que de nombreux couples doivent à la correspondance des temps où ils étaient éloignés l'un de l'autre ?

La notion d'attente est beaucoup plus riche que celle d'essai. Une décision véritable doit mûrir de l'intérieur, et non être dictée par les circonstances. Et le meilleur moyen de l'intérioriser est de savoir attendre. Attendre le moment favorable, temps de

---

1. INED, *Vingt et unième rapport sur la situation démographique en France*, 1992.

la maturité dont l'évidence et la clarté sont les signes. L'impatience est ce qui nuit le plus à la clarté, tandis que la patience est une vertu tout à fait capitale (mais qui n'est pas le fort de notre culture). Attendre signifie supporter la distance, la solitude et même le vide. Il n'est pas d'amour solide qui se construise sur la fuite de la solitude[1].

LE SENS D'UN ENGAGEMENT

Nous avons jusqu'ici envisagé le mariage indirectement, en mesurant les enjeux d'une comparaison avec un mode alternatif de vie de couple. Puisque nous avons insisté sur l'importance de la décision, nous devons maintenant relever le défi suivant : serions-nous capables de répondre en peu de mots à l'un de ces jeunes, dubitatifs ou hésitants, désireux tout de même de vivre un amour durable, nous demandant à l'improviste : *au fond, pourquoi se marier ?* Pourquoi poser un tel acte d'engagement lorsque l'on sait que la durée est incertaine, que l'avenir ne nous appartient pas, et que ni Monsieur le maire ni Monsieur le curé ne nous mettront à l'abri de l'échec ?

Une seule formule, dans un premier temps du moins, ne serait pas suffisante pour cerner une réalité aussi multidimensionnelle que le mariage. Commençons par trois.

Se donner du temps.

On se marie pour se donner du temps. En donner à l'autre, et déjà à soi-même : le temps de la promesse, un cadre pour apprendre à aimer. Aujourd'hui nous nous aimons, en ce sens que nous éprouvons l'un pour l'autre tendresse et désir. Mais nous sommes conscients que le présent est trop petit pour notre amour. En particulier parce que, dans le présent, je ne sais pas encore t'aimer comme il faut. Et nous nous connaissons si peu... Aussi nous donnons-nous du temps, pour apprendre à nous aimer en vérité. « *Je t'aime afin de commencer à t'aimer* », écrivait le poète Pablo Neruda.

---

1. J'ai développé cela dans le chapitre « Éloge de la solitude », in *Les Mirages de l'amour*, Bayard-Éditions-Novalis, Paris, 1997.

Dans cette phrase, de ce point de vue, l'amour n'est pas seulement derrière nous, en amont ; il est devant nous, en aval. Il n'est pas seulement la cause de notre union, il en est le but, l'horizon ; nous ne voulons pas seulement vivre ensemble *parce que* nous nous aimons, mais *pour* nous aimer. Aimer au sens constructif du terme : nous voulons construire quelque chose ensemble. La fidélité ainsi envisagée n'est pas fidélité au passé, à des moments exaltants que nous voudrions conserver, mais fidélité à l'avenir : nous consentons à voir à l'horizon de nos existences un avenir commun.

Un tel engagement pourrait être temporaire. Certains, à différentes époques, ont avancé l'idée d'un mariage à durée limitée (quinquennal par exemple). Il pourrait être aussi conditionnel : je resterai avec toi à condition que tu me donnes ceci ou cela, que tu te conduises ainsi… Choisir la voie de l'engagement *inconditionnel*, c'est promettre non pas à n'importe quelle condition (il ne s'agit pas de se laisser détruire), mais au-delà de toute condition. Nous ne savons pas ce que demain nous réserve : l'un de nous peut tomber malade, il peut avoir un accident. Nous ne savons pas si des enfants viendront, ce qu'ils nous réserveront… Je ne m'engage pas avec toi pour des avantages, comme je ne t'aime pas pour ce que tu fais, mais pour ce que tu es. Chacun n'aura pas constamment à faire ses preuves, comme s'il passait un examen. Il sait qu'il ne sera pas l'objet d'expérimentation ou d'essai, mais accueilli *a priori*, sans réserve. On ne dit pas assez combien cela est source de sécurité et de paix. Le mariage est *consentement* l'un à l'autre ; pesons bien le poids de ce mot.

Ouvrant un avenir, la promesse délimite un *lieu*, en ce sens qu'elle constitue un cadre, un espace-temps au sein duquel la relation non seulement pourra mais devra surmonter les déceptions, vaincre les crises, même douloureuses, faisant ainsi l'expérience concrète de l'altérité de l'autre. *Il faut qu'une porte soit ouverte ou fermée*[1]… Si la porte est toujours entrouverte, tôt ou tard, à la première difficulté douloureuse, l'idée de partir viendra. Si le lieu est délimité, nous aurons quelque chance d'apprendre à accepter l'autre tel qu'il est, de l'aimer pour lui-même, tout entier, et non seulement pour ses qualités et les bénéfices qu'il nous apporte.

---

1. Titre d'une pièce d'Alfred de Musset.

Mais, objectera-t-on, cela est-il possible ? Peut-on s'engager à si long terme ? Savons-nous ce que nous serons dans vingt ans ? C'est ici qu'il faut avancer une distinction capitale : l'engagement dont nous parlons n'est pas un engagement de *résultats* ; il est un engagement de *moyens*. Nous ne nous engageons pas à être amoureux dans vingt ans, à être heureux l'un par l'autre. Il y a là tant de paramètres qui nous dépassent... L'avenir ne nous appartient pas : rien n'est plus vrai que cette formule. Mais l'engagement de moyens ne porte pas sur l'avenir ; il porte sur le présent : dès maintenant, aujourd'hui, et demain, qui sera un autre aujourd'hui, et après-demain, un autre présent, je m'engage à faire tout ce qui est en mon pouvoir pour que tu sois heureuse, pour que notre relation soit vivante. Je suis conscient que ce pouvoir n'est pas total, que mon vouloir n'est pas tout-puissant, mais je crois qu'il est déterminant. Je ne connais pas l'avenir, mais de la présence en moi de ce vouloir, je suis sûr.

« Engagement » signifie que je mets en gage ma parole, que je prends l'autre à témoin de mon vouloir. La promesse est un acte de foi en la liberté, dans le pouvoir qu'a celle-ci de déborder le présent. Que serait une liberté qui se limiterait à l'instant présent ? La fidélité à la promesse introduit comme un « fil rouge », un fil conducteur, une continuité à travers la discontinuité des moments d'une vie. « Si tenons parole, la parole nous tiendra », dit très joliment France Quéré[1].

Beaucoup de jeunes, aujourd'hui, témoins de tant d'échecs conjugaux, dans leur propre famille souvent, n'osent pas s'engager. Ils perçoivent la beauté d'un tel acte, ils désireraient le faire, mais ils ont peur de l'échec. Quelqu'un disait récemment qu'en ne se mariant pas, ce n'est pas le mariage que les jeunes fuient, mais le divorce. Mais la peur est mauvaise conseillère, elle « réalise déjà ce qu'elle craint », disait un psychanalyste[2]. Le paradoxe de cette attitude est qu'en ne se mariant pas par peur de l'échec, on renforce la probabilité de celui-ci. C'est ce que j'appelle « la politique de Gribouille », qui se mettait dans l'eau pour ne pas recevoir la pluie. Sans même recourir aux statistiques citées en commençant, il apparaît qu'en l'absence

---

1. France QUÉRÉ, *L'Amour, le couple*, Éd. du Centurion, Paris, 1992, p. 75.
2. Victor FRANKL, *La Psychothérapie et son image de l'homme*, trad. fr. Resma, 1976, p. 50.

d'engagement ferme et explicite, la relation court beaucoup plus le risque d'être aléatoire. D'un point de vue plus fondamental, il y a là une invitation à montrer les bienfaits de l'attitude contraire à la peur, celle de la foi ou de la confiance. À oser dire que rien ne peut s'accomplir de grand dans l'existence sans un acte de foi ou, mieux, de « fiance ».

Nous sommes très sensibles aujourd'hui aux écueils du lien, à ses échecs, au prix parfois grand, que l'on jugera trop grand, dont il faut parfois le payer. Il convient d'être réaliste et d'affirmer que les situations dans lesquelles l'un des deux étouffe l'autre, l'écrase et l'empêche littéralement de vivre, ne sont pas acceptables. Le premier devoir de chacun est de vivre. Que le lien puisse être payé d'un grand prix ne signifie pas qu'il doive être payé à n'importe quel prix. Mais reconnaître cela n'empêche pas d'affirmer aussi, et d'abord, que le lien est originellement une chance, y compris pour la liberté. Chance de découverte d'une liberté nouvelle qui naît dans l'apprentissage de la communauté de vie, avec ses exigences quotidiennes. Celle-ci nous libère de la première de nos prisons, qui est celle de notre ego. Le mariage est une des meilleures écoles qui soient de dépassement progressif des pesanteurs, des pentes, et des passivités du moi. Selon l'heureuse formule de Gustave Thibon, « se marier, c'est peut-être la façon la plus directe de ne plus s'appartenir[1] ».

Fonder une famille.

Le mariage n'est pas seulement l'union de deux cœurs. Il est la fondation d'une famille. Ce qui était jusque-là un couple se dispose à édifier le lieu où d'autres, et d'abord des enfants, pourront être accueillis ; à construire une maison, une maisonnée. Comme le dit Jean-Claude Guillebaud, le mariage est « une préférence accordée au futur[2] ». Et les époux s'accordent à ce futur. Le même auteur dit que le but de l'institution est de « triompher du temps ». Fonder une famille suppose de se mettre en état de durer, de surmonter les obstacles qui, dès les premières années, ne manqueront pas de surgir.

---

1. Gustave THIBON, *Ce que Dieu a uni*, Lardanchet, 1946, p. 109.
2. Jean-Claude GUILLEBAUD, *La Tyrannie du plaisir*, Éd. du Seuil, Paris, 1998, p. 388.

On ne se marie pas seulement pour s'aimer, mais pour être féconds ensemble, pour réaliser une œuvre, construire une communauté. Cette vie qui naît *entre nous*, nous souhaitons, plus même, nous voulons qu'elle se transmette, se communique, se donne à d'autres. À tous ceux que nous accueillerons et d'abord, si cela nous est donné, à ceux en qui et par qui cette vie commune s'incarnera, nos enfants. *Bonum est diffusivum sui*, dit un adage ancien. « Ce qui est bon tend à se communiquer[1]. »

Il ne faut tout de même pas oublier que la procréation fut la plus ancienne et la plus commune finalité du mariage. Même si c'est à juste titre que nous sommes fiers d'avoir fait passer au premier plan la communauté de vie des époux, ce n'est pas une raison pour considérer la finalité traditionnelle comme secondaire. Les enfants sont aussi une fin du mariage (ils ne sauraient être relégués au rang de moyens !). Cela ne veut pas dire que la procréation et la légitimation de la relation puissent remplacer l'alliance de l'homme et de la femme. L'enfant ne peut pas être la raison du lien qui unit son père et sa mère. Il a besoin de pouvoir prendre appui sur un roc plus fondamental. Insuffisantes sont donc des théories qui affirment que la filiation pourrait remplacer le mariage ; ambiguës les démarches qui consistent à se marier lorsqu'un enfant est attendu, pour légitimer sa parenté. En revanche, la décision de sceller un vrai pacte d'alliance avec l'aimé(e) et la disposition à accueillir des enfants s'appellent et s'enrichissent mutuellement.

Il est de bon ton aujourd'hui de prendre ses distances par rapport à l'idée que le bien des enfants est une des raisons de tout faire pour que le lien conjugal soit solide et heureux. Nos contemporains sont très sensibles aux dégâts qu'a pu provoquer, dans un passé encore récent, l'idée de tenir, de rester à tout prix ensemble – ou avec l'autre – « pour le bien des enfants ». Il est vrai que certaines histoires poignantes, des situations inacceptables ont pu être la conséquence de ce dévouement coûte que coûte, dont il n'est pas sûr que les enfants eux-mêmes, en dernier ressort, aient toujours vraiment bénéficié. Mais il n'est pas sûr non plus que vaillent davantage les situations innombrables où les enfants sont sacrifiés au confort psychique des parents, avant même que ceux-ci aient essayé de

---

1. Repris de Denys l'Aréopagite par SAINT THOMAS D'AQUIN, *Somme théologique*, Ia q. 5, a. 4.

prendre les moyens nécessaires pour sauver leur couple et leur famille. Oui, il faut le dire : le bien des enfants figure au premier rang des raisons de tout faire pour que le lien conjugal soit solide et vivant. Car c'est un des biens les plus fondamentaux pour un enfant que de pouvoir compter sur la solidité du lien qui unit son père et sa mère – dans la mesure, bien sûr où ce lien, même avec ses imperfections, est suffisamment heureux pour être un bien pour lui.

C'est donc au nom de la plus élémentaire éthique de la responsabilité que nous devons affirmer l'obligation morale de veiller à la cohérence entre l'engagement que l'on prend vis-à-vis d'un enfant en le mettant au monde et l'engagement que l'on prend alors vis-à-vis de l'autre géniteur. Signalons ici que la Convention internationale des droits de l'enfant, ratifiée par la France en 1990, reconnaît, en son article 7, que l'enfant « a le droit de connaître ses parents et d'être élevé par eux ». Les droits n'étant jamais que l'envers de devoirs, cela veut dire que ces derniers ont le devoir de prendre les moyens appropriés pour qu'il ait le maximum de chances de vivre ainsi.

Un engagement est plus qu'une « déclaration ». *Déclarer* que nous vivons aujourd'hui sous le même toit, après un délai d'un an au minimum, pour organiser notre vie commune – on aura reconnu là les termes de la loi définissant le PACS –, ce n'est pas tout à fait s'engager à durer « jusqu'à ce que la mort nous sépare ». Un contrat qu'un seul des partenaires peut rompre par simple envoi d'une lettre recommandée (article 9) n'est pas l'engagement à « se devoir mutuellement fidélité, secours, assistance ». La logique du contrat étant binaire, en ce sens que ne sont pris en compte que les intérêts des contractants, il n'est pas étonnant que le « pacte » en question ne fasse aucune mention de l'enfant et ne puisse lui ménager aucune place. La place du tiers n'est pas prévue dans le PACS. Elle relève, précisément, de la logique du mariage[1].

---

1. Paul MOREAU a bien montré, dans un article de la revue *Études*, que « ce n'est pas dans le cadre de la logique contractualiste – laquelle peut, à la rigueur, fonder le lien de couple – que peut être fondée la parentalité et donc assuré le bien de l'enfant, lequel, comme tiers, transcende les partenaires du couple » (n° 3902, février 1999, p. 179).

Faire passer l'aveu du secret au public.

Se marier, avons-nous dit, c'est fonder une famille, autrement dit, une cellule sociale, qui sera définie par des droits et des devoirs. C'est donc un acte éminemment social. Le mariage n'unit pas seulement les partenaires entre eux, mais le couple à la société. Les anthropologues le définissent comme un acte « agrégatif[1] ». Il ne s'agit pas seulement d'aménager, par un contrat entre particuliers, notre vie commune, il s'agit d'entrer dans une forme de vie, dans une institution. À la différence du contrat qui n'est qu'une convention librement déterminée et dont le contenu peut être variable d'un couple à l'autre, l'institution est définie par un ensemble de règles que l'on ne choisit pas et qui forment un tout cohérent, s'imposant aux époux.

Entrer dans l'institution, c'est accepter de ne pas être les seuls auteurs, les seuls acteurs de notre mode de vie. C'est ne pas croire en la toute-puissance de l'amour, accepter d'avoir d'autres références que celui-ci. C'est vouloir offrir à cet amour lui-même un cadre qui le protège, le cas échéant, contre ses propres errances. Ce n'est pas douter de l'amour que reconnaître ses fragilités. Au contraire, c'est davantage croire en lui que consentir à ce qu'il est, c'est-à-dire vulnérable et vouloir l'associer à d'autres références. L'opposition romantique entre l'amour-sentiment d'une part et les froides règles du droit d'autre part est un signe d'immaturité. Le couple mature n'a pas peur du droit, il accepte, selon la formule de France Quéré, de « marier l'amour et le droit ».

À mi-chemin entre l'amour et la force, le droit évitera parfois de passer directement de l'un à l'autre. Il y aurait beaucoup à dire sur les déconvenues auxquelles s'exposent ceux qui prétendent se passer de lui. On pourrait citer l'exemple de ces compagnes mises à la porte, et se retrouvant littéralement à la rue du jour au lendemain[2]. Et que dire de la disposition du PACS selon laquelle « les partenaires déterminent eux-mêmes les conséquences que la rupture du pacte entraîne à leur égard » (article 9) ? Comme le disait au XIXᵉ siècle Henri Lacordaire, « entre le faible et le fort, c'est la liberté qui opprime et c'est le droit qui libère ». Or, en matière de vie familiale, qui est

---

1. Roger BASTIDE, *Sociologie et psychanalyse*, PUF, Paris, 1972.
2. J'en donne un exemple poignant dans *Le Mariage, tout simplement*, Éd. de l'Atelier, Paris, 1994.

faible, qui est fort ? Chacun peut l'être tour à tour. La femme peut être faible physiquement ou par crainte d'être abandonnée, l'homme peut être faible dans sa paternité, ce lien étant beaucoup plus fragile dès lors qu'il n'est pas institué ; pour l'enfant, c'est encore plus évident.

Reposant sur une parole purement privée, le concubinage met en présence, aux yeux du droit, deux individus juxtaposés. Eux qui voulaient se protéger du droit devront plus souvent que les époux recourir à celui-ci en matière de filiation, d'attestation de vie commune, d'acquisition de biens et, de façon beaucoup plus compliquée car moins encadrée, en cas de séparation. Au contraire, envers les époux, nous dit le juriste Guy Raymond, « le droit prend en compte le respect de la parole donnée en considérant que la justice n'a pas à s'immiscer dans les relations interpersonnelles dès lors que les personnes accomplissent les engagements licites qu'elles ont librement pris en connaissance de cause[1] ».

À travers les trois réponses apportées jusqu'ici à la question « Pourquoi se marier », apparaît un fil conducteur : *se marier, c'est ne pas compter que sur ses propres forces.* Que ce soit pour apprendre à aimer, pour accueillir des enfants ou pour donner naissance à une nouvelle cellule sociale, il faut se fier à plus grand que soi. Croire non seulement en soi et en la personne de l'autre, mais aux ressources de la parole donnée, à celles de la présence d'une communauté, à celles de la loi. Ces termes sont volontairement restés dans le registre profane, séculier, civil. Mais on aura déjà pu pressentir que cette ouverture à plus grand que soi comprend une autre dimension, traditionnellement liée au mariage, à savoir religieuse.

UN ACTE RELIGIEUX

Quelle que soit l'appartenance confessionnelle, se marier est un acte religieux au sens large, en ce sens que *se marier, c'est accepter d'être relié.* Lorsque je vois l'anneau que l'on nomme

---

1. Guy RAYMOND, *Ombres et lumières sur la famille*, Bayard-Éditions, Paris, 1999, p. 76, dans un chapitre particulièrement éclairant sur le sens du mariage civil et sur les débats autour du PACS : « La parole au cœur du droit de la famille ».

« alliance » au doigt d'un homme ou d'une femme, je peux me dire : voici quelqu'un qui est lié, relié. Sa personne présente, visible, renvoie à celle d'une autre qui est absente, invisible. Celui-ci ne mène pas sa barque tout seul ; pour tous les actes importants de sa vie, il a consenti un jour à tenir compte de la priorité d'une autre personne. Prendre conscience de cela est toujours impressionnant. Or, vous savez peut-être que « religieux », issu du latin *religare*, veut précisément dire « re-lié ». Être religieux, avoir une conscience religieuse de l'existence, c'est s'éprouver, se concevoir en profondeur comme relié. En ce sens je suis très frappé par un *hadith* (dit) de Mahomet, fameux en l'Islam : « Celui qui se marie accomplit la moitié de sa religion[1]. »

On dira que ceci a pu être compris diversement, en particulier comme une sacralisation du lien, laquelle peut s'avérer redoutable si elle se situe au-dessus du respect des personnes. Dans la perspective chrétienne reçue en sa vérité, il ne s'agit pas de cela. Dès la source biblique, la tradition judéo-chrétienne pressent que dans l'alliance conjugale s'indique un mystère, c'est-à-dire l'entrée dans une autre vie, dans une autre dimension de la vie.

En dépassant, ou même simplement en tentant de dépasser la logique de l'égoïsme naturel, les époux donnent naissance, entre eux, au « nous conjugal ». Jean Lacroix pouvait écrire : « l'union libre, c'est *je* et *tu*, le mariage, c'est *nous*[2] ». Non un « nous » englobant ou fusionnel, mais une troisième vie, qui naît *à l'intersection* de nos deux vies. Sans les absorber, sans les annuler, mais en les modifiant. Désormais, il y aura du toi dans le moi et du moi dans le toi. Voilà ce que l'on nomme « alliance » : l'intersection entre deux histoires, c'est-à-dire, très concrètement, l'entrée de deux histoires l'une dans l'autre.

L'intuition spirituelle chrétienne est alors que cette *tierce vie* n'est pas seulement le produit, le résultat de l'alchimie entre nos deux psychismes, mais plutôt l'affleurement, l'entrée dans une nouvelle vie, une vie nouvelle, qui vient de plus loin que nos *ego* (qui est aussi à la source de chacun de ceux-ci mais,

---

1. Référence in Abdelwahab BOUDHIBA, *La Sexualité en Islam* (1975), PUF-Quadrige, Paris, p. 113.
2. Jean LACROIX, *Forces et faiblesses de la famille*, Éd. du Seuil, Paris, 1948.

ordinairement, est cachée par leurs replis sur soi). Cette vie est *spirituelle*, en ce qu'elle est porteuse d'un dynamisme de liberté et de don ; elle l'est aussi en ce qu'elle est reçue de sa source, c'est-à-dire d'une donation originelle, plus originelle que nos affects et initiatives, qui rejoint la source même de notre être, en laquelle, dans la foi, nous reconnaissons le don du Créateur. Cette vie plus grande que nous se révèle lorsque nous consentons à quitter la prison du moi et à entrer dans son dynamisme. Depuis les prophètes, depuis les évangiles, l'on nomme ce mouvement de don : *agapè*, l'amour qui vient d'en haut ou, si l'on préfère, de la source, l'amour-charité, amour de Dieu.

La présence de Dieu comme Tiers dans le lien conjugal est au cœur du message du Nouveau Testament. Deux paroles peuvent ici nous servir de balises. Lorsque des pharisiens viennent trouver Jésus et lui demandent, pour lui tendre un piège, « si l'homme peut répudier sa femme pour n'importe quel motif », Jésus, sans entrer dans leur casuistique, cite d'emblée deux versets du livre de la Genèse montrant le Créateur à l'œuvre avant de conclure : *Ce que Dieu a uni, que l'homme ne le sépare pas* (Mt 19, 6). Parole énigmatique, qui dit aux époux : vous n'êtes pas la source ultime du lien, ce lien ne vous appartient pas entièrement. Il vous dépasse. Et chacun sent bien que cela est vrai. Cette entrée du Tiers divin dans le lien peut se comprendre ainsi par la conscience croyante : le mariage est essentiellement un acte de consentement à l'autre[1]. Or, pour la foi chrétienne, le « oui » à l'autre est aussi « oui » à Dieu. Et dans ce « oui » à Dieu, Dieu se donne, il vient habiter le lien, le nourrir, lui donner du souffle.

La seconde parole sera celle de saint Paul, après qu'il eut cité, comme Jésus, la phrase fondatrice de la Genèse : « L'homme quittera son père et sa mère, il s'attachera à sa femme et tous deux seront une seule chair » (Genèse 2, 24). Paul s'exclame alors : « Il y a là un grand *musterion*, mystère. » Ce dernier terme avait alors un sens bien précis. Il ne désignait pas ce que l'on ne comprend pas mais ce qui introduit dans une nouvelle compréhension. Le nom vient d'un verbe, *muéein*, qui signifie « introduire ». Par l'amour conjugal, par l'attachement à l'autre et le consentement à n'être qu'« une

---

1. « Ce n'est pas l'amour qui fait le mariage, c'est le consentement. » Paul CLAUDEL, *Le Soulier de satin*, II, 3.

seule chair » (c'est-à-dire une seule destinée, au sens entrevu plus haut) avec lui, nous sommes *introduits* dans une nouvelle dynamique, une nouvelle dimension de l'amour.

Or, la traduction latine de *musterion* a été *sacramentum*, qui a donné « sacrement ». Ce que nous venons d'entrevoir nous livre la substance de l'affirmation selon laquelle le mariage est un sacrement[1]. Par ce terme, la théologie catholique entend « une réalité de ce monde, qui signifie le mystère du salut parce qu'elle en est la réalisation ». Il est en effet peu de réalités sur terre qui signifient aussi bien que la vraie vie, telle qu'elle se manifesta en Jésus de Nazareth, consiste à se lier, se livrer tout entier en donnant sa vie à un autre.

Beaucoup doutent aujourd'hui que d'un amour gratuit, désintéressé, généreux, l'homme et la femme soient capables. Un tel amour est bien, pourtant, nécessaire, pour construire une vie de couple durable avec bonheur. Impossible mais nécessaire : sommes-nous devant la quadrature du cercle ? Beaucoup toutefois, en dehors même de la confession de foi chrétienne, ont l'intuition qu'un tel amour est possible dès lors qu'il est reçu, parce qu'il est donné. Parce qu'il est *don*, don reçu comme en cadeau (tel est sens du mot latin *gratia*, ordinairement traduit par grâce). « Rencontrer l'amour, c'est la grâce, croire en lui, c'est la foi », disait Gilbert Cesbron.

Certains auteurs agnostiques, tel Vladimir Jankélévitch, ont pu affirmer que l'amour vrai est « grâce », cadeau reçu gratuitement, avec gratitude. Le propre des croyants, leur chance, est alors de pouvoir nommer ce don et la source de ce don. De nommer celle-ci avec d'autres, en lien d'appartenance à un plus grand corps, en communauté, ce qui est une grande chance pour le lien conjugal lui-même. Car celui-ci se nourrit et se renforce de pouvoir être vécu en communion avec d'autres. La dimension communautaire est constitutive du sacrement de mariage comme tel. Sacramentel veut dire ecclésial. Ce que nous vivons en couple ne nous est pas propre seulement, et sera renforcé si nous pouvons en découvrir de nouvelles harmoniques. En par-

---

1. Affirmation commune aux catholiques et aux orthodoxes, non reprise par les protestants, mais certains auteurs protestants ne récusent pas le terme de « sacramentalité ». Par exemple Robert GRIMM, « Indissolubilité et sacramentalité du mariage chrétien », in *Revue de théologie et de philosophie*, 1967-VI, p. 408-418.

ticulier lorsque nous découvrirons que notre amour ne plonge pas ses racines dans le désir *(éros)* seulement, mais aussi dans l'*amour fraternel*, beaucoup plus large, plus stable et plus constant que nos sautes d'humeur.

Se marier « à l'église » n'est donc pas seulement une requête de solennité, due au souhait d'entourer de sacré un acte dont on pressent qu'il nous dépasse. Cette demande est déjà très légitime et doit être respectée[1]. Mais la démarche va plus loin. Si l'on est conscient de ce que l'on fait, elle consiste au minimum à se rappeler que l'on est baptisé(s) et à vouloir « plonger[2] » la nouvelle vie qui commence dans la vie baptismale, c'est-à-dire dans le dynamisme de mort et de résurrection propre à la vie du Christ Jésus. Le sacrement est comme le baptême chrétien du mariage, le oui conscient et libre à une nouvelle dimension du lien qui nous unit, nouvelle dimension qui est déjà présente en toute vie conjugale authentique : celle selon laquelle il faut mourir pour vivre, se perdre pour se trouver, donner pour recevoir. La dynamique pascale est en filigrane dans toute existence vécue jusqu'au bout, mais, dans et par le sacrement, elle devient plus consciente, nommée comme telle, rapportée à sa source et à son sujet absolu, le Christ sauveur. Elle est aussi, ce qui est important, célébrée, vécue avec d'autres qui croient en ce même dynamisme.

Il y a une grande différence entre pressentir, vivre implicitement une dimension de la vie (ce qui n'est pas rien !) et vivre celle-ci explicitement, en communion avec d'autres. La foi partagée donnera au couple, à son lien, à ce qui alimente celui-ci une force et un étayage spécifiques. Il pourra prendre appui sur autre chose que sur les aléas de son intersubjectivité pour percevoir ce qui fait la permanence et la valeur de son lien, pour se rappeler les ressources dont il dispose. En s'élargissant vers l'amour fraternel, l'amour conjugal s'approfondit en même temps ;

---

1. Lors d'un colloque, un bon spécialiste espagnol de la famille montrait que certains grands moments de l'existence sont l'occasion d'une prise de conscience de la dimension transcendante de l'existence. Ces « situations fondamentales » sont comme des points culminants de la vie, où l'on voit plus loin et où l'appel de sens est particulièrement sensible. Dionisio BOROBIO, « Les rites de passage au regard d'une anthropologie théologique de la famille », in *La Famille, des sciences à l'éthique*, Paul MOREAU dir., Bayard-Éditions, Paris, 1995, p. 137.

2. Tel est le sens du mot grec « baptisé ».

il va vers sa source. L'ouverture horizontale croise avec l'ouverture verticale, vers le haut et vers le fond, qui se rejoignent.

Pourquoi se marier ? Finalement, entre les diverses réponses proposées à cette question, un point commun peut être relevé : il s'agit de *l'ouverture au tiers*. De l'accueil par le couple d'une réalité extérieure à lui : le rite, la loi, le regard de la société, l'avenir de l'enfant, la présence d'une communauté, l'incorporation à l'Église, la grâce de Dieu. En réponse à une affirmation entendue un jour d'une étudiante, selon laquelle « aujourd'hui, le couple ne peut compter que sur ses propres forces », nous disons donc : *se marier, c'est ne pas compter que sur ses propres forces*. Cela signe à la fois une grande audace et une grande modestie. C'est un acte d'humilité en même temps que de confiance. Suggérons que cette ouverture au tiers ne reste pas seulement rituelle, ponctuelle ou superficielle, mais qu'elle soit bien réelle, incarnée au fil des jours. C'est-à-dire, en contrepartie, que le couple trouve les aides, les interlocuteurs et les appuis qui pourront l'aider lors de ses difficultés. Des aînés, des frères, des conseillers, des communautés qui le confirment sur le chemin de l'alliance qu'ils ont scellée, car cette alliance n'est pas close, mais ouverte.

*

Bibliographie sélective.

France QUÉRÉ, *L'Amour, le couple*, Éd. du Centurion, Paris, 1992.
Évelyne SULLEROT, *Pour le meilleur et sans le pire*, Fayard, Paris, 1984.
Robert GRIMM, *L'Institution du mariage*, Éd. du Cerf, Paris, 1984.
Christiane et Michel BARLOW, *Le Couple, chemin vers Dieu*, Desclée de Brouwer, Paris, 1995.
Shmuel TRIGANO, *La Séparation d'amour, une éthique d'alliance*, Arléa, 1999.

De l'auteur.

Le Mariage, tout simplement, Éd. de l'Atelier, Paris, 1994, nouvelle édition augmentée, 1999.
« Que votre oui soit oui », *Alliance* n° 116, Paris, mars 1998.

CHAPITRE VI

L'ACTE D'HABITER

« *C'est poétiquement que l'homme habite*[1]. » Ce vers de Hölderlin invite à penser la dimension poétique de l'habitat comme vérité pour tout homme, et non seulement pour ceux que l'on reconnaît « poètes ». Osons émettre l'hypothèse que c'est en parvenant à *habiter* au sens plénier du terme que l'homme sera le plus authentiquement poète.

Notre réflexion ne portera pas sur les conditions de l'habiter, mais sur les enjeux de celui-ci. Elle portera moins sur les carences objectives de l'habitat que sur *ce qui manque lorsqu'il y a carence*. Car enfin, si demeurer n'était pas vital, être *sans abri*, « à la rue », mal logé ne serait pas si dramatique. C'est bien parce que la maison est plus qu'un abri que le sans-abri souffre d'un manque existentiel grave, qui touche aux dimensions proprement humaines de sa vie personnelle et familiale. Ce sont ces dimensions existentielles et même spirituelles de l'acte d'habiter que nous nous proposons de mettre en évidence.

L'intuition de Hölderlin sera mise en relation avec une affirmation qui, après une période d'éclipse, revient dans le discours, selon lequel *l'architecture est un art*. Propos dont la signification est toujours à élucider : en quel sens l'architecture est-elle un art ? Sans doute la question sera-t-elle éclairée par celle de la dimension poétique de l'acte d'habiter.

Bâtir et habiter, en effet, ne sont pas dissociables. Dans l'un de ses plus beaux textes, *Bâtir, habiter, penser*[2], Martin

---

1. *Dichterisch vohnt des Mensch...*, cité par M. HEIDEGGER in *Essais et conférences*, NRF, Paris, 1958, p. 224.
2. *Ibid.*, 1951, p. 170 s.

Heidegger revient à leur unité originaire : « Habiter et bâtir ne sont pas, l'un à l'autre, dans une relation de moyen à fin. Bâtir est déjà de lui-même habiter. » Et de rappeler que le terme qui, en haut allemand, signifie « bâtir », *Bauen*, non seulement signifie aussi « habiter » mais est de la même racine que le *Bin* de *Ich Bin*, je suis. De telle sorte que nous sommes ramenés à la relation originaire entre le bâtir, l'habiter et l'être même de l'homme.

La perception de cette unité originaire ouvrira peut-être une voie pour retrouver le sens du préfixe « archi » de « architecture » : nous savons que ce mot vient du verbe grec *tiktein*, produire, mettre au monde, à partir d'un *archè*, principe, origine. Telle sera l'idée directrice de cet exposé : c'est par son rapport à l'être même de l'homme vivant que le *bâtir* se distinguera du *construire* ou du *fabriquer*.

Cette idée se développera sur fond critique, à l'égard en particulier du point de vue que nous qualifierons d'utilitaire ou pragmatique ; critique aussi de ce que nous appellerons les rationalités sommaires : maison réduite au rang de moyen pour satisfaire des besoins, maison conçue comme marchandise ou *machine à habiter*, chose parmi les choses, objet parmi les objets. Avec Michel Henry nous dénoncerons comme signe et facteur de la « barbarie[1] » de notre culture le règne de l'*objectivisme*, c'est-à-dire du technicisme et de l'univers de la représentation.

Habiter n'est-il qu'une fonction de l'existence parmi d'autres ? Ou même un ensemble de fonctions ? Le fonctionnalisme a peut-être été, historiquement, l'occasion de redécouvrir le lien entre beauté et nécessité, les vertus du dépouillement ou encore la beauté comme parfaite adaptation aux fonctions – exemple classique du cheval de course. Mais quelles sont les véritables fonctions d'une maison ? Se protéger de la pluie, se laver, manger, dormir, regarder la télévision, garer sa voiture… selon les principes utilitaires de l'économie de moyens, d'espace et de temps ? Les fonctions originaires, essentielles et existentielles, d'une maison ne sont-elles pas à la fois plus gratuites et plus vitales ? En vérité, il s'agit d'autre chose que de fonctions : recevoir lumière, respirer, sentir l'espace autour de soi

---

1. Michel HENRY, *La Barbarie*, Grasset, Paris, 1987.

et son corps dans l'espace, apercevoir un lointain, se recueillir, s'abandonner, entendre le bruit de la rue... Entretenir entre l'espace et le temps une relation non seulement existentielle mais *existentiale*, c'est-à-dire constitutive de la subjectivité. Relation proprement inutile mais, selon le mot d'un peintre, indispensable : « C'est l'inutile qui est indispensable. » Le gratuit n'est pas le superflu. C'est la vie même qui est gratuité.

D'où la nécessité, pour penser et agir l'architecture, de revenir au sentir, à la sensation, au corps.

LA MAISON ET LE CORPS

« Votre maison est votre plus grand corps[1]. » Le vocabulaire nous le rappelle : *habiter, habit, habitude, habitus*, manifestent une parenté de sens issue de l'ambivalence du verbe latin *habere* : si la forme active signifie *avoir*, la forme pronominale signifie *se tenir*. Quant au substantif *habitus*, il se traduit par *manière d'être*. Nous voici donc dans un domaine intermédiaire entre l'*avoir* et l'*être*. Tel est bien le statut du corps : « j'ai un corps », « je suis mon corps », l'une et l'autre affirmations sont vraies... ou insuffisantes. S'il en va de même pour l'habitude et, *mutatis mutandis*, pour l'habit, que dire de l'habitat ? La maison, comme le vêtement, ne relève pas seulement de l'avoir ; elle est, en quelque sorte, le prolongement de notre être ; nous *faisons corps* avec elle. Selon un mot attribué à Winston Churchill : « Nous donnons des formes à nos maisons et à leur tour elles nous forment. »

De même que le corps, la maison est vécue comme un ensemble d'habitudes. Dans sa philosophie du corps, Michel Henry va jusqu'à attribuer à l'habitation un caractère ontologique : « Notre corps est l'ensemble de nos habitudes [...]. Quant au monde, il est le terme de nos habitudes et c'est en ce sens que nous en sommes vraiment les habitants. Ce caractère d'habitation est un caractère ontologique, qui sert aussi bien à définir le monde que ce corps qui en est l'habitant[2]. »

---

1. Khalil GIBRAN, *Le Prophète* (1923), Casterman, Paris, 1956, p. 32.
2. Michel HENRY, *Philosophie et phénoménologie du corps*, PUF, Paris, 1965, p. 134.

Qu'est-ce, en effet, qu'être, ou avoir, un corps ? C'est « être soi dans autre chose que soi », ou encore « être moi tout en vivant dans l'autre » : ces deux formules d'Emmanuel Lévinas[1] invitent à penser la relation entre le sujet et son corps comme homologue à celle qui existe entre le corps et la maison. La libre disposition de mon corps n'est elle-même possible que grâce à la demeure, c'est-à-dire à l'ajournement de la dépendance vis-à-vis des forces du monde extérieur. « Nous ne disposons de notre corps que selon que nous avons déjà suspendu l'être de l'élément qui nous baigne, en habitant[2]. »

Je n'évoquerai que pour mémoire d'autres analyses du lien entre maison et corps : approches symboliques ou archétypales, c'est-à-dire exploration des liens imaginaires entre maison et matrice, nid, caverne, labyrinthe, microcosme, citadelle ; échos dans l'inconscient des escaliers, coins et recoins, armoires, foyer, cheminée... Bachelard, Bosco, Proust, Jung et une bonne partie de la littérature psychanalytique seraient à citer ici[3]. Mentionnons aussi les études expérimentales sur la relation sensible entre corps et espace, telle la *proxémie* d'Alfred Hall : espace tactile, espace visuel, les quatre distances (intime, personnelle, sociale, publique[4])... Je voudrais surtout promouvoir ici la méthode phénoménologique, c'est-à-dire le retour au corps-sujet et à la conscience pré-réflexive, laquelle n'est pas encore représentation mais déjà *présence*. L'analyse de la présence, tel est le propos d'une école de pensée insuffisamment connue, la *Daseinsanalyse*[5].

Comme la maison, en effet, le corps est actuellement soumis aux analyses réductrices de l'objectivisme. Lui aussi n'est

---

1. Emmanuel LÉVINAS, *Totalité et infini*, Martinus Nijhoff, 1968, p. 139 et 90.

2. *Ibid.*, p. 135.

3. En particulier : G. BACHELARD, *Poétique de l'espace*, PUF, Paris, 1957 ; H. BOSCO, *Le Mas Théotime*, NRF, Paris, 1952 ; *L'Antiquaire*, NRF, 1955 ; C. J. JUNG, *Métamorphoses de l'âme et ses symboles*, Paris, 1953.

4. Édouard HALL, *La Dimension cachée*, 1966, Éd. du Seuil, Paris, 1971, p. 144.

5. Courant de la phénoménologie élaborant une pensée psychanalytique et psychiatrique qui doit beaucoup au meilleur de Heidegger et dont les principaux noms sont : L. Binswanger, E. Strauss, H. Maldiney, R. Kuhn, G. Pankow. On lira de cette dernière une très belle étude sur « La dynamique de l'espace et le temps vécu selon "La Maison de Matriona" de Soljenitsyne », in *Présent à Henri Maldiney* (L'Âge d'homme, Paris, 1973).

perçu que comme ensemble de fonctions (organisme), enchaî-
nement de causes et d'effets (mécanisme), objet parmi les objets.
À la maison-machine correspond le corps-machine : un corps
instrument, aseptisé, « désubstantialisé[1] », d'où le sens a émi-
gré. Le corps et la maison, mêmes enjeux... De l'organisme au
corps, du vêtement à l'habit, du logement à l'habitat, un même
parcours, une même tâche qui est alors la suivante : sous la
représentation, retrouver la présence ; sous la conscience réfléchie, la conscience spontanée ; sous l'espace géométrique,
l'espace vécu.

ESPACE GÉOGRAPHIQUE, ESPACE DU PAYSAGE

Tel est le sens de la distinction proposée par Erwin Strauss
entre l'*espace géographique* et l'*espace du paysage*[2]. Le premier est quantitatif, abstrait, homogène, neutre, sans densité. Le
second est qualitatif, sensible, différencié, valorisé, orienté. Au
premier conviendrait mieux le terme d'étendue *(extensio)*. Pour
le second prend sens le terme de *lieu*. Les lieux sont les foyers
à partir desquels l'espace se déploie, s'oriente, s'organise ; « les
lieux créent l'espace, ils ne le remplissent pas » ou : « les
espaces reçoivent leur être des lieux, et non l'inverse[3] ». La
notion de lieu est beaucoup plus riche que celle, par exemple,
d'*emplacement*. L'emplacement est fonctionnel ; il est défini par
son utilité : pour le stationnement, pour un centre d'échanges...
Le lieu est corrélatif d'une présence, présence vivante et incarnée. Ici, là-bas, proximité, éloignement : dans l'espace géographique, ces termes n'ont aucun sens : ni proche, ni lointain. À
la notion d'éloignement se substitue celle, mathématique, de
distance. L'éloignement implique le temps, temps concret du
mouvement, c'est-à-dire du corps. Car la distinction entre
l'espace et le temps est abstraite : le concret est l'unité de

1. Expression de Gilles LIPOVETSKY in *L'Ère du vide*, Gallimard, Paris,
1983, p. 71.
2. In *Du sens des sens* (*Vom Sinn der Sinne*, Berlin, 1956, p. 336), trad.
fr. Jérôme Million, 1989, cité par Henri MALDINEY in *Regard, Parole, Espace*,
L'Âge d'homme, Paris, 1973, p. 136 s.
3. HEIDEGGER, *Bâtir, habiter, penser*, p. 183.

l'espace et du temps, par l'interaction entre l'espace et le corps vivant, en mouvement[1].

La difficulté est de taille : comment, à travers les nécessaires médiations de la technique, du savoir et du calcul, dans les bureaux d'étude ou sur la planche à dessin, comment garder le contact avec la vie, c'est-à-dire avec le sentir et notamment avec ce facteur irremplaçable en lequel se trouvait le secret de la croissance des maisons, des villes et des villages anciens, le temps ? Temps de l'improvisation dans la continuité, de la diversité dans l'unité, alors que prolifère aujourd'hui sous nos yeux la monotonie dans l'hétéroclite. Comment retrouver, ou plutôt imaginer, anticiper en quelque sorte, le patient jaillissement de la vie concrète ?

Seul l'art permet un tel prodige : que l'artificiel exprime la vie. De même que peinture ou cinéma donnent forme à l'espace et au temps vivants, de même les architectes sont-ils appelés à être des créateurs de lieux et non seulement des fabricants d'objets. Non qu'il soit question pour eux de copier peintres ou sculpteurs : si l'architecture a pu être dite le premier des arts, c'est parce qu'elle façonne du dedans l'espace total dans lequel nous nous mouvons, et non seulement une surface ou un volume partiels de celui-ci. Il est simplement question de ceci : que l'architecture ait souci, dans son art, de cette qualité d'attention à l'espace et au temps vécus dont ont fait preuve dans le leur Vermeer, Rembrandt, Matisse ou Paul Klee.

DEMEURER

Artiste est celui qui perçoit le réel en acte ou, selon une expression chère à Emmanuel Lévinas, qui fait retour à la « verbalité du verbe ». « Maison » vient de *manere*, tout comme « demeure » vient de *demeurer*. La maison est d'abord rupture, victoire sur l'écoulement du temps. Rupture avec l'incertain de l'élément comme avec l'anonymat de la vie publique. Tel est le sens des murs ou murailles, des toitures. « Nous habitons

---

1. Voir, par exemple, chez Erwin STRAUSS *(Du sens des sens)*, l'homologie structurelle et dynamique entre les trois zones de l'espace vécu (proche, semi-lointain, lointain) et trois modes d'appréhension corporelle (les mains, les jambes, les yeux).

des boîtes adoucissantes [...]. La maison se recueille dans ses murs. Distante, protégée, tenant le monde de loin. La pierre dure ou le béton grenu, se recouvrent, au-dedans, de tuniques, d'enveloppes, de membranes de plus en plus douces, crépi au grain plus fin, plâtre lisse, papier raffiné ou peinture liquide, tapisserie dessinée... Même progression à multiples feuilles dans le sens vertical : vide sanitaire, hourdis, poutrelles, planchers, moquettes, tapis. La maison ferme aussi ses ouverts : volets, fenêtres, voilages, rideaux, embrasures... Il a fallu ne plus avoir aucune peur du monde et l'avoir cru seulement traversé de signaux pour ouvrir si brusquement nos habitats, récemment[1] ».

Fermeture, protection, séparation, la maison permet aussi bien la jouissance que le travail ou encore le recueillement, l'intimité, l'intériorité. Que serait l'intériorité sans intérieur ? Le *pour-soi* sans le *chez-soi* ? Le *nous* sans le *chez-nous* ?

Mais la maison fermée est aussi la maison qui s'ouvre. Il faut qu'une porte soit ouverte *et* fermée, aime à dire Xavier Arsène Henry. Habiter n'est pas seulement se recueillir ; c'est aussi *être accueilli*. C'est aussi accueillir : le sens de l'hospitalité fait partie du sens de la maison, et réciproquement. Tels sont ces actes dont la signification récurrente est toujours à redécouvrir, aussi bien pour le bâtir que pour l'habiter : franchir un seuil, ouvrir sa porte, fermer ses volets, regarder par la fenêtre, être regardé par une fenêtre... Les poètes peuvent être ici d'un précieux secours, attentifs qu'ils sont au prix des choses et des actes les plus simples. Écoutons Francis Ponge nous parler des *Plaisirs de la porte* : « Le bonheur d'empoigner au ventre par son nœud de porcelaine l'un de ces hauts obstacles d'une pièce ; ce corps à corps rapide par lequel un instant la marche retenue, l'œil s'ouvre et le corps tout entier s'accommode à son nouvel appartement[2]... »

Pour *La fenêtre* :

> Sous un voile tu as poings liés
> sur le milieu du corps
> et de grands yeux élargis
> jusqu'à l'extrême cadre de ton corps.

1. Michel SERRES, *Les Cinq Sens*, Grasset, Paris, 1985, p. 155.
2. Francis PONGE, *Le Parti pris des choses*, NRF, Paris, 1942.

> Lorsque d'un tour de main
> je délie ta poignée,
> ému intrigué,
> lorsque de toi je m'approche,
> je t'ouvre en reculant le torse
> comme lorsqu'une femme
> veut m'embrasser.
>
> Puis, tandis que ton corps
> m'embrasse et me retient,
> que tu rabats sur moi
> tout un enclos de voiles et de vitres,
> tu me caresses, tu me décoiffes ;
> le corps posé sur ton appui,
> mon esprit arrive au-dehors[1].

Belle est l'architecture qui redonne prix à ce que l'habitude avait déprécié, c'est-à-dire qui renouvelle le regard, celle qui rend attentif. Comment habiter, c'est-à-dire vivre d'habitude(s) tout en gardant l'œil toujours en éveil ? Tel est le défi. C'est ainsi que l'architecture saura nous rendre à la fois familière et toujours étonnante la lumière. Tout grand art est art de la lumière. Par lui nous en redécouvrons le prix, de telle sorte que c'est moins la lumière qui nous montre les choses que les choses qui nous révèlent la lumière. La grande architecture est, aussi bien, celle qui rend sensible ce que nous appelons la respiration de l'espace[2], ce rythme fondamental d'ouverture et de fermeture que la maison à la fois signifie et rend possible : ouverture vers l'altérité et l'universel, fermeture pour le retour, l'intimité.

> Respirer, invisible poème !
> Pur échange perpétuel de l'être qui est mien
> Et de l'espace du monde en lequel rythmiquement j'adviens,
> Vague unique dont je suis la mer successive[3] !

1. Fr. PONGE, *Pièces*, NRF, Paris, 1962.
2. « Un espace où respirer », Entretien avec Georges ADILON, in *Exister*, *Cahiers du centre Kierkegaard*, 1979, n° 13, p. 10.
3. R. M. RILKE, *Sonnets à Orphée*, Éd. du Seuil, Paris, p. 394.

ENRACINEMENT OU DÉRACINEMENT ?

Il est traditionnel de parler de la maison comme d'un enracinement. Dans cette ligne se situe un penseur comme Heidegger, pour qui le sens de la demeure serait de « ménager un lieu » qui permette « l'ouverture à l'Être ». Ce qui le conduit à une conception quasi sacrale de l'espace de la maison, laquelle a pour essence de rendre possibles et réelles les quatre modalités de cette ouverture à l'Être : l'enracinement dans une terre, l'accueil du ciel, la mémoire des morts et l'attente des dieux[1]. Insistance sur la terre « qui porte et qui sert, qui fleurit et fructifie », image-type de la maison dans la demeure paysanne de la Forêt Noire…

Très différente est l'approche d'Emmanuel Lévinas, qui nous situe d'emblée dans une tout autre tradition éthique et spirituelle. C'est à sa suite que nous avons souligné le caractère de rupture propre à la demeure, d'où l'affirmation, surprenante à première vue, mais qui se révèle plus profondément vraie que le point de vue opposé : « *La maison choisie est tout le contraire d'une racine*[2]. »

L'affirmation du déracinement comme signification ultime de l'habiter est, au fond, un choix éthique, c'est-à-dire spirituel. Qui ne voit où conduisent et où ont conduit les mystiques du lieu, de la terre, de l'Être ? La maison-racine serait en continuité avec l'existence naturelle où règnent égoïsme et violence, avec le paganisme. « Le sacré filtrant à travers le monde : le paganisme n'est peut-être que cela. Détruire les bosquets sacrés – nous comprenons maintenant la pureté de ce prétendu vandalisme. Le mystère des choses est la source de toute cruauté à l'égard des hommes […]. La technique est moins dangereuse que les génies du *lieu*. La technique supprime le privilège de cet enracinement et de l'exil qui s'y réfère. Dès lors une chance apparaît : laisser luire le visage humain dans toute sa nudité. Socrate préférait à la campagne et aux arbres la ville où l'on rencontre les hommes. Le judaïsme est frère du message socratique[3]. »

1. M. HEIDEGGER, *Bâtir, habiter, penser*, p. 176 s.
2. E. LÉVINAS, *Totalité et infini*, p. 147.
3. Emmanuel LÉVINAS, *Difficile liberté*, « Heidegger, Gagarine et nous », Albin Michel, Paris, 1976, p. 301.

Pour la tradition juive, la terre n'est pas la « mère-patrie », elle est Terre promise, c'est-à-dire objet d'une promesse. Moins mère qu'épouse, moins celle d'où je viens que celle vers laquelle je vais. Quant à la maison, elle est, elle aussi, l'objet d'une attente, d'une espérance, de même que la ville et, singulièrement, la ville à venir. Cité de paix, Jérusalem[1].

Habite et n'habite pas ta maison[2] : si, avec le « chez soi » commence le « pour soi » ou la vie psychique, c'est seulement avec le « quitte ton pays » que commence la vie spirituelle. Mais quitter n'est pas nécessairement partir : ce peut être simplement accueillir. Ouvrir sa maison à l'autre, c'est entrer dans une nouvelle relation avec la demeure. En accueillant, je m'engage sur la voie de la dépossession. Le geste d'offrir – à boire par exemple –, traditionnellement associé à celui de recevoir, symbolise cette dépossession, dont il devrait constituer les prémices. La rencontre de l'autre constitue un monde commun et met en question mon règne exclusif sur les choses.

Notre enracinement premier n'est pas dans l'Être, ni dans la nature. Il est dans l'humain et les relations familiales, sociales, communautaires. D'où l'importance du réseau dans lequel s'inscrit la maison. L'acte d'habiter ne se limite pas à celle-ci : il s'étend à la rue, à la ville, au quartier et jusqu'au lieu de travail. Nos racines sont humaines, même à la campagne.

Comme dans les films de Tarkowski, dévastée est la maison où les relations humaines sont dévastées. Le plus confortable des appartements sera glacial s'il est déserté par l'amour et l'hospitalité. La véritable douceur ne vient pas des choses, mais du visage aimé. « La familiarité et l'intimité se produisent comme une douceur qui se répand sur la face des choses[3]. » La maison se bâtit autour de la table commune. Une assistante sociale qui travaille quotidiennement auprès des familles dans le plus extrême dénuement me disait récemment : « quand le couple tient, tout tient ».

Soulignons pour terminer l'enracinement de la maison *dans l'avenir*. Plus que demeure des ancêtres, la maison au sens plé-

---

1. Ap 21, 10 : Am 9, 15 ; Is 33, 20 ; Ps 27, 5 ; 127 ; 128. Voir *Vocabulaire de théologie biblique*, article « Maison ». Voir aussi notre article « Loger ou habiter ? » in *Exister*, 1975, n° 3, p. 44.

2. René CHAR, *Fureur et Mystère*, NRF, Paris, 1962, « Feuillets d'Hypnos ».

3. *Totalité et infini*, p. 128.

nier du terme est lieu de naissance, de croissance, de transmission et d'éducation. Le verbe latin *colere* signifie à la fois habiter, cultiver, honorer et élever. Dans la Bible, « famille » et maison sont désignées par le même mot. Bâtir une maison, ce n'est pas seulement édifier des murs, c'est fonder un foyer. La maison trait d'union entre le passé et l'avenir.

Habiter est, au fond, un acte éthique. Accueillir, être accueilli, faire croître. Habiter non seulement l'espace, mais le temps. Durer, assumer le quotidien, c'est-à-dire les limites non seulement du réel mais de l'autre. Seule chance d'en découvrir l'inépuisable richesse. « Ici aussi les dieux sont présents », disait Héraclite auprès d'un four de boulanger.

*

Bibliographie sélective.

François VIGOUROUX, *L'Âme des maisons*, PUF, Paris, 1999.
Gaston BACHELARD, *Poétique de l'espace*, PUF, coll. « Quadrige », Paris, 1987.
Erwin STRAUSS, *Du sens des sens* (1935), trad. fr., Jérôme Millon, 1989.
Pierre SANSOT, *Poétique de la ville*, Armand Colin, Paris, 1996.
Emmanuel LÉVINAS, *Totalité et infini*, Martinus Nijhoff, 1968, chap. « La demeure ».

De l'auteur.

« Loger ou habiter ? » in *Exister, Cahiers du centre Kierkegaard*, n° 5, Lyon, 1975.
« Le génie du lieu », in *Le Temps des banlieues, Cahiers de l'Institut des sciences de la famille*, n° 4, 1993.

INSPIRATION

CHAPITRE VII

LE CHRISTIANISME MÉPRISE-T-IL
LE CORPS ?

Pour beaucoup de nos contemporains, pour la plupart même, la question est tranchée, la réponse évidente : bien sûr que oui ! On s'appuie pour cela sur les stéréotypes issus d'un certain passé chrétien, sur ces images trop connues d'un corps lié au péché, qu'il fallait cacher, mortifier, tenir assujetti. Le débat est clos, la sentence tombe : « Le christianisme, qui ne tolère la sexualité que comme un pis-aller nécessaire à la reproduction, circonscrit le corps méprisé dans un halo de honte et de culpabilité », peut écrire un sexologue dans l'introduction d'un ouvrage à grande diffusion[1].

Il faut dire que, dans ce procès, les pièces à conviction ne manquent pas. Certains propos fameux n'ont pas manqué de laisser des traces. Ainsi, selon saint Jérôme, « un homme sage doit aimer sa femme avec sa tête, non avec son cœur. Rien n'est plus immonde que d'aimer sa femme comme une maîtresse[2] ». Ou encore, selon saint Augustin : « Les gens mariés, cherchent à ce que nul ne les observe durant cette activité [sexuelle]. Ils admettent ainsi que cela est honteux, car personne n'aurait honte de ce qui est bien. » Cela en lien avec deux principes : « Le bien est dans les louables relations qui permettent d'engendrer des enfants et le mal est dans l'appétit sexuel qui cause leur honte[3]. »

1. Gilbert TORDJMAN, *Réalités et problèmes de la vie sexuelle*, Hachette, Paris, 1981.
2. *Contre Jovinien*, I, 49, *Patrologie latine*, 23, 281.
3. *Des noces et de la concupiscence*, 2, 21, Bibliothèque augustinienne, vol. 23, p. 226.

On pourra rappeler encore ici la norme selon laquelle seules les relations sexuelles subordonnées à la procréation étaient légitimes, ou encore la prolifération des interdits concernant celles-ci : selon la position, le calendrier[1], etc.

Le fort degré de gravité accordé à la moindre faute en ce domaine a beaucoup marqué la mémoire collective. Jusqu'au XIXe siècle, dans les manuels des confesseurs figurait l'adage suivant : *in re sexuali, non datur parvitas materiae* : « en ce qui concerne la sexualité, il n'y a pas de petite faute ». D'une façon générale, à travers la culture chrétienne telle qu'elle s'est déployée au cours des siècles, du IVe au XIXe surtout ne manquent pas les symptômes de ce que Nietzsche a pu appeler « l'idéal ascétique ».

Et pourtant... je ne puis pas ne pas affirmer la thèse suivante, qui va à rebours de toutes ces apparences : fondamentalement, *le christianisme a valorisé le corps comme aucune philosophie, aucune autre religion, ne l'a fait*. Un auteur du IIe siècle, Celse, néo-platonicien et antichrétien, désignait les chrétiens du quolibet de *philosômaton génos* : « le peuple qui aime le corps ». Le christianisme est bien la religion de l'Incarnation, c'est-à-dire de la foi au Verbe *fait* chair : non seulement « entré dans la chair », mais *devenu* charnel *(sarx egeneto)*. Religion de la résurrection de la *chair*, et non de l'immortalité de l'*âme* seulement ! Religion de la rédemption par et pour le corps : par le corps du Christ, pour sauver l'homme tout entier. « Il a fait une enclume de son corps, pour y forger l'homme nouveau, au feu de sa charité, avec le lourd marteau des grandes souffrances », écrivait Catherine de Sienne[2]. Religion des sacrements, c'est-à-dire de Dieu se donnant au corps, à travers gestes et matière (eau, huile, pain, vin...).

Le christianisme, ne l'oublions pas, fut aussi la religion du soin aux malades, de la nourriture aux affamés. « J'ai eu faim et vous m'avez donné à manger ; j'ai eu soif et vous m'avez donné à boire ; j'étais un étranger et vous m'avez recueilli ; nu

---

1. Outre la période des règles et celle de la grossesse, certains temps liturgiques rendaient les relations sexuelles illicites : carême, avent, dimanches, jours de jeûne, fêtes des Apôtres et de la Vierge Marie, grandes solennités et veilles de celles-ci. (D'après les manuels des confesseurs. In Marcel BERNOS dir., *Le Fruit défendu*, Éd. du Centurion, Paris, 1985, p. 101.)

2. Catherine DE SIENNE (XIVe siècle), lettre à Sano di san Marco in *Lettres*, Téqui, 1997.

et vous m'avez visité ; en prison, et vous êtes venus à moi[1]. »
Pas un de ces actes, sur lesquels nous serons jugés, qui ne
concerne le corps. On oublie un peu facilement, en Occident,
que c'est l'Église qui a fondé les hôpitaux et qui les a fait vivre
pendant des siècles, sur fond de dévouements héroïques. Il n'est
pas question, en christianisme, de dire « laissons dépérir ce
corps, qui n'est qu'une dépouille », comme il a pu être dit en
d'autres religions.

« Le chrétien doit aimer son corps comme une image vivante
de celui du sauveur incarné », nous dit François de Sales[2].

L'art chrétien a su célébrer le corps, en ses dimensions expressive et spirituelle, comme peu de traditions l'ont fait : pensons
aux icônes d'Orient, à l'art roman, à Michel-Ange ou à
Rembrandt... Quant au travail manuel, dans les lieux mêmes
de la vie contemplative, il a été valorisé. Dans la prière et dans
la liturgie, le corps, ses gestes, ses postures, sa respiration ont
traditionnellement eu de l'importance. Somme toute, le catholicisme a plutôt été une religion de « bons vivants » à l'égard
de nombre de plaisirs, ceux de la table en particulier. Et l'on
citera volontiers le psaume 104 : « Le bon vin réjouit le cœur
de l'homme. »

Il est certain que, pour ce qui concerne le plaisir sexuel, les
choses ont été plus délicates, les relations plus conflictuelles.
Tout se passe comme si le christianisme avait plus aisément
intégré le corps souffrant, le corps travaillant, le corps célé-
brant, que le corps jouissant. C'est sur cette difficulté que je
centrerai mon propos. Est-on fondé pour autant à affirmer que
le christianisme méprise la chair en ce qu'elle a de plus charnel, c'est-à-dire la sexualité ? Ma réponse sera : non, si l'on
veut bien discerner l'accidentel de l'essentiel, la paille et le
grain, parmi les expressions de la pensée chrétienne. Après le
détour de l'histoire, nous verrons que le christianisme est porteur de significations très fortes pour l'élaboration d'une éthique
sexuelle aujourd'hui.

1. Mt 25, 35-37.
2. *Traité de l'amour de Dieu*, III, 8.

LA PAILLE ET LE GRAIN

Une investigation honnête est attentive aux sources d'une pensée. Il nous faut donc ici revenir à l'Écriture. Or, le résultat de notre investigation est très net : nous ne trouvons dans la Bible aucune trace de mépris, ni à l'égard du corps, ni à celui du plaisir.

Prenons le livre de la Genèse, celui des commencements. Sur quoi s'achèvent, à quoi aboutissent, sur quoi culminent, en quelque sorte, les deux récits dits « de création » ? Sur la création de la différence sexuelle. Dans le premier récit,

Dieu [Élohim] créa l'humain [l'adam] à son image, à l'image de Dieu il le créa, mâle et femelle il les créa.

Comment l'homme est-il à l'image de Dieu ? Par son intelligence, par sa liberté, comme on l'a souvent dit ? Ici la réponse est : En étant *zakar ve nekèvah*, « mâle et femelle ». À tel point qu'un commentateur du Coran a pu dire, pensant sans doute à ce verset : « La première chose que Dieu a créée chez l'homme, ce fut son sexe[1]. » À la fin de ce sixième jour, Dieu dit que tout cela était non seulement « bon » (comme pour les cinq jours précédents), mais « très bon ».

Quant au second récit, après que l'homme a été placé dans le jardin d'Éden, il nous fait entendre de la part de Dieu : *Il n'est pas bon que l'humain soit seul.* C'est alors le sommeil de l'*adam* (l'humain), la création de *Isha*, la femme, dans sa différence avec *Ish*, l'homme (ils n'apparaissent qu'ici), le cri de joie d'Adam, désormais masculin, devant *l'os de ses os et la chair et sa chair*, ainsi que de la parole fondatrice : « *L'homme quittera son père et sa mère, il s'attachera à sa femme* » – or, tandis que dans toutes les cultures environnantes, la suite attendue eût été : « ...et ils auront beaucoup d'enfants », nous entendons ici : – « ... *et tous deux deviendront chair une* [èhâd]. »

Étant donné la portée très forte, en hébreu, de cette expression : « chair une », le terme traduit par chair *(basar)* désignant toute la personne, très tôt dans la Bible, et bien avant que cela ne soit répandu culturellement, le rapprochement sexuel va recevoir une signification interpersonnelle très marquée. Au livre des Proverbes, par exemple :

---

1. Abdullah AMR-IBN EL 'AS, cité par A. BOUDHIBA, *La Sexualité en Islam* (1975), PUF, Paris, 1986, p. 77.

Trouve ta joie dans la femme de ta jeunesse :
Biche aimable, gracieuse gazelle !
Qu'en tout temps ses seins t'enivrent,
Sois pour toujours épris de son amour ! (5, 19)

Et, en lisant le Cantique des cantiques, étonnons-nous de ce fait extraordinaire qu'un chant d'amour nuptial ait pu servir en même temps à dire l'amour le plus spirituel, l'union mystique de l'âme à Dieu.

Elle est un jardin bien clos,
ma sœur, ma fiancée ;
un jardin bien clos,
une source scellée.
J'entre dans mon jardin,
ma sœur ma fiancée, je récolte ma myrrhe et mon baume,
je mange mon miel et mon rayon,
je bois mon vin et mon lait. (4, 12)

Dans le Nouveau Testament non plus, nous ne trouvons aucune parole contre le corps ou l'amour. Juste une préférence pratique de Paul pour le célibat ou le mariage. Mais Paul n'a pas écrit seulement : « *Mieux vaut se marier que brûler* » ; il a écrit aussi : « *Ne vous refusez pas l'un à l'autre, si ce n'est d'un commun accord* ou encore : *...de la même façon, les maris doivent aimer leurs femmes comme leur propre corps. Aimer sa femme, n'est-ce pas s'aimer soi-même ? Or nul n'a jamais haï sa propre chair ; on la nourrit au contraire et on en prend bien soin*[1]. »

Dans la suite de l'histoire chrétienne, on rencontrera à toutes les époques des auteurs qui reconnaîtront la valeur du désir et du plaisir charnels. Deux exemples seulement ici : au IIIe siècle, un théologien laïc, Firmin Lactance, pouvait écrire : « C'est Dieu qui a pensé la dualité des sexes, leur désir l'un de l'autre, le plaisir de leur union. Il a pétri les corps de tous les animaux de cette ardeur brûlante pour qu'ils en cherchent avidement les sensations. Cet appétit est encore plus ardent chez l'homme[2]. » Au XIIIe siècle, saint Thomas d'Aquin affirmera que « les gens mariés ne mériteraient pas louange en s'abstenant du plaisir sexuel ». Sa philosophie globale du plaisir est la suivante : « Le

---

1. 1 Co 7, 5 ; Ep 5, 28-29.
2. Firmin LACTANCE, *Les Institutions divines, Patrologie latine*, VI, 23.

plaisir est la grâce suprême de l'acte, son accomplissement, sa santé parfaite. L'acte resterait imparfait s'il lui manquait cette suprême délectation. Le plaisir est sain et bon dans la mesure où il est voulu en même temps que l'acte visé[1]. »

Pourquoi, alors, tant de malentendus ? On peut trouver au si long conflit entre la chaire et la chair deux séries de causes, externes et internes. Les unes et les autres remontent aux premiers siècles de la pensée chrétienne. L'historien Peter Brown[2] a montré toutefois que les premiers auteurs chrétiens avaient des positions beaucoup plus diversifiées et, pour la plupart, plus modérées qu'on ne se l'imagine généralement. Plusieurs d'entre eux, et non des moindres, tel Clément d'Alexandrie, avaient à lutter sur deux fronts simultanés, celui du rigorisme et celui du libertinage. Deux facteurs toutefois ont poussé vers une accentuation du soupçon à l'égard de la sexualité.

Le discours chrétien tout d'abord a été très déterminé par les *courants de pensée dominants* dans ce que l'on appelle l'« antiquité tardive ». Ces courants avaient en commun un point de vue profondément pessimiste sur le plaisir et une philosophie dévalorisante du corps, souvent sur un fond de pensée dualiste qui se mariait lui-même avec divers courants gnostiques[3]. C'est de Platon, ce n'est pas d'un chrétien, qu'est le jeu de mots *sôma sêma*, « le corps est un tombeau ». C'est d'un philosophe néo-platonicien et antichrétien, Porphyre, qu'est l'adage *omne corpus est fugiendum*, « il faut fuir tout corps ». Même la phrase de saint Jérôme, souvent donnée en exemple, comme nous l'avons fait nous-mêmes en commençant (selon laquelle « un homme sage doit aimer sa femme avec sa tête… ») n'est pas vraiment de lui : il cite en réalité Sénèque, philosophe stoïcien !

De fait, la morale chrétienne naissante a été profondément, intimement marquée par le stoïcisme, philosophie de la maîtrise de soi, de l'*ataraxie* (absence de troubles), de l'obéissance au *logos*, c'est-à-dire à la raison et à la volonté ; pensée elle-même en lien avec une médecine qui interprétait l'union comme un acte convulsif, une « courte épilepsie », une déperdition

---

1. *Somme théologique*, IIa IIae, q. 142, art. 1 ; Ia IIae, q. 31 à 34.
2. Peter Brown, *Le Renoncement à la chair*, 1988, trad. fr. Gallimard, Paris, 1995.
3. Philosophie – ou mystique – du salut par la connaissance.

d'énergie. Le médecin Galien s'étonnait de ce que les dieux aient décidé de perpétuer l'espèce au moyen d'un plaisir si « furieux » et si antisocial[1]. Une telle éthique, il faut bien le dire, était comme confirmée par les débordements dont les mœurs de la fin de l'Empire romain offraient le spectacle.

Il y eut donc les influences extérieures, et ce que l'on appelle « la morale chrétienne » a longtemps été surtout une morale *stoïcienne* ou, par certains côtés, *platonicienne*. Nietzsche ne disait-il pas que le christianisme était le « platonisme du pauvre » ? Mais il ne suffirait pas de s'en tenir à cette explication. Les malentendus propres à l'élaboration de l'éthique chrétienne de la chair sont aussi venus de facteurs et d'enjeux internes au christianisme.

Le premier fut la montée, à partir du IVe siècle, d'un fort courant ascétique. Venue la fin des persécutions, et donc du martyre, on s'est mis à chercher comment vivre héroïquement, en « champion de la foi », à l'avant-garde du combat spirituel. Or, en vertu même de la foi en l'Incarnation, on avait l'intuition, très juste en soi, que le premier lieu du combat spirituel était le corps. Et cela au nom même de l'unité de la personne humaine : le christianisme ne pose pas d'un côté le domaine de la vie spirituelle, de l'autre celui de la vie du corps. Dans les catégories de l'époque, ce combat s'est pensé et dit en termes de *maîtrise*, de *tempérance, d'abstinence*. Il s'agissait de soumettre entièrement le corps à l'esprit, aussi bien, notons-le, du côté de la nourriture que de celui du sexe. Le jeûne était aussi important que la continence ! Nous concevons aujourd'hui d'autres façons que la privation pour soumettre le corps à l'esprit, nous considérons que le charnel peut devenir spirituel autrement, mais là est bien l'enjeu.

Le second facteur interne peut être caractérisé comme le prolongement d'une *immémoriale sacralisation du sexe*. Dans toutes les cultures, on l'ignore naïvement aujourd'hui, le sexe a été interprété comme ayant part au sacré. (Les deux mots sont d'ailleurs apparentés étymologiquement[2].) Le sexe est ce qui provoque une crainte sacrée, une sacrée crainte ! Selon les anthropologues, le sacré est ce qui fait trembler, ce qui fascine,

---

1. Peter BROWN, p. 39.
2. « Sexe » vient du latin *secare*, couper, séparer ; « sacré » vient du latin *sancire*, mettre à part. Sexe et sacré, deux réalités « à part » !

parce qu'à travers lui nous sommes confrontés à des forces qui nous dépassent. Forces d'origine inconnue, qui viennent de plus loin que la volonté, forces aussi qui ont trait aux sources de la vie. Puissante alors est la tendance à les diviniser, les adorer. Dans nombre de cultures ont existé des cultes de la puissance sexuelle : cultes phalliques, cultes de la fécondité... Ce que l'on a pu qualifier de « diabolisation » du sexe peut alors apparaître tout simplement comme l'envers de cette divinisation. La fascination se renverse en effroi, la crainte sacrée se traduit en excès de gravité. C'est bien ce qui s'est passé ; aussi l'accusation de « mépris » du christianisme envers le sexe me paraît-elle illégitime. Les excès chrétiens ne vont pas du côté du mépris mais, bien plutôt, d'une trop grande prise au sérieux, de quelque chose comme une « sacralisation à rebours ».

Un troisième facteur de malentendus fut la *difficile synchronisation du spirituel et du charnel*. « Rendre spirituel le charnel : cette gageure, pas d'autre religion que la chrétienne qui l'aborde aussi ouvertement », peuvent écrire deux jeunes journalistes scientifiques[1]. Sans même adhérer à une vision pessimiste du plaisir, reconnaissons qu'il y aura toujours un écart entre *plaisir* et *béatitude*, entre la logique de la recherche de la jouissance et celle de la quête du Royaume de Dieu. Le plaisir a un côté fascinant, exaltant, susceptible de le faire passer pour le plus grand des bienfaits. Il peut être pris comme une fin en lui-même, comme sa nature même y pousse, puisque, depuis Aristote, on voit en lui une expérience d'achèvement. Il est tellement « divin » qu'on pourra avoir l'impression d'y coïncider avec l'absolu. Or, pour le christianisme, le seul lieu de rencontre avec l'absolu, de participation à la vie divine, est la vie dans l'*agapè*, dans l'amour-charité. Voici donc une concurrence possible entre deux absolus. Émettons ici l'hypothèse que les relations entre sexualité et religion soient naturellement vouées à être aussi explosives, aussi susceptibles de devenir tumultueuses que celles qui ont historiquement existé entre pouvoir politique et religion. Entre le sensible et le spirituel, il peut y avoir enrichissement mutuel, mais il peut aussi y avoir concurrence, alternative même, reconnaissons-le, dans l'ordre des fins, c'est-à-dire dans l'ordre de ce qui est poursuivi ultimement. Comme le dit de manière quelque peu

---

1. Hubert AUPETIT et Catherine TOBIN, *L'Amour déboussolé*, François Bourin, Paris, 1993, p. 237.

abrupte, mais expérimentale, la bouleversante Etty Hillesum : « Il est bien difficile de vivre en bonne intelligence avec Dieu et son bas-ventre[1]. » De diverses manières on pourrait montrer que l'interprétation spirituelle de l'érotisme, si elle est possible, n'est pas évidente, jamais acquise d'avance. Entre l'appel du Royaume et la vie des sens, la question a sans doute souvent été mal posée, car les deux, n'étant pas du même ordre, ne sont pas directement en concurrence, toutefois l'écart demeure, les contradictions sont possibles, l'appel au dépassement est indéniable.

Cette partie peut être récapitulée par une affirmation d'Éric Fuchs à laquelle je souscris entièrement : « Le christianisme n'est pas coupable d'avoir refusé la sexualité mais peut-être d'avoir, au contraire, cherché par tous les moyens, y compris répressifs, à en dire le sens éthique[2]. »

LES ACCENTS D'UNE ÉLABORATION

Nous ne sommes pas assez conscients du travail d'élaboration éthique sous-jacent à l'interprétation de la sexualité qui paraît aujourd'hui aller de soi à la plupart de nos contemporains, interprétation que je caractériserai comme *interpersonnelle*, c'est-à-dire comme expression de la relation entre deux personnes. Tant d'autres interprétations ont été ou seraient encore possibles... La jouissance sexuelle est un débordement. Orgasme, orgie et colère *(orguê)* : ces trois mots proviennent de la même racine grecque, *orgaô*, bouillonner. Ce désordre peut être appréhendé dans différentes directions : comme participation à des forces cosmiques ou divines, comme transgression des limites de l'individualité, jusqu'à la violence parfois, comme une fête privée ou même collective, à moins que ce ne soit, en termes plus modernes, comme récréation, apaisement de tensions internes, mise en scène de fantasmes, libre jeu du désir ; sans parler, ici, du « devoir conjugal » ou des nécessités de la génération. De la récréation à la procréation, toutes ces significations ont trouvé leurs expressions culturelles et même, parfois, rituelles.

---

1. Etty HILLESUM, *Une vie bouleversée* (1941-1943), trad. fr. Éd. du Seuil, Paris, 1985, coll. « Points », p. 44.
2. Éric FUCHS, *Le Désir et la Tendresse*, Labor et fides, Paris, 1982, p. 174.

Mesurons alors le pas effectué lorsqu'il est affirmé que les gestes de l'union sont l'expression de « l'amour », c'est-à-dire d'une relation privilégiée, affective, avec une personne prise dans sa singularité. Nos contemporains ne sont pas toujours conscients de ce qu'une telle interprétation doit au courant judéo-chrétien. D'autres influences, bien sûr, sont intervenues[1], mais vous jugerez par vous-mêmes des traces qu'ont pu laisser les apports de celui-ci. Si l'on considère d'abord le texte biblique, on peut dire que celui-ci travaille le sens de la sexualité dans trois directions :

(1) Tout d'abord en direction d'une *désacralisation*. Nous avons entrevu que les interprétations les plus archaïques de la sexualité ont été sacrales, c'est-à-dire comprises comme participation à des forces divines. Il n'en va pas ainsi pour les auteurs bibliques qui tiennent la sexualité pour une réalité de ce monde, seulement de ce monde, c'est-à-dire profane. La création étant séparation, aucune des forces présentes ici-bas ne peut être considérée comme divine, le sexe n'est pas le lieu d'un contact immédiat avec le divin. À la différence des dieux-mâles et des déesses-mères, le Dieu biblique n'est pas sexué. La sexualité est donc à remettre à sa juste place, à considérer avec réalisme. Ce qui conduit à affirmer que le sexe est une chose bonne mais redoutable. *Bonne*, comme l'expriment les textes cités plus haut, *redoutable* aussi, comme en attestent les histoires de viols, de violence, d'inceste, d'adultère, de passion fatale et même de crimes que l'on trouve dans des livres comme ceux de la Genèse ou des Juges[2]. De fait, si nous dépassons une certaine idéalisation de la sexualité plutôt répandue aujourd'hui, nous voyons que le réalisme conduit à tenir ensemble ces deux qualificatifs.

(2) Mais la désacralisation n'est pas profanation, au sens de banalisation. Une des caractéristiques du texte biblique est aussi une *très grande prise au sérieux* du sexe, en contraste avec le relativisme souriant qui régnait chez plusieurs des peuples environnants, en Grèce notamment. Alors que l'un des personnages du *Banquet* de Platon déclare : « En cette matière, rien d'absolu ;

---

1. Notamment celle de la poésie lyrique de tous les temps, celle des humanismes, du romantisme, des philosophies de la liberté et même de l'individualisme moderne.
2. Gn 9, 18, 19, 39 ; Jg 16, 19 s.

la chose n'a, toute seule et en elle-même, ni beauté ni laideur[1] », on peut lire au livre du Lévitique : « Oui, quiconque commet l'une de ces abominations, quelle qu'elle soit, ceux-là seront retranchés de leur peuple. » [L'expression « retranchés de mon peuple » ne signifie pas moins que « lapidés ». Si l'on ne trouve aucun récit de mise en œuvre de cela dans la Bible, est toutefois présente l'idée que la sexualité est une question de vie ou de mort.] « Gardez mes commandements, sans mettre en pratique ces lois abominables que l'on observait avant vous ; aussi ne vous rendront-ils pas impurs » (18, 29-30).

La notion d'impureté, commune avec beaucoup d'autres morales anciennes, serait à expliciter ici. Pour faire bref, disons que l'impureté, c'est la confusion, et que la morale biblique, dans son ensemble, a horreur des mélanges, des hybrides. (Une bonne part des règles de cuisine *casher* reposent sur ce principe.) En matière de sexualité, sont à refuser les confusions entre les générations, entre les genres, entre l'homme et l'animal, entre les épouses, entre la vie et la mort. D'où les interdits très fermes portant sur l'inceste, sur ce que nous appelons aujourd'hui l'homosexualité, sur la zoophilie, sur l'adultère, sur les relations sexuelles pendant les écoulements de sang. Le judaïsme est la religion de la séparation, de la différence. Retenons cela car, aujourd'hui encore, on peut dire avec Denis Vasse que la perversion, c'est la confusion, littéralement, la « voie de traverse », principalement entre vérité et mensonge, entre les générations, entre les sexes.

(3) La troisième direction sera celle d'une *personnalisation*. Dès la Genèse, dès le double sens de l'expression « chair une », qui exprime simultanément l'union des corps et celle des destinées, la sexualité apparaît dans la Bible comme *interpersonnelle*. Il ne s'agit pas seulement d'intersubjectivité, d'épanchement de l'affectivité. La personne, c'est l'unique. S'engager sur la voie de la sexualité interpersonnelle, c'est s'engager sur la voie de l'unicité. Pour prendre conscience de notre héritage biblique, comparons avec un propos bien significatif de l'orateur grec Démosthène présentant les mœurs de son temps, au IVe siècle avant Jésus-Christ : « Les courtisanes, nous les avons pour le plaisir ; les concubines pour la conversation et les soins de tous les jours ; les épouses pour avoir une

---

1. PLATON, *Le Banquet*, 183 d.

descendance légitime[1]. » Le propos fait sourire aujourd'hui car il paraît évident à la plupart que ces trois « fonctions » soient assurées par une seule personne. Or, tel est bien l'héritage biblique : on peut dire que le triangle de base de l'éthique biblique dans le domaine qui nous intéresse est la triangulation, l'unité entre *sexualité, amour* et *alliance.* Nous trouvons bien ces trois termes dans la parole fondatrice citée plus haut, en Genèse 2, 24 (« l'homme quittera... »). Nous les trouvons de manière encore plus explicite dans le saisissant raccourci sur lequel s'achève le récit du mariage d'Isaac : *Et Isaac introduisit Rébecca dans sa tente* ; *il* la prit, *elle devint* sa femme *et il* l'aima. *Et Isaac se consola de la perte de sa mère* [!] (Gn 24, 67).

À travers toute la Bible nous voyons passer ces couples d'époux qui s'aiment : Isaac et Rébecca, Jacob et Rachel, Ruth et Booz, Elquanah et Anne, Tobie et Sara, les époux du Cantique des cantiques... Même si la monogamie a mis longtemps à être la norme en Israël (elle ne le sera qu'après Jésus-Christ), le couple monogame d'Adam et Ève reste le modèle, la référence[2]. « Et tous deux seront chair une... »

Le christianisme héritera de ces significations, et ce sera une constante chrétienne que l'affirmation selon laquelle la sexualité ne trouve tout son sens, son sens le plus clair et le plus achevé, que dans la relation d'alliance. La plupart des cultures, il est vrai, ont subordonné la sexualité au mariage, mais ce fut souvent pour des raisons utilitaires, pour que la procréation ait lieu dans le cadre de la famille légitime. Il en est peu qui aient introduit à ce point la norme de l'amour *dans* le mariage. (L'amour a très longtemps été considéré comme une passion extérieure à la relation conjugale.)

Il faut bien reconnaître que le christianisme historique a peu souvent mis en relation directe « amour » et « sexualité », l'amour-*agapê* et l'amour-*éros.* Mais en élaborant une étroite relation entre *amour* et *alliance* d'une part ; entre *alliance* et *sexualité* d'autre part, il préparait le triangle où le premier et le dernier de ces termes se rencontreraient. On trouve déjà cette

---

1. DÉMOSTHÈNE, *Contre Nééra*, 122, cité par Michel FOUCAULT, *L'Usage des plaisirs*, Gallimard, Paris, 1984, p. 159.
2. Et, comme le fait observer Roland DE VAUX, « la monogamie était l'état le plus fréquent de la famille israélite ». *Les Institutions de l'Ancien Testament*, I, Éd. du Cerf, Paris, 1982, p. 47.

corrélation chez plusieurs auteurs de la tradition (Jean Chrysostome, Albert le Grand, François de Sales), elle accédera à son plein développement au XXe siècle, par la rencontre entre la plus ancienne sève judéo-chrétienne et des courants de pensée comme le personnalisme.

Le texte du Nouveau Testament le plus important pour l'élaboration d'une éthique sexuelle chrétienne est le chapitre 6 de la première épître aux Corinthiens. On a posé à Paul une question de la licéité des relations avec les prostituées. Paul répond par un passage très dense où l'on notera :

– qu'il dépasse la problématique du « permis ou défendu » pour une éthique de la vraie liberté ;

– qu'il distingue le « ventre » *(koila)*, voué à la destruction, et le « corps » *(sôma)*, auquel est promise la résurrection ;

– qu'il affirme très fortement le sens relationnel de l'union charnelle, à tel point que la destinée du corps dépend des relations dans lesquelles il s'engage : Paul ose appliquer à la relation avec une prostituée la parole fondatrice du mariage (et même, pour Jésus, de l'indissolubilité !) ;

– que l'union au Christ est tellement d'ordre corporel que des relations sexuelles immorales peuvent la contredire.

Tout m'est permis, mais tout ne me convient pas[1]. *Tout m'est permis ; mais j'entends, moi, ne me laisser dominer par rien. Les aliments sont pour le ventre et le ventre pour les aliments, et Dieu détruira ceux-ci comme celui-là. Mais le corps n'est pas pour la débauche, il est pour le Seigneur et le Seigneur est pour le corps. Et Dieu, qui a ressuscité le Seigneur, nous ressuscitera, nous aussi, par sa puissance. Ne savez-vous pas que vos corps sont des membres du Christ ? Et j'irais prendre les membres du Christ pour en faire des membres de prostituée ? Certes non ! Ou bien ne savez-vous pas que celui qui s'unit à la prostituée n'est avec elle qu'un seul corps ? Car il est dit :* les deux ne feront qu'une seule chair. *Celui qui s'unit au Seigneur, au contraire, n'est avec lui qu'un seul esprit. Fuyez la débauche ! Tout péché que l'homme peut commettre est extérieur à son corps ; celui qui se livre à la débauche, lui, pèche contre son corps* (v. 12-18).

---

1. *Ou sumphérei*, littéralement : « ne réunit pas », « n'aide pas à porter », « ne met pas d'accord ».

Relevons bien cela : la débauche n'est pas, comme on l'a dit trop souvent, péché « du corps », ou « de la chair », mais péché « contre le corps ». C'est le corps, en sa valeur, qui en est la victime. Ne confondons pas la victime et le coupable ! Le texte se poursuit par d'autres formules très denses théologiquement : déjà « membre du Christ », le corps est dit *Temple* [tabernacle] *de l'Esprit-Saint*. Et c'est en lui que nous sommes appelés à rendre gloire à Dieu : *Glorifiez donc Dieu dans votre corps* (v. 19-20).

Comment se fait-il, alors, que sur le fond d'une telle accentuation de la dimension relationnelle du corps, l'éthique catholique ait développé principalement, à travers les siècles, la norme selon laquelle la relation sexuelle, pour être morale, devait viser la procréation ?

C'est un fait que pendant quinze siècles, c'est-à-dire de saint Augustin au milieu du XXe siècle, telle fut la doctrine. Mais il faut bien en comprendre les raisons. Elles n'ont pas trait à des fins natalistes : pour Augustin, il n'y a plus à multiplier l'espèce, puisque nous sommes à la fin des temps : si les hommes cessaient de procréer, ils accéléreraient le retour du Christ[1] ! Les raisons tiennent à l'imprégnation d'Augustin, comme de tant d'autres, par la morale commune à l'époque, la morale stoïcienne[2]. Celle-ci, nous l'avons entrevu, est une éthique de la *maîtrise*. Or le désir et le plaisir sexuels sont lieux de *démaîtrise*. De diverses manières ils n'obéissent pas à la volonté. L'organe sexuel mâle, par exemple, n'est pas soumis à cette dernière ! Là est le signe d'un désordre, la conséquence d'une désobéissance première (de l'homme à Dieu). Ainsi donc, le plaisir sexuel n'est-il pas de soi immoral (il eût été plus grand encore, au paradis, c'est-à-dire avant la chute), mais il est marqué par une déficience. Comment, alors, vaincre cette discordance entre la *voluptas* et la *voluntas* ? En soumettant la première à une fin voulue par la seconde. Et quelle est, pour la morale stoïcienne encore, la fin légitime des relations sexuelles ? La procréation. « Il se mêle en effet je ne sais quelle gravité aux bouillonnements de la volupté quand, au moment

---

1. Saint Augustin, *Le Bien du mariage*, X, 10, trad. fr. Nouvelle bibliothèque augustinienne, Turnhout, Brepols, 1992, p. 39.
2. Voir Michel Spanneut, *Le Stoïcisme des Pères de l'Église de Clément de Rome à Clément d'Alexandrie*, Éd. du Seuil, Paris, 1957 (rééd. 1969).

où l'homme et la femme s'unissent, ils songent qu'ils vont devenir père et mère[1]. » Comme au jeu de go, on a ainsi contourné l'obstacle, circonscrit l'adversaire.

Nous concevons aujourd'hui d'autres manières de rendre personnelle, c'est-à-dire spirituelle, la volupté que celle de la soumettre à la maîtrise de la volonté. Nous choisissons plutôt l'intégration dans la relation amoureuse. Ce n'est plus la procréation mais l'amour qui sauve la sexualité de ce qu'elle peut avoir de désordonné ou d'impudique. Reconnaissons toutefois que la question de ce que Michel Foucault a appelé la « subjectivation éthique » de la sexualité, c'est-à-dire du *comment devenir sujet de sa sexualité* demeure, aujourd'hui comme hier. « Sujet » et non pas objet, jouet. Au début de notre siècle, Freud pourra écrire : « Où *ça* était, il faut que *je* advienne[2]. »

AXES PRINCIPAUX D'UNE PROPOSITION

Entre les autocritiques visant les dérives du passé et la dissolution dans une éthique commune plutôt floue, les chrétiens ont souvent du mal à oser une parole éducative en ce domaine. Je ne développerai pas ici ce qui pourrait être proposé sur la base de repères philosophiques, c'est-à-dire recevables par tous aujourd'hui[3]. Je dégagerai seulement trois axes de ce qui me semble caractériser la perspective chrétienne dans son originalité.

L'appel à la liberté véritable.

Nous avons entendu saint Paul : *J'entends ne me laisser dominer par rien.* Ailleurs, il écrira : *C'est à la liberté que vous avez été appelés* ou encore : *Là où est l'Esprit du Seigneur, là est la liberté*[4]. On a pu dire que toute son éthique était une éthique de la liberté. Or, le contraire de la liberté, c'est l'escla-

---

1. Saint Augustin, III, 3 (p. 26).
2. Cité par Jacques Lacan, *Écrits* I (1966), Éd. du Seuil, coll. « Points », p. 226.
3. J'ai exposé cela à plusieurs reprises, notamment dans *Le Corps de l'Esprit*, Vie Chrétienne, 1995, Éd. du Cerf, coll. « Foi vivante », 1999, chap. III.
4. Ga 5, 13 ; 2 Co 3, 17.

vage. Le premier appel chrétien est donc de *ne pas être esclave*. Et il est diverses manières d'être esclave : de ses pulsions, de la répétition de son passé, des désirs de l'autre, de la pression du groupe, des conditionnements psycho-sociaux, des images médiatiques. La liberté a pour contraire aussi l'idolâtrie, c'est-à-dire l'absolutisation de réalités qui ne sont que relatives : les fantasmes de l'imaginaire, l'autre lui-même (elle-même), l'émotion, la passion, l'intensité de l'instant présent.

La liberté dont il est question ici n'est pas celle de l'individualisme libéral ou libertaire, elle n'est pas la soumission à l'immédiateté du désir, mais elle est *personnalisation*, c'est-à-dire capacité de vouloir vraiment ce que nous vivons, de l'intégrer dans une visée constructive. La liberté est responsabilité, c'est-à-dire capacité de répondre de ses actes ; elle est décision, c'est-à-dire capacité de s'engager et de consentir à être lié. Tout cela suppose des ressources spirituelles, que l'on ne s'adonne pas à une conduite pour fuir le vide ou la mélancolie. Que la rencontre soit le fruit de richesses reçues, élaborées, intériorisées.

Le sens de l'incarnation.

Le christianisme est la religion de l'incarnation, non seulement du Christ, mais de chaque homme. Par ce mot il faut entendre non pas la descente d'une âme dans un corps (schème encore mythique), mais l'engagement de toute la personne dans ses gestes corporels, le fait d'assumer jusqu'au bout la condition charnelle. Ce que la morale d'inspiration chrétienne réprouve, c'est la dissociation entre le sujet et ses actes, entre l'intention et le comportement. Par exemple dans le fait de se livrer à des gestes de don et d'abandon, gestes de confidence qui impliquent le plus intime de la personne, tout en envisageant par ailleurs la relation comme passagère.

Nous sommes ici au cœur de la pensée de Jean-Paul II sur le sujet : « La sexualité, par laquelle l'homme et la femme se donnent l'un à l'autre, n'est pas quelque chose de purement biologique, mais concerne la personne humaine dans ce qu'elle a de plus intime. Elle ne se réalise de façon vraiment humaine que si elle est partie intégrante de l'amour dans lequel l'homme et la femme s'engagent entièrement l'un vis-à-vis de l'autre jusqu'à la mort. La donation physique totale serait un mensonge si elle n'était le signe et le fruit d'une donation personnelle totale[1]. »

Jean-Paul II interprète les gestes de la sexualité comme des gestes de don, ce que nombre d'analyses phénoménologiques ou de paroles poétiques font aujourd'hui. L'appel est alors à la cohérence entre le don signifié, mimé, mis en scène, et le don réel, existentiel.

L'incarnation est aussi exposition au temps, à la vulnérabilité, aux vicissitudes de la relation à l'autre. S'incarner, c'est accepter ses limites, et les limites du partenaire. Or, c'est à travers la durée que celles-ci se révéleront. Si nous prenons comme contre-exemple le personnage de Don Juan, plusieurs auteurs ont émis l'hypothèse que celui-ci passe d'une femme à l'autre pour rester superficiel, par peur du temps, de la femme peut-être et même, en ce sens, de la chair.

Si l'on considère que la vie spirituelle est apprentissage du don, de l'acte de donner et de se donner, on peut dire que le corps est ce qui permet le don : comment donner sans mains, sans bras, sans visage ? Il y aurait matière à s'arrêter sur cette vérité : en christianisme, *la spiritualisation est incarnation*. Passer du mental au spirituel, c'est se laisser tout entier imprégner, engager dans ce qui, au départ, n'était que représentation. Un théologien orthodoxe, Nicolas Cabasilas, parlait de « descente de l'intelligence dans le cœur »; osons la formule : « descente de l'intention dans le corps », dans le corps tout entier.

La sexualité interprétée à partir de son avenir.

C'est, plus globalement, une des caractéristiques du christianisme que de comprendre la personne humaine, pour l'essentiel, non à partir de son passé et des déterminismes issus de celui-ci, mais à partir de son avenir, c'est-à-dire de sa vocation, des fins auxquelles elle est appelée. Non comme prolongement de l'*homme ancien* mais comme préparation de l'*homme nouveau*, non comme fils d'Adam seulement, mais aussi et plus encore comme conformé du Christ. Pour ce qui concerne la sexualité, l'accueil de l'avenir peut recevoir deux noms : *alliance* et *fécondité*.

---

1. JEAN-PAUL II, Exhortation apostolique *Familiaris consortio*, 1981, § 11.

Dans la pensée chrétienne, nous n'existons pas pour nous-mêmes. « *Nul ne vit pour soi-même* », a pu dire saint Paul. Chacun est appelé à donner naissance à un « nous », entrant ainsi dans une vie nouvelle qui sera le fruit et le lieu du dépassement de la vie de l'homme ancien, avec son égoïsme naturel. Nous ne sommes pas créés pour épanouir notre ego mais pour faire alliance, pour nous lier, pour nous livrer.

Il est diverses manières de vivre cela, et une des caractéristiques chrétiennes est aussi d'affirmer que le couple n'est pas le seul lieu de vérité de la personne et du corps. Que chacun de nous n'est pas qu'une moitié de couple et que la solitude assumée, dans le célibat et la continence, d'une part est possible, d'autre part a du sens, offrant d'autres manières de vivre le don et la dimension spirituelle du corps. Pour le chrétien, le sommet des relations humaines n'est pas le coït, l'orgasme, eux-mêmes lieux de tant de malentendus, mais la communion dans l'amour fraternel.

Toutefois, lorsque des relations sexuelles ont lieu, l'Église continue à affirmer que le contexte qui leur est le plus approprié est celui du lien d'alliance. Qu'à l'entrée de deux *corps* l'un dans l'autre doit correspondre l'entrée de deux *histoires* l'une dans l'autre. Qu'en dehors de cette correspondance il y aura discordance, ambiguïté, et, pour le moins, inachèvement du sens de la relation. Dans l'impossibilité pratique, souvent, de recourir au langage de l'interdit et pour éviter les termes trop disqualifiants, il faudrait que les éducateurs osent au moins signifier ce manque, ce « manque à gagner », le passage à côté de plus hautes chances. Comme le dit audacieusement le philosophe libanais René Habachi, « on ne pénètre réellement un être qu'en épousant l'axe central de sa vocation humaine[1] ».

Fécondité sera le deuxième nom que nous donnerons à l'accueil de l'avenir. C'est très concrètement que la fécondité offre un avenir à l'union. « C'est dans l'enfant que les deux deviennent une seule chair » a pu dire Rachi, un maître du judaïsme[2]. Ce que l'on appelle « union », en effet, est passager, fugitif... et bien partiel ! Que serait donc, demande

1. René HABACHI, *Commencements de la créature*, Éd. du Centurion, Paris, 1965, p. 122.
2. Troyes, XIIᵉ siècle. Cité par Josy EISENBERG, *À Bible ouverte*, vol. II, *Et Dieu créa Ève*, Albin Michel, Paris, 1979, p. 155.

Emmanuel Lévinas, un amour qui s'arrêterait à l'instant présent et à la personne aimée[1] ? Ce n'est pas un hasard si les deux auteurs que je viens de citer sont juifs. Indépendamment de la morale évoquée plus haut, le christianisme a hérité du judaïsme d'un goût pour la fécondité qui est une des facettes de son goût pour la vie, pour le don de la vie. Aimer la vie, c'est désirer la donner.

Une relation à la sexualité qui exclurait *a priori* toute perspective de fécondité, cédant à une sorte de fascination pour le présent, serait susceptible de prendre très facilement un goût de mort. Dans certaines langues, tel le haut allemand, « orgasme » ne se dit-il pas « petite mort » ? En un temps donc où l'on tend, non seulement dans les actes, ce qui peut s'apprécier, mais dans les mentalités, ce qui est plus discutable, à dissocier sexualité et fécondité, il peut être bon de rappeler que *l'horizon fécondité fait partie du sens plénier de la sexualité.* Il ne s'agit pas, est-il besoin de le préciser, d'envisager la question en termes de « permis » ou « défendu », pas plus que de prôner la subordination de chaque acte à la fécondation ; il s'agit d'avancer que dans l'intégration de cette potentialité est le sens plénier, c'est-à-dire le plus ouvert et le plus confirmé, de l'union charnelle. D'oser dire donc que lorsque l'on est dans l'incapacité d'intégrer cette dimension (pour des raisons telles que l'immaturité ou l'instabilité de la relation), il manque quelque chose à la relation, à la sexualité comme telle – à l'instar de ce qui a lieu quand n'est pas intégrée la dimension d'alliance. Il serait bon d'éveiller au moins à la conscience de ce manque, de ce désir, de cet appel (Freud lui-même affirmait que le désir sexuel n'avait pas atteint sa pleine maturité tant qu'il n'avait pas intégré le vœu de procréation).

Le christianisme donc, non seulement ne méprise pas le corps, mais lui donne un statut qui va au-delà de ce que, par notre simple imagination, nous oserions concevoir. Un corps « temple du Saint-Esprit », ce qui peut se traduire par *tabernacle de la présence de Dieu* ou encore, selon une expression audacieuse

---

1. « Le dynamisme propre de l'amour le mène au-delà de l'instant présent, et même au-delà de la personne aimée. » (Emmanuel LÉVINAS, *Difficile liberté*, Albin Michel, Paris, 1976, p. 57).

de Jean-Paul II, *sacrement primordial*[1], c'est-à-dire signe et lieu du don de Dieu : qui eût osé imaginer cela ?

C'est le corps tout entier qui est interprété, par la foi chrétienne, à partir de son avenir. Nous avons pu voir que, dans sa désapprobation de la débauche, Paul argumentait à partir de la résurrection. Un corps appelé à ressusciter n'aura pas la même dignité, ne sera pas le lieu des mêmes enjeux qu'un corps qui ne serait voué qu'à la destruction. Le christianisme, certes, ne nie pas que notre corps biologique se décomposera. Le chrétien s'entend régulièrement rappeler la parole liturgique tirée du chapitre 3 de la Genèse : « *tu es poussière et tu retourneras à la poussière* » ; mais il entend aussi que la nouvelle création, celle des *cieux nouveaux* et de la *terre nouvelle* sera celle de corps glorieux, qui verront Dieu face à face. La gloire de ces corps sera la pleine manifestation de la dimension spirituelle déjà présente dans nos corps actuels, dans leur misère même. Rayonnement de gloire que nous entrevoyons aujourd'hui lorsque nous sommes sensibles à ce qui fait la véritable beauté d'un corps, d'un visage. Non la conformité à des normes plastiques, des canons extérieurs, mais la révélation de son identité d'enfant de Dieu. Cette beauté véritable, il nous est donné de l'entrevoir dans nos regards d'amour, dans nos regards inspirés. Dans nos regards purifiés, c'est-à-dire clarifiés. *Heureux les cœurs purs, ils verront Dieu...* dans le corps d'autrui. Il verront rayonner la gloire des enfants de Dieu sur le visage d'autrui.

*

1. Audience générale du 20 février 1980, *Insegnamenti di Giovanni Paolo II*, III-1, 1980, p. 430.

Bibliographie sélective.

Jean-Claude GUILLEBAUD, *La Tyrannie du plaisir*, Éd. du Seuil, Paris, 1998.
Peter BROWN, *Le Renoncement à la chair* (1988), trad. fr., Gallimard, Paris, 1995.
Éric FUCHS, *Le Désir et la Tendresse*, Labor et fides, Paris, 1982.
Pascal IDE, *Le Corps à cœur*, Éd. Saint-Paul, 1996.
Pascal HAEGEL, *Le Corps, quel défi pour la personne*, Fayard, Paris, 1999.

De l'auteur.

Le Corps de chair, Éd. du Cerf, Paris, 1992. (Trad. ital., *Il corpo di carne*, Dehoniane, Bologne, 1996.)
« Amour, sexualité, alliance », in *Théophilyon*, II, 1, janvier 1997.

CHAPITRE VIII

EXISTE-T-IL UN MODÈLE CHRÉTIEN DE LA FAMILLE ?

Face à une apparente diversification des formes de vie familiale, dans le contexte aussi d'une plus grande prise en compte de la dimension historique de tout modèle, m'est souvent posée la question de savoir si le christianisme est lié à une forme plutôt qu'à une autre, si sa morale doit être solidaire d'une préférence accordée à tel ou tel modèle. Je développe dans d'autres exposés[1] l'idée selon laquelle la prétendue « diversité » n'est pas si grande que cela, le modèle dominant de vie familiale restant celui de la famille nucléaire (même non conjugale) et les modèles de « bonheur » impliqués ne se révélant pas particulièrement inventifs. Je m'en tiendrai ici à la question de la spécificité de l'apport chrétien en ce domaine, ou, de manière plus dynamique, au discernement des appels dont est porteuse aujourd'hui la fidélité à l'Évangile.

Il importe de rappeler au préalable que le christianisme n'est pas *essentiellement* une morale. Que sa visée centrale, ce qui le caractérise en propre n'est pas la définition d'un code moral, ni même d'une éthique, mais l'annonce du don de la grâce et de la miséricorde divine, en même temps qu'un appel à la conversion et à la sainteté. La vie chrétienne n'est pas fondamentalement ni intrinsèquement liée à un modèle de vie particulier, à des formes ou à des lois qui seraient, de soi, nécessaires et suffisantes pour être sauvé. « *Je ne suis pas venu*

---

1. Voir, dans ce volume, la première conférence « Quelle famille pour demain ? »

appeler les justes mais les pécheurs », disait Jésus aux pharisiens qui s'étonnaient de le voir manger à la table de personnes
que leurs mœurs ou leur situation rendaient infréquentables.
Aux mêmes il dit aussi : « *Le sabbat a été fait pour l'homme
et non l'homme pour le sabbat* », signifiant ainsi qu'aucune
institution, aussi sainte soit-elle n'est au-dessus de l'attention
à la vie de la personne humaine. Enfin, aux prêtres et aux
anciens il lancera : « *Les publicains et les prostituées vous précèdent dans le Royaume de Dieu* [1] ». Il ne saurait donc y avoir
coïncidence entre la conformité à un modèle extérieur, aussi
noble soit-il, et la sainteté, c'est-à-dire l'entrée dans la dynamique de l'abandon à la vie divine.

Cela dit, il nous faut affirmer aussi que la foi chrétienne est
inséparable de la charité, laquelle ne saurait être indifférente
aux biens humains fondamentaux, à leur présence ou à leur
absence. Ces biens auront plus de chances de s'incarner, d'être
offerts dans tels modes de vie que dans tels autres. Être chrétien, c'est aussi accepter d'entrer dans certaines « formes » de
vie. « *L'être chrétien est forme* », affirmait Hans Urs von
Balthasar, après avoir appliqué ce terme au mariage[2]. Par
ailleurs, s'adressant à la liberté et à la responsabilité, la parole
chrétienne ne peut pas ne pas être *aussi* une morale, c'est-à-
dire la proposition de fins, de visées, d'impératifs, de normes
même, en cohérence avec le commandement de la charité et
les exigences de celui-ci. Si la vie chrétienne n'est pas essentiellement une éthique, elle passe nécessairement par celle-ci,
pour ceux du moins qui ont les capacités humaines de la mettre
en œuvre.

---

1. Références des trois citations : Mt 9, 13 ; Mc 2, 27 ; Mt 21, 31.
2. « Qu'est-ce qui imprime plus fortement une forme de vie que le mariage,
qui justement n'est mariage que s'il est barrière qui enferme et contient tout
désir d'évasion de l'individu ? [...] Dans la promesse conjugale, ce n'est pas
à eux-mêmes que les époux engagent leur foi, au sol mouvant de leur liberté,
c'est à la forme qui, en tant qu'elle est choisie, les choisit. [...] Ils se confient
non pas seulement au Toi bien-aimé, non pas seulement à la loi biologique
de la fécondité et de la famille, mais à une forme à laquelle ils peuvent s'éga-
ler du plus profond de leur personnalité parce que, à travers toutes les couches
successives, elle monte des racines biologiques jusqu'aux sommets de la grâce
et de l'Esprit-Saint. » Hans Urs VON BALTHASAR, *La Gloire et la Croix* I,
tome 1 (1961), trad. fr. Aubier, 1965, p. 24 (le terme allemand est *Gestaldt*).

REPÈRES BIBLIQUES

Si nous prêtons attention aux apports de l'Écriture, en commençant par le Premier Testament, nous voyons celui-ci traversé par deux visées, deux axes de travail sur le sens. Le premier est celui d'une *relativisation des liens du sang*. Bien qu'accordant à la filiation charnelle une grande importance, la Bible est habitée par un courant prophétique qui remet en cause la volonté de puissance pouvant s'attacher à la loi du lignage. Nombreux sont les récits qui viennent marquer une discontinuité dans la chaîne des générations, une exception dans les lois ordinaires de la transmission : stérilités suivies de naissances miraculeuses, étrangères venant s'unir au porteur de la promesse, aîné supplanté par le cadet. Le point culminant de ce thème est sans doute le récit du *non-sacrifice d'Isaac*, que l'on pourrait aussi bien intituler « sacrifice d'Abraham », c'est-à-dire sacrifice non du fils mais du père, histoire d'une dépossession sur fond de recouvrement, du dépassement de l'illusion d'une continuité entre les générations ou de la toute-puissance paternelle. Entre le père et le fils doit passer le couteau, pour que le fils devienne vraiment fils, c'est-à-dire non seulement donné mais *re*donné par Dieu, et que le père devienne vraiment père, c'est-à-dire obéissant à plus grand que lui.

Le second axe de l'Écriture sera celui d'une *valorisation de l'alliance conjugale*, qui doit prendre le pas sur les liens de filiation : « L'homme quittera son père et sa mère et s'attachera à sa femme… » Il y a là un principe anthropologique universel, mais qui est plus ou moins intégré et intériorisé selon les cultures (nous pourrions aussi ajouter et selon les psychologies !). Or, il est à noter que le commandement biblique n'ordonne pas seulement de se marier, mais de *s'attacher* à son épouse, c'est-à-dire, littéralement, de l'aimer, et cela, relevons-le bien, vingt ou vingt-cinq siècles avant que ce ne soit un phénomène sociologiquement courant. Alors que le contexte de l'époque, dans pratiquement toutes les cultures, eût conduit à poursuivre : « … et ils auront beaucoup d'enfants », le texte de la Genèse poursuit : « … et ils seront une seule chair ». Nous sommes là sur le chemin d'une compréhension du lien comme interpersonnel.

C'est dans le rapprochement entre ces deux notions d'*alliance* et d'*amour* que le travail biblique manifestera le plus son originalité. Nous sommes trop habitués à ce rapprochement, employant même parfois les deux mots comme substituables, pour en percevoir la portée. Il s'agit pourtant là de deux termes qui, à l'origine, étaient totalement étrangers l'un à l'autre : *berit*, l'alliance, aussi bien guerrière que matrimoniale, au service de la survie du groupe dans un cas comme dans l'autre, et *ahavah*, l'attachement, l'affection, la libre prédilection. Or, à travers le texte biblique, l'alliance conjugale devient alliance d'amour et l'amour est susceptible de donner lieu à une relation d'alliance. Le lien n'est pas seulement institutionnel, il est interpersonnel, pas seulement extérieur, mais intérieur, pas seulement utilitaire mais valable en lui-même. Et ce seront les couples d'Isaac et Rébecca, Jacob et Rachel, Tobie et Sarah, des fiancés du Cantique des cantiques. Le Nouveau Testament, les Pères de l'Église et les principaux auteurs chrétiens[1] confirmeront ce rapprochement, en l'enrichissant encore, de telle sorte que nos contemporains qui associent si « naturellement » les notions d'amour, de couple et de mariage, au point de les confondre, reprennent sans le savoir un héritage qui, pour l'essentiel et pour la plus grande part de son élaboration, est judéo-chrétien ! À cet égard, il est paradoxal que l'Église apparaisse à beaucoup, aujourd'hui, essentiellement comme gardienne de l'institution, alors qu'elle a été, pendant des siècles, le principal promoteur de l'interpersonnel, au point d'avoir été accusée parfois de dissoudre les liens de la famille et de la cité !

Si nous prêtons attention, maintenant, au Second Testament, nous y trouvons maintes confirmations de ces deux accentuations. Pour n'en citer que deux : selon Paul, toute paternité tire son nom (c'est-à-dire son essence) de celle du « Père céleste » (Ep 3, 15), et des préceptes comme « maris aimez vos femmes » place l'amour au cœur du mariage (Ep 5, 25).

Dans les évangiles, il apparaît d'emblée qu'à l'égard des liens familiaux, Jésus témoigne d'une distance manifeste. On ne pourrait guère voir en lui un militant familialiste ! À plusieurs reprises il manifeste une séparation vis-à-vis de sa propre

1. Saint Paul, Jean Chrysostome, Augustin, Jonas d'Orléans, Yves de Chartres, Hugues de Saint-Victor, Albert le Grand, Bonaventure, Martin Luther, Jean Calvin, François de Sales, Frédéric Ozanam... Voir Gérard Mathon, *Le Mariage des chrétiens*, tomes I et II, Desclée de Brouwer, Paris, 1993 et 1995.

famille. « Qui est ma mère et qui sont mes frères ? », demande-t-il à ceux qui lui signalent que ceux-ci cherchent à lui parler. « Et, montrant ses disciples d'un geste de la main, il ajouta : "Voici ma mère et mes frères. Car quiconque fait la volonté de mon Père qui est aux cieux, celui-là m'est un frère et une sœur et une mère"[1]. » Antérieurement déjà, dans l'épisode dit du « recouvrement au Temple », à sa mère qui lui dit avec émotion « Mon enfant, pourquoi nous as-tu fait cela ? Vois ! ton père et moi, nous te cherchons angoissés », il répond par ces mots : « Et pourquoi me cherchiez-vous ? Ne saviez-vous pas que je me dois aux affaires de mon Père ?[2] » Et le texte affirme que « ses parents ne comprirent pas ». Avec son village, qui est aussi celui de sa famille, les relations ne sont pas des plus aisées : « S'étant rendu dans sa patrie, il enseignait les habitants dans leur synagogue de telle façon que, frappés d'étonnement, ils disaient : "D'où lui viennent cette sagesse et ces miracles ? N'est-ce pas le fils du charpentier ? Sa mère ne s'appelle-t-elle pas Marie et ses frères Jacques, Joseph, Simon et Jude ? Et ses sœurs ne sont-elles pas toutes chez nous ? D'où lui vient donc tout cela ?" Et il était pour eux un scandale. Jésus leur dit : "Un prophète n'est méprisé que dans sa patrie et dans sa maison." Et il ne fit pas là beaucoup de miracles, à cause de leur manque de foi » (Mt 13, 54). La connaissance de ses liens de parenté empêche ses concitoyens de reconnaître sa mission.

La relativisation des liens de parenté vaut pour tous ceux qui l'écoutent : « N'appelez personne votre "père" sur la terre, car vous n'en avez qu'un seul, le Père céleste » (Mt 23, 8). À l'adresse de ses disciples plus spécifiquement, ses exigences seront radicales, et cela concerne au premier chef les liens familiaux. À l'un d'entre eux qui lui demandait : « Seigneur, permets-moi de m'en aller d'abord enterrer mon père », il répond : « Suis-moi et laisse les morts enterrer leurs morts » (Mt 8, 22). Le plus sacré des devoirs familiaux passe après l'appel à suivre Jésus. Plus loin : « Qui aime son père ou sa mère plus que moi n'est pas digne de moi. Qui aime son fils ou sa fille plus que moi n'est pas digne de moi… » (Mt 10, 37). Cette priorité peut se traduire en termes de départ : « Quiconque aura quitté mai-

---

1. Mt 12, 48-50. À rapprocher de Lc 11, 27.
2. Lc 2, 48-49.

sons, frères, sœurs, père, mère, enfants ou champs à cause de mon nom, recevra le centuple et aura en partage la vie éternelle » (Mt 19, 29). La version de Luc inclut même l'épouse dans la série (Lc 18, 29).

Et voici le discours le plus radical, celui qui surprend le plus une vision irénique des relations entre Jésus et la famille : « Pensez-vous que je sois venu apporter la paix sur la terre ? Non, je vous le dis, mais la division. Désormais, en effet, dans une maison de cinq personnes, on sera divisé, trois contre deux et deux contre trois. On sera divisé père contre fils et fils contre père, mère contre fille et fille contre mère, belle-mère contre bru et bru contre belle-mère » (Lc 12, 51).

Il ne faudrait toutefois pas se tromper sur la signification de ces paroles. En particulier, ce serait commettre un contresens qu'en faire une lecture sacrificielle, au sens destructeur de ce terme, comme si Jésus incitait à tuer les liens familiaux. Pour qui est attentif à la lettre, c'est-à-dire à l'esprit, de ces textes, Jésus invite tout simplement à remettre ceux-ci à leur juste place, qui est relative, en les subordonnant à une autre fin, un autre amour, qui est celui du Royaume de Dieu. Ce que faisant il appelle à une libération par rapport à ce que tous ces liens peuvent avoir d'enfermant. Et comment nier qu'ils puissent l'être ou le devenir ? En vérité, l'affection familiale sera beaucoup plus authentique, elle sera vivifiée dès lors qu'elle ne passera pas avant *tout*, lorsqu'elle sera ouverte à plus grand qu'elle, et d'abord à l'amour-*agapê*, dont le choix de marcher à la suite du Christ est le signe. Recentré sur celui-ci, les affections familiales seront beaucoup plus justes et plus saines[1].

Au demeurant, si, en paroles, Jésus se montre dur envers la famille, on le voit, par ses actes, plein de sollicitude envers elle. Son premier miracle a lieu au cours d'un repas de noces dont, à l'invitation de sa mère, il sauve la fête en offrant un vin inattendu, « meilleur que le précédent » (Jn 2). On le voit ensuite guérir la belle-mère de Pierre (Mt 8), ressusciter le fils de la veuve de Naïn et le « rendre à sa mère » (Lc 7). Tous ses miracles dits de « résurrection » ont lieu dans un contexte fami-

---

1. « Que hait-il donc ? D'abord la corruption des sentiments familiaux […], l'étroitesse des attachements, le caractère exclusif et confiné de cette société, le repliement d'un amour dont le devoir serait de se répandre. » France QUÉRÉ, *La Famille*, Éd. du Seuil, Paris, 1990, p. 306.

lial ; c'est ainsi qu'il redonne vie à la fille de Jaïre, le chef de
la synagogue (Mt 9) et à Lazare le frère de Marthe et de Marie.

En paroles aussi, finalement, il respecte – et plus que cela – les
liens familiaux. Il s'indigne lorsque certains prennent appui sur
un artifice cultuel pour ne pas assister leurs parents, rappelant
alors le commandement : « Tu honoreras ton père et ta mère »
(Mt 15, 4). Lorsqu'il veut dire l'incroyable patience miséricor-
dieuse de Dieu, il ne trouve pas de meilleure image que celle
du père qui attend le retour de son enfant « prodigue ». Et c'est
cet extraordinaire récit qui, selon Péguy, « a depuis deux mille
ans fait pleurer des hommes innombrables », leur restant planté
au cœur « comme un clou de tendresse[1] » (Lc 15). Il donnera
enfin au lien conjugal un prix particulièrement grand, non seulement en renforçant comme nul ne l'avait fait avant lui l'exigence de fidélité, mais encore en désignant Dieu lui-même
comme acteur du lien, impliquant, ce qui nous étonnerait si nous
n'étions pas trop habitués à l'entendre, l'action de Dieu lui-
même dans l'union de l'homme et de la femme.

UN CERTAIN VISAGE

Quelles formes historiques ces appels prendront-ils ? Des
formes variées. Dès les premières générations chrétiennes, selon
l'historien Peter Brown, se distinguent d'une part les « prédi-
cateurs itinérants » qui, en continuité avec l'appel du Christ aux
premiers disciples, avaient « tout quitté » pour prendre la grand-
route, d'autre part la majorité de ces pères et mères de famille,
qui assumaient les impératifs de la vie ordinaire, de la loi juive
pour certains, s'efforçant dans ce cadre de répondre aux appels
de la vie évangélique[2]. Ils vivaient ainsi en héritant des formes
de vie de la contrée où ils se trouvaient. C'est ainsi que, dans
un texte anonyme du IIᵉ siècle, l'*Épître à Diognète*, on peut lire :

> Les chrétiens ne se distinguent des autres hommes ni par le pays,
> ni par la langue, ni par les vêtements. […] Leur genre de vie n'a
> rien de singulier. […] Ils se conforment aux usages locaux pour

1. Charles PÉGUY, *Le Porche du mystère de la deuxième vertu* (1912),
Paris, Gallimard, « La Pléiade », Œuvre poétique, p. 624.
2. Peter BROWN, *Le Renoncement à la chair* (1988), trad. fr. Gallimard,
Paris, 1995, p. 68-72.

les vêtements, la nourriture et la manière de vivre, tout en manifestant les lois extraordinaires et vraiment paradoxales de leur république spirituelle. [...] Ils se marient comme tout le monde, ils ont des enfants, mais ils n'abandonnent pas leurs nouveau-nés. Ils partagent tous la même table mais non la même couche[1].

De fait, l'idéal chrétien de la famille, si idéal chrétien il y a, ne s'identifie à aucune des formes historiques qu'a pu prendre celle-ci. La famille chrétienne n'est ni la famille aristocratique, ni la famille paysanne, ni la famille bourgeoise, ni la famille patriarcale, ni la famille libérale. Depuis l'Évangile, la vie familiale des chrétiens a pris des formes très diversifiées. Pour ne citer qu'un exemple, en se limitant à l'Église d'Occident et au catholicisme, la forme chrétienne du mariage n'a pas mis moins de seize siècles à se former. C'est par des conciles du XIIIᵉ et du XVIᵉ siècle qu'a été définie la forme de la célébration du mariage ainsi que sa publicité et son caractère obligatoire[2].

Aucun modèle historique, même rendu normatif par les lois de l'Église, ne coïncide de soi avec les exigences évangéliques. Il est possible d'être marié, à la mairie et à l'Église, d'être fidèle, d'avoir une famille nombreuse, tout en vivant fort peu chrétiennement si la vie de cette famille repose sur un égoïsme collectif, la vanité et la priorité accordée au confort. Inversement, on peut avoir connu l'échec, vivre en situation irrégulière dans les domaines sexuel, matrimonial ou social tout en étant habité par la sainteté. On peut vivre une vie médiocre, voire païenne dans des formes consacrées par l'Église et on peut vivre le sommet de la vie spirituelle dans des formes désapprouvées par celle-ci. « L'homme regarde à l'apparence, mais Dieu regarde au cœur » (1 S 16, 7).

Cela dit, il apparaît quand même que les formes élues par l'Église ne l'ont pas été par hasard. Et que, comme nous l'avons rappelé au début, il n'est pas de vie chrétienne sans forme. L'appel évangélique, qui est appel aussi à entrer dans la logique du don, de la générosité et du service d'autrui ne peut pas ne pas s'incarner dans certaines manières de vivre, de préférence à d'autres. Et il est impossible que l'esprit des Béatitudes ou la manière dont saint Paul caractérise la vie dans l'Esprit n'indi-

---

1. *Épître à Diognète*, trad. fr. coll. « Sources chrétiennes », n° 33 *bis* ou coll. « Foi vivante », n° 224.
2. Conciles du Latran IV (1215), de Lyon (1274), de Trente (1563).

quent pas certaines orientations ou accentuations, qui seront autant de profils pour un visage chrétien de la famille. « Le fruit de l'Esprit est charité, joie, paix, longanimité, serviabilité, bonté, confiance dans les autres, douceur, maîtrise de soi » (Ga 5, 22) : cela donne un beau programme... Ces repères seront à la fois des exigences spirituelles pour les personnes et un levain culturel, sources de transformations historiques dont toute la société peut bénéficier, a bénéficié. De ces appels chrétiens sur la famille, je retiendrai quatre traits.

Un appel à la personnalisation des liens.

Dans beaucoup de cultures ou de mentalités, le lien conjugal est perçu d'un point de vue utilitaire (agrandir la propriété, faire vivre l'exploitation, continuer la lignée) ou alors, s'il est perçu dans une dimension plus symbolique, comme sacré, comme une institution qui dépasse totalement les personnes, en leur étant extérieure. Dès l'origine, dès saint Paul, l'invitation est : « Maris, aimez vos femmes comme le Christ a aimé l'Église et s'est livré pour elle » (Ep 5, 25). Lorsqu'on lit par ailleurs, dans les ouvrages historiques, que l'amour est devenu la valeur centrale du mariage au XVIIIe siècle, on mesure l'avance ! J'ai indiqué plus haut combien le rapprochement entre amour et mariage, deux notions longtemps non seulement disjointes, mais parfois même opposées, a été au premier chef le fruit du lent et patient travail de l'Écriture et de l'inspiration judéo-chrétienne. Entre maints autres exemples, citons seulement ce propos de Grégoire de Nazianze, au IVe siècle : « Ceux qui s'unissent dans la chair ne font qu'une âme et ils aiguisent leur piété par leur mutuel amour[1]. » Dans un article scientifique, on peut voir attribuer l'importance croissante accordée à l'« amour » aux XVIIe et XVIIIe siècles à la mise en œuvre de la discipline du concile de Trente et au développement de l'éducation chrétienne[2].

Deux autres idées relevant d'une éthique de la personne, qui, elles aussi, paraissent aller de soi aujourd'hui, ont également

---

1. Grégoire de Nazianze, *Éloge de la virginité*, cité in F. Quéré-Jeaulmes, *Le Mariage dans l'Église ancienne*, Éd. du Centurion, Paris, 1969.
2. Michel Bozon, in *La Famille, l'état des savoirs*, La Découverte, Paris, 1992, p. 50.

été promues par cette inspiration : la liberté et l'égalité. Contrairement à ce que répandent certains clichés, la promotion du sens de la liberté individuelle en général, dans le mariage en particulier, a été un des traits caractéristiques du christianisme. C'est ainsi que l'on vit, dès les premiers siècles, papes et évêques lutter pour qu'hommes et femmes puissent « prendre un conjoint de leur choix ». Au Moyen Âge, l'Église protégea longtemps les mariages dits « clandestins » pour affranchir les époux de la volonté de leurs parents. Dès l'origine, et bien avant, ici encore, que cela ne soit courant dans les mœurs, le mariage a été défini comme « l'engagement libre des époux[1] ».

Il en va de même pour l'égalité. Grégoire de Nazianze résume l'essentiel de l'apport biblique, de la Genèse à saint Paul, lorsqu'il affirme : « Le même créateur pour l'homme et la femme, pour tous deux le même limon, la même image, la même loi, la même mort, la même résurrection. Puisque nous naissons à la fois d'un homme et d'une femme, les enfants doivent le même respect à leurs deux parents[2]. » Lorsqu'elle s'est centrée sur l'essentiel de son apport, l'Église a défendu et promu cette égale dignité. *Nec domina, nec ancilla, sed socia* : « ni maîtresse ni servante, mais compagne »; cet adage d'Isidore de Séville (VIIe siècle) sera régulièrement repris. Dans son ouvrage *La Femme au temps des cathédrales*, Régine Pernoud fait bien apparaître qu'aux siècles de chrétienté, la femme était moins subordonnée à l'homme qu'aux temps de la Renaissance ou des Lumières.

Il faut bien voir que ces trois valeurs, amour, liberté, égalité (il faudrait ajouter aussi l'exigence de vérité), ne sont pas seulement les fruits d'un héritage. Chacune d'entre elles indique une tâche, un appel. Placer réellement l'amour – non seulement l'amour-*éros* mais l'amour-*agapê* – au centre de la vie du couple et de la famille est une exigence, en même temps qu'un don, de chaque jour. Cela suppose tout un travail de décentrement, d'allégement de soi, d'accueil de l'autre. Il en va de même pour les idées de liberté et d'égalité. L'une et l'autre sont toujours à reconquérir, à renouveler, et l'on sait que la seconde bien sou-

---

1. Voir Jean-Claude GUILLEBAUD, *La Tyrannie du plaisir*, Éd. du Seuil, Paris, 1998, et *La Refondation du monde*, Éd. du Seuil, Paris, 1999. Voir aussi G. MATHON, *Le Mariage des chrétiens*, et Jean GAUDEMET, *Le Mariage en Occident*, 1987.

2. Grégoire DE NAZIANZE, *Discours sur Matthieu 19*, in F. QUÉRÉ-JEAULMES, *Le Mariage dans l'Église ancienne*.

vent est loin d'être réalisée, dans les foyers chrétiens comme dans les autres, aujourd'hui.

L'indissolubilité du lien conjugal.

Qu'elle soit ou non facilement recevable, cette exigence est une des marques distinctives du mariage chrétien. L'interdit de la répudiation, accompagné de la formule : « *Ce que Dieu a uni, que l'homme ne le sépare pas* », figure parmi les paroles les plus originales de l'Évangile. On ne saurait le reléguer au second plan. Même s'il a suscité beaucoup de débats dans l'Église, au cours des neuf premiers siècles et à nouveau aujourd'hui, il définit un cap, c'est-à-dire à la fois une exigence spirituelle et une norme. Déjà le peuple du Premier Testament, qui admettait la répudiation, entendait, par le prophète Malachie, Dieu lui dire : « Je hais la répudiation » (Ml 2, 16). Dans la ligne de la personnalisation du lien, mais parfois en tension avec elle (car il y a une objectivité de l'exigence), le mariage selon le christianisme est une école de fidélité à l'unique, une entrée progressive dans le mystère de l'amour unique. De même que Dieu est l'unique Seigneur, de même, apprendre sur terre à vivre avec une même personne au fil des années, à vieillir ensemble en s'aimant est-il une école d'unicité. Au demeurant, les enjeux de cet interdit sont aussi tout simplement éthiques : il s'agit de se mettre en situation d'aimer l'autre inconditionnellement, c'est-à-dire pour lui-même (elle-même), non seulement pour le bénéfice que l'on en retire. Il s'agit aussi d'offrir aux enfants le bien particulièrement précieux du roc que sera pour lui le lien solide entre ses parents[1].

La place accordée à l'enfant.

Parmi les traits caractéristiques des comportements et des paroles de Jésus, figure son attitude à l'égard des enfants. Nous savons comment il accueillait ceux-ci qui, à l'époque, étaient souvent tenus pour quantité négligeable, non sujets de droit (le même mot, en latin, *puer*, dit « enfant » et « esclave »). Ses

---

1. Sur l'articulation entre les fondements éthiques et les fondements théologiques de l'indissolubilité, je renvoie à mon article : « L'éthique de l'unicité, une particularité chrétienne ? », in *Théophilyon*, III, 1, 1998.

disciples croyaient bon de les rabrouer; « ce que voyant, Jésus se fâcha et leur dit : "Laissez venir à moi les petits enfants; ne les empêchez pas, car c'est à leurs pareils qu'appartient le Royaume de Dieu" » (Mc 10, 14). En Matthieu, il a ces paroles qui conduisent très loin dans l'émerveillement : « Gardez-vous de mépriser aucun de ces petits car, je vous le dis, leurs anges dans le ciel se tiennent constamment en présence de mon Père qui est aux cieux. » Il a prononcé auparavant cette mise en garde redoutable : « Si quelqu'un scandalise l'un de ces petits qui croient en moi, il serait préférable pour lui de se voir suspendre autour du cou une de ces meules que tournent les ânes et d'être englouti en pleine mer » (Mt 18, 5-10). Parole redoutable, disais-je car, aujourd'hui encore, combien de conduites d'adultes ne sont-elles pas, pour les enfants, « scandale », c'est-à-dire « occasion de chute »!

Dans le monde gréco-romain, un des traits spécifiques des juifs et des chrétiens fut le double refus de l'infanticide et de l'avortement. Ensuite, à travers l'histoire, ce sera l'une des caractéristiques de l'action de l'Église, de celle des communautés religieuses et des grandes figures de sainteté que de promouvoir la protection et l'éducation des enfants. Évoquons les noms de Vincent de Paul, Philippe Néri, Jean-Baptiste de la Salle, Dom Bosco, Jean-Claude Colin, Nicolas Barré et de tant d'autres[1]. Pour ne citer qu'un exemple, l'historien Philippe Ariès pourra attribuer la plus grande attention accordée à la personnalité de l'enfant à partir du XVIIe siècle à une « christianisation des mœurs plus profonde[2] ». Aujourd'hui encore, dans sa *Lettre aux familles*, Jean-Paul II invite à mettre l'enfant au centre des critères d'évaluation des normes et des conduites. « Cela est-il bon pour l'enfant? » Quel est le meilleur pour lui, pour sa croissance psychique et spirituelle? Ces questions figureront parmi les critères de discernement décisifs, car l'attention aux enfants est une des premières formes d'attention aux petits, aux tout-petits.

---

1. Voir Luc BUSSIÈRE, *Les pierres crieront*, Éd. J. F. Oberlin, Mâcon, 1998.
2. Philippe ARIÈS, *L'Enfant et la vie familiale sous l'Ancien Régime* (1973), Points-Éd. du Seuil, Paris, p. 66.

L'appartenance à un corps plus vaste.

La famille risque toujours de se replier sur elle-même. Elle peut même être totalitaire si elle se prend pour le tout, si elle prétend être à elle-même sa propre fin. L'Évangile, nous l'avons entendu, appelle non seulement à désacraliser les liens familiaux, mais à les situer dans un ensemble plus vaste qui est, pour ce qui concerne la vie chrétienne, celui de la communauté où se vit et se signifie l'accueil du Royaume de Dieu. On parle souvent, à propos de la famille, de *cellule* (« cellule de base de la société », par exemple). Mais il faut prendre conscience qu'une cellule ne vit que si elle participe à la vie d'un corps plus vaste. Une cellule isolée aura toutes chances de mourir. Ce plus grand corps est, pour les chrétiens, le corps ecclésial. Être greffés sur la vie d'un corps moins anonyme et moins éclaté que le corps social collectif est pour les croyants une chance inestimable, dont ils ne sont pas toujours assez conscients. Il y aurait beaucoup à dire sur ce que les relations familiales, conjugales, parentales, doivent aux échanges, à la communication, à la communion avec d'autres groupes, d'autres familles. La famille aura beaucoup plus de chances d'être une communauté si elle appartient elle-même à une communauté dont la vie viendra élargir, nourrir, renouveler ses propres relations. On pourrait énoncer ici en termes très concrets tout ce que les liens familiaux, pour la transmission en particulier, reçoivent des mouvements, associations, paroisses, fraternités, équipes, communautés et autres lieux de ressourcement qui constituent la trame et le tissu de la vie ecclésiale. Si l'on se place du point de vue fondamental, la substance spirituelle de qui se donne en celle-ci, par des sacrements notamment, ouvre sur une vie plus grande, à la fois plus haute et plus large. Le baptême, l'eucharistie, le sacrement de mariage sont inséparablement sacrements de la grâce divine et de la vie ecclésiale, par la foi et par la communion fraternelle.

Intégrée, cette famille sera également intégrante. Elle n'accueillera pas que des proches et des semblables. Elle saura se faire accueillante à ceux qui pourront trouver en elle un hâvre de paix, la famille qui leur aura fait défaut. Par l'adoption, par l'hospitalité, par l'invention de formes originales de réjouissance et de solidarité, elle sera un « foyer » au sens le plus riche du terme, c'est-à-dire, mieux qu'un lieu d'un confort intimiste, un foyer de rayonnement et de chaleur. Ici encore, l'appel de l'Évangile est très clair : « Quand tu donnes un déjeuner ou un dîner, ne convie ni tes amis, ni tes frères, ni tes parents, ni de riches voisins, sinon eux aussi t'inviteront en retour, et cela te sera rendu. Au contraire, quand tu donnes un festin, invite des pauvres, des estropiés, des boiteux, des aveugles, et tu sera heureux parce qu'ils n'ont pas de quoi te rendre : en effet, cela te sera rendu à la résurrection des justes » (Lc 14, 12). Occasion nous est donnée de souligner l'importance des repas dans les évangiles… et dans la vie familiale. Mais qui agit ainsi ?

AU-DELÀ DU MODÈLE

Plus que par un « modèle » au sens sociologique ou institutionnel du terme, la famille chrétienne se caractérise donc d'abord par un « esprit ». Comme toute famille, elle est porteuse d'un « mystère », au sens où François Mauriac évoquait le *mystère Frontenac*. Or, en son sens biblique, ce mot désigne la « révélation d'un secret ». Le secret est celui d'une inspiration, d'une présence qui non seulement relie les membres, mais les appelle et les dynamise. La famille d'inspiration chrétienne n'est pas seulement un groupe, une cellule, une structure, mais une *communauté* au sens fort, c'est-à-dire un lieu de communion. Sans que ses faiblesses, ses limites, ses pauvretés ne disparaissent, elle est habitée par plus grand qu'elle. Obscurément, ses membres pressentent qu'en ce qui les lie et les relie est présent un « grand mystère », selon l'expression de saint Paul (Ep 5, 32). Avec émotion ils devinent, dans la fragilité de leurs liens, dans la maladresse de leur communication, dans la solidarité plus forte que le temps qui les tient, la présence d'une vie qui prend sa source dans une vie plus grande, encore plus bouleversante, qui est don, don total entre des personnes, vie que les croyants nomment et reconnaissent comme *trinitaire*. La communion entre les personnes, ce qu'elles vivent de don authentique, est le fruit et le signe de leur entrée dans un mouvement de don encore plus originaire, celui de l'Esprit, qui n'est autre que la relation même entre la Source de la vie et son Verbe, entre le Père et le Fils. « *Au Dieu Trinité correspond l'homme communion* » a pu écrire Olivier Clément. En veillant bien à ne pas transposer de manière simpliste le schéma familial dans la vie divine, il faut tout de même relever que le symbolisme retenu par l'Écriture et par la théologie est d'origine familiale : Dieu Père et Fils, l'Église mère, la vie fraternelle...

Ainsi la vie familiale est-elle à la fois révélatrice et révélée : révélatrice parce que, dans ce qu'elle a de plus authentique, elle manifeste quelques traits, quelques notes, de la vie divine, révélée parce que l'accueil de celle-ci découvre et indique de nouvelles dimensions du mystère familial. En christianisme, la vraie vie n'est pas personnelle seulement, elle n'est pas impersonnelle, elle est supra-personnelle[1]. Elle est relation au sens le plus fort, c'est-à-dire réciprocité du don. Il est, bien sûr, d'autres lieux où cela se réalise, diverses formes de communion ou de communauté, mais reconnaissons que la famille est l'un des tout premiers lieux où il est à la fois « naturel » et « surnaturel » de le vivre.

Il s'agit là d'un appel car, encore une fois, la famille peut tout aussi bien être le lieu d'autres choses. Mais nous vivons ce que Platon appelait la « vie mélangée » : le meilleur au sein de la médiocrité, le pur au sein de l'impur, la sainteté elle-même au milieu du péché. Ce mélange contrasté est caractéristique de la vie familiale. Très concrètement, si nous revenons aux « traits » énoncés plus haut, il apparaît qu'une famille peut être faible ou défaillante pour tel d'entre eux mais éveillée et dynamique pour tel autre de ceux-ci. Dans telle famille, par exemple, le sens de l'unicité du lien d'alliance aura pu être pris en défaut ou buter sur un échec, tandis que celui de l'appartenance à un corps plus vaste, celui de l'accueil du petit ou celui des exigences de l'amour interpersonnel pourront être fortement réalisés. Inversement, on peut être irréprochable quant à la fidélité et défaillant à l'égard des autres traits.

Il ne suffit donc pas de dire l'idéal, encore que parfois cela puisse être utile. Plutôt que d'« idéal », terme que l'on peut trop facilement reléguer dans les nuées, je préfère parler de *cap*. « Il n'est nul bon vent pour celui qui ne sait où il va », disait Sénèque. Mais il importe tout autant de proposer des ressources, des moyens et des appuis qui rejoignent chacun au stade où il en est, et cela aussi bien *en amont* des difficultés qui ne man-

---

1. Expression de Jules MONCHANIN, reprise par Emmanuel GABELLIERI in « Mystique et christianisme chez Simone Weil et Jules Monchanin », *Théophilyon*, III, 2, 1998, p. 469.

queront pas de surgir qu'*en aval* de celles-ci. En amont se tiendra le travail d'accompagnement, de conseil, d'écoute, d'aide à l'intégration et au partage. Travail aussi d'éducation, de préparation à la vie conjugale, d'aide à la fonction parentale. Au sein même des crises et des difficultés les plus graves, la parole chrétienne sera une parole d'*espérance*. L'espérance est le contraire du fatalisme. Il n'y a pas de fatalité des passions, des malentendus, de la guerre. De nouveaux départs sont toujours possibles. « On a vu souvent rejaillir le feu de l'ancien volcan qu'on croyait trop vieux. » Beaucoup aiment chanter cela. Qui le croit vraiment ? L'offre d'un ressourcement spirituel pourra aider à croire en ce rejaillissement du feu.

Mais, pour repartir, pour refonder le couple, il faut être deux. Deux à le croire possible, à le vouloir, ce qui complique singulièrement les choses ! Il arrive alors que la renaissance du lien paraisse impossible. Il faut commencer par rappeler que ce qui semble à vues humaines impossible peut se réaliser avec le secours de la foi et de la grâce. Je pourrais vous raconter ici plusieurs récits ou témoignages directement entendus. N'oublions pas que l'ensemble des textes dans lesquels se trouve inséré l'appel de Jésus à l'indissolubilité se termine par : « Pour les hommes, c'est impossible, mais à Dieu tout est possible » (Mt 20, 26).

Il peut arriver toutefois que la bonne volonté et la foi ne suffisent pas. En termes théologiques, l'action de la grâce n'abolit pas les limites de la nature[1]. L'un des deux conjoints peut rester obstinément fermé, refuser de faire revivre le lien. C'est alors le mystère du refus de l'amour, de la non-réponse à l'offre d'alliance. Je parle ici encore de « mystère », car de cela le Dieu biblique a connu l'épreuve. Ce n'est là qu'une des situations dans lesquelles l'échec ou la mort du lien, à vues humaines doit être reconnu. Il se peut même que la séparation soit légitimement vécue comme une libération, un soulagement.

En aval de ces situations d'échec et de rupture, l'offre chrétienne n'est pas interrompue pour autant. Elle affirme tout d'abord que la séparation n'est pas, de soi, le divorce, c'est-à-dire la dissolution du lien. Dans un grand nombre de cas, si le lien d'alliance a réellement été contracté, devant Dieu, et avec

---

1. « La grâce ne supprime pas la nature, mais elle la perfectionne. » Adage repris par SAINT THOMAS D'AQUIN, in *Somme théologique*, Ia, q. 1, art. 8 et q. 2, art. 11.

tout ce que cela implique affectivement, charnellement et spirituellement, il serait vraiment superficiel d'affirmer qu'il n'en reste rien. On peut croire et reconnaître qu'il ne reste pas rien du lien conjugal, tout en s'avouant ou se trouvant dans l'incapacité pratique de mener une vie commune, sous le même toit. Hautement respectable sera, dans ce contexte, la voie de la fidélité à la dimension sacramentelle du lien, par-delà même la séparation. Je songe ici à cette forte parole de Denis Sonet : « Il n'est personne qui soit plus signe de la fidélité de Dieu qu'un divorcé fidèle. »

Si l'Église continue à prôner cette voie, elle comprend aussi que, de fait ou en conscience, certains aient été conduits à se remarier. Une telle option, certes, ne doit pas être idéalisée. Nous savons quelles difficultés pourront avoir certains, les enfants notamment, à trouver leur place dans ces familles dites « recomposées ». Nous n'oublions pas non plus ceux qui restent, solitaires, sur le côté de la route des prétendus « nouveaux modèles familiaux ». Mais il est vrai aussi que de nouveaux départs sont possibles, des voies inattendues pour l'espérance. En me plaçant du point de vue de la responsabilité ecclésiale, j'évoquerai seulement ici ce que j'appelle le *service des liens au-delà de la brisure du lien*, et cela dans plusieurs directions : dans la préoccupation d'une relation d'équité avec l'ex-conjoint ; dans le souci du maintien de relations entre les enfants et le parent absent ; celui de la qualité des relations dans le nouveau foyer (notamment entre beaux-parents et enfants) ; dans le maintien de la vitalité des liens ecclésiaux ; celui de liens de solidarité, particulièrement à l'égard des foyers dits monoparentaux, qui sont souvent en situation de précarité. Si l'on prête attention à tous ces enjeux, on voit que le champ déborde largement la question de l'accès aux sacrements, problème qui ne serait pas si envahissant s'il était bien posé. Quelle que soit la réponse apportée à celui-ci, nombre de préoccupations et de tâches demeurent. Un remarquable document du service de Pastorale familiale du diocèse de Montréal présente ainsi un des moments de son action : « On commence d'abord par réveiller l'espérance de vivre avec tout ce qui est possible aujourd'hui, avant de regarder seulement ce qu'on a perdu ou ce qu'on voudrait avoir[1]. »

---

1. « La pastorale des familles brisées », in *Documents épiscopat* (France), n° 17, novembre 1994 et Médiaspaul, Montréal, 1995.

Si l'unicité, c'est-à-dire la fidélité à l'unique est l'un des biens essentiels du mariage chrétien, elle n'est pas le seul. D'autres valeurs, telles la solidarité, l'entraide, la délicatesse, la fidélité et la fécondité peuvent y être présentes. Même non sacramentelle, une union peut être vécue spirituellement à travers des relations de grande qualité. Comme le dit Jacques Nourrissat, « en toute situation, il y a un appel à la sainteté ».

Entre autres ressources étonnantes, le message chrétien contient celle d'être capable aussi bien de proposer un cap, des choix fondamentaux, que d'être présent à des situations et à des formes historiques très diverses. Par-delà la diversité des formes de vie, l'Église sera fidèle à sa mission si elle parvient à mener de front trois attitudes : *accompagner* toutes les situations ; *promouvoir* des formes nouvelles ou innovantes face aux limites ou aux stérilités des nouveaux conformismes ; *désapprouver* les formes qui iraient à l'encontre du bien des personnes, du bien commun et, tout particulièrement, du bien des enfants (tel le choix délibéré de la monoparentalité, ou de la précarité du lien, ou encore du mariage entre personnes du même sexe). Au demeurant, si nous sommes conduits à affirmer que certaines formes de vie familiale sont préférables à d'autres, il est à noter que ce n'est pas toujours pour des raisons directement évangéliques. Ce peut être pour des raisons proprement éthiques, c'est-à-dire en raison d'enjeux humains, de la prise en compte de biens humains fondamentaux. Les chrétiens peuvent donc être conduits à soutenir des institutions humaines, tel le mariage civil, et à prendre en considération la valeur du droit. Il y aura toujours une tension, un écart même parfois, entre ce qui relève de l'annonce du Royaume ou de l'appel à la sainteté et la proposition de valeurs éthiques ou sociales. Mais il nous faut tenir ces deux pôles ; car c'est cela l'*incarnation*, et la famille est l'un des tout premiers lieux de notre incarnation.

*

Bibliographie sélective.

Jacques JULLIEN, *Demain la famille*, Mame, Paris, 1992.
Godfried DANEELS, *Familles, Dieu vous aime*, Nouvelle Cité, 1991.
France QUÉRÉ, *La Famille*, Éd. du Seuil, Paris, 1990.
Jean GAUDEMET, *Le Mariage en Occident*, Éd. du Cerf, Paris, 1987.
JEAN-PAUL II, *Les Tâches de la famille chrétienne*, Exhortation apostolique, 1981.

De l'auteur.

« Christianisme, lien social et lien familial », in *La Famille, lieu d'amour et lien social* (70ᵉ semaine sociale, 1995), Bayard-Éditions, Paris, 1996.
« L'éthique de l'unicité, une particularité chrétienne ? » in *Théophilyon* n° III, 1, 1998.

CHAPITRE IX

ÊTRE PÈRE À L'IMAGE DE DIEU

« *Maintenant entre moi et les hommes il y a ceci de changé :
que je suis père de l'un d'eux.* » Cette exclamation de Paul
Claudel indique le caractère tout à fait singulier, étonnant de
la relation paternelle[1]. De la relation maternelle aussi, bien
sûr, même s'il n'est pas certain qu'une mère s'exprimerait
exactement de la même manière. Ce qu'il y a de changé entre
cet homme et ses semblables est que le fil de la vie de l'un
d'entre eux est passé par la sienne, par son corps. Une impressionnante proximité avec les sources de la vie. En découle la
conscience d'une responsabilité aiguë, d'une rare acuité,
puisque le sujet devient responsable d'un autre sujet, non seulement de ce qu'il fait ou devient, mais de ce qu'il est, de ce
qu'il vit.

À l'audition de cette phrase, certains ont pu avoir quelque
réticence : n'est-elle pas quelque peu hyperbolique, le poète
n'exagère-t-il pas ? Peut-il dire en vérité que sa relation aux
autres hommes soit en elle-même changée ? Un certain orgueil
démiurgique ne risque-t-il pas de se glisser ? L'existence d'un
autre m'a traversé, mais de celui-ci je ne suis tout de même
pas à l'origine ! Je ne l'ai pas fabriqué, je ne l'ai pas produit.
Que l'on se rassure : l'exclamation est incluse dans un texte
plus vaste, qui est une prière de bénédiction.

Soyez béni, mon Dieu, parce que je ne demeure point unique et
que de moi naît quelque chose d'étranger. De ce corps, il naît

---

1. Paul CLAUDEL, *Cinq grandes odes* (1908), Troisième ode, Paris,
Gallimard, « La Pléiade », p. 259.

une âme et de cet homme extérieur et visible, je ne sais quoi de secret et de féminin[1], avec une étrange ressemblance.

Étrange alliage, en effet, de différence et de ressemblance. D'un côté, le père est convié à une impressionnante responsabilité, de l'autre il est confronté à une altérité qui le renvoie à l'altérité de Dieu. On est en droit, bien sûr, de regretter que Claudel ne mentionne pas davantage une autre différence, une autre altérité, celle de son épouse, qui est la mère. Il est ainsi, c'est sa manière. Sur cette altérité et sur son rapport avec l'altérité divine, nous aurons à revenir. Toujours est-il que le père, ici, se tourne vers la Source, qui est aussi sa propre origine. Il dit sa propre filiation. Sa conscience d'être père renforce celle d'être fils. Là est sans doute le secret de ce qui l'aide à surmonter un double écueil, celui de la *dissolution* du lien paternel comme celui de son *absolutisation*. Aussi bien l'oubli de ce que ce lien a d'original, d'étonnant, de mystérieux que l'orgueil narcissique et l'illusion de toute-puissance.

Le sens religieux de la paternité permet d'éviter ce double écueil. L'étymologie la plus courante du mot « religieux » renvoie au latin *re-ligare*, qui signifie « relier ». Avoir le sens religieux de l'existence, c'est se concevoir, s'éprouver en profondeur comme lié, relié. Plus littéralement encore, dans le préfixe « re », on trouve l'idée de retour en amont, de remontée à une altérité d'origine. Une des intuitions premières de cet exposé est celle d'une affinité entre le sens de la paternité et celui du sens religieux de l'existence. *Au fond, le lien paternel est un lien religieux*. Négativement, cela se traduit par la corrélation entre la fragilisation du lien paternel et celle du sens religieux de l'existence. Lorsque j'entends le mot « fils » ou « fille », j'entends le mot « fil ». Le lien est comme un fil, un ensemble de fils qui relient le fils ou la fille à leur père et à leur mère. Être fils ou fille, c'est d'abord recevoir la vie comme don. Don reçu, mais aussi don donné. C'est éprouver que nous ne sommes ni à l'origine ni au terme de notre vie, et que celle-ci est appelée à aller plus loin que nous.

« Religieux », toutefois, est une notion très large. Et dans la religiosité « naturelle », c'est-à-dire spontanée, celle que les religions révélées nomment « païenne », beaucoup de choses

---

1. Il s'agit en effet de sa fille aînée.

sont mêlées. Il peut s'y trouver l'intuition de ce que nous venons d'exprimer, mais aussi une tendance à la sacralisation, c'est-à-dire à l'absolutisation, la divinisation de réalités humaines. Divinisation, par exemple, d'une image du père associée à celle de la puissance, voire de la toute-puissance. « Père », « Maître », « Seigneur », « Baal » ont été synonymes dans certaines langues… Bien avant le peuple de la Bible et autour de celui-ci, divers peuples ont appelé leur dieu « Père ». « El », le dieu suprême du panthéon cananéen était un roi-père. C'était un dieu viril, épousant et fécondant des déesses ou des femmes humaines. Il y aura bien du chemin à faire, un écart à creuser entre cette divinisation de la puissance virile ou patriarcale et la reconnaissance par Révélation du Dieu caché, mystérieux et Tout-Autre comme Père. Cela suppose tout un cheminement, un affinement du sens de la paternité comme de celui du divin. Telle sera une des idées majeures de cette conférence : que la révélation peut et doit être *réciproque* entre le sens humain et le sens divin de la paternité. Ce sera l'objet de la seconde partie. Auparavant, nous comparerons deux manières de poser la question de la puissance dans la relation.

D'ŒDIPE À ISAAC OU LE MEURTRE DÉPASSÉ

On peut dire que Freud, en érigeant en paradigme l'histoire de ce fils qui a tué son père et épousé sa mère a mis en avant au seuil du XXe siècle une des figures emblématiques de celui-ci. Le meurtre du père est certainement un des thèmes clés de notre culture. On pourrait de celle-ci tirer ce qu'un journaliste a pu appeler une véritable « anthologie du parricide ». Que l'on songe à Kafka, Gide, Céline, Sartre, Marcuse, Yves Navarre… L'image du père est celle d'un tyran dont il faut s'affranchir. On fera remarquer – et c'est important – que, chez Freud, c'est d'un père imaginaire qu'il faut s'affranchir, d'une toute-puissance opprimante qu'il faut se libérer effectivement. Mais le père, même dans sa fonction bénéfique (on parlera de « père symbolique »), est essentiellement celui qui empêche, celui qui interdit. Il demeure au fond *le rival*, celui qui possède le « phallus », symbole de la puissance. Aussi Freud peut-il affirmer que chacun doit « devenir à lui-même son propre père ». Ce pourrait être là une des phrases les plus caractéristiques de la culture du XXe

siècle. On trouve le même postulat fondamental dans l'existentialisme sartrien : le fameux axiome selon lequel « l'existence précède l'essence » signifie que chacun doit inventer son existence, la créer, s'autocréer, hors nature. (Or « naturel » veut dire « natif », ce qui est reçu de naissance.) Bref, chacun est invité – ou, plutôt, est voué – à devenir un *self made man*.

Proche de ce courant, René Char écrit avec plus de finesse : « *Notre héritage n'est précédé d'aucun testament*[1]. » Nous sommes héritiers, mais il n'y a pas de testament. Notre génération redécouvre l'importance des racines, de la transmission, mais, le plus souvent, sur un mode nostalgique, en faisant constat d'impuissance. Comment transmettre ? Difficile défi, et nous nous sentons très démunis pour le relever. La filiation est redécouverte de bas en haut, vers l'amont, vers le passé, du point de vue généalogique qui connaît paraît-il un regain d'intérêt, mais demeure difficile de haut en bas, vers l'aval, vers l'avenir.

Pour en revenir au mythe, n'oublions pas que l'histoire d'Œdipe a commencé dans la tête des parents. Ils ont entendu un oracle annoncer que cet enfant accomplirait les deux abominables crimes que nous savons. Se sentant menacés, ils l'ont abandonné en plein désert, le vouant à une mort probable et souhaitée. L'Œdipe prend naissance chez les parents, la psychanalyse confirme cela. Or, c'est bien le dépassement de l'idée de tuer le fils que raconte le récit du chapitre 22 de la Genèse, que nous avons coutume d'appeler « le sacrifice d'Isaac » mais qu'il serait plus juste d'appeler « le *non-sacrifice* d'Isaac » ou, comme nous le verrons, « le sacrifice d'Abraham ». Les juifs parlent de l'*Akeda* d'Isaac. Le terme hébreu signifie « ligotage ». Isaac a été lié pour être offert à Dieu. Mais Abraham a découvert, par l'intermédiaire d'un ange, qu'*offert* ne veut pas dire *sacrifié*. À la place de l'agneau dont il a été question dans le dialogue entre le père et le fils, à la place du fils lui-même, il offre un bélier. Selon la suggestion de Marie Balmary, il n'est pas interdit de voir dans le bélier le symbole de la puissance masculine, de la puissance paternelle naturelle. C'est cette puissance qu'il a sacrifiée. Ce n'est donc pas le fils qui a été sacrifié, mais une certaine image du lien, une certaine forme d'illusion, de possession du fils par le père.

---

1. René CHAR, « Feuillets d'Hypnos », *Fureur et mystère* (1944), Paris, NRF-Poésie.

Ce récit est donc l'histoire d'un dépassement, mieux, d'un recouvrement après renoncement. Selon Kierkegaard, qui a magnifiquement interprété ce texte[1], Abraham est à admirer moins pour avoir accepté l'idée de sacrifier son fils que pour avoir su *le recouvrer après y avoir renoncé*. Déjà, dans les chapitres précédents, il avait reçu la naissance d'Isaac, « l'enfant du rire », comme miraculeuse. Dans la présente scène, il reçoit une seconde fois son fils, il revit le même mystère, celui du renoncement à la puissance paternelle. C'est un thème récurrent dans la Bible, au livre de la Genèse en particulier, où il est beaucoup question de génération (comme le titre dont nous héritons l'indique déjà), que ces histoires de cadets qui supplantent les aînés, de femmes stériles qui deviennent enceintes... De diverses manières on y trouve une critique de l'idéal monarchique ou patriarcal, d'une conception du lien comme seulement naturel ou culturel. Critique finalement de l'idolâtrie des liens du sang, de l'illusion d'une continuité entre le père et l'enfant. Dans un beau midrash du Talmud, un disciple demande à son maître : « Pourquoi lisons-nous toujours « Je suis le Dieu d'Abraham, le Dieu d'Isaac et le Dieu de Jacob », et non pas « ... le Dieu d'Abraham, Isaac et Jacob » ? Réponse du maître : « parce que Dieu se révèle individuellement à chacun ». Affirmation d'une discontinuité entre les générations, entre les sujets, d'une brèche par laquelle passe non seulement la Révélation de Dieu mais le don de la vie. Entre Abraham et Isaac, entre le père et le fils est passé le couteau. C'est exactement dans cet esprit que Jésus affirmera : « *Je ne suis pas venu apporter la paix, mais la division* » (Luc 12). En Matthieu 10, à la place de *diamerismon*, « division », nous trouvons *makeiron*, le « couteau ».

Dans la brèche ainsi ouverte entre les générations, se glisse le rappel que *le père n'est pas l'origine de son fils*, que le fils n'est pas la propriété du père. Avant de dire « je suis fils de untel » ou même « je suis fils d'Abraham », comme en Jean 8, chacun pourrait et devrait dire d'abord : « Je suis fils ou fille de Dieu ». Ainsi la paternité humaine n'est-elle pas absolue. Oui, comme l'exprimait un philosophe italien, « un père et une mère terrestres qui se poseraient comme absolus déchaîneraient des contractions

---

1. Soeren KIERKEGAARD, *Crainte et tremblement* (1843), Aubier-Montaigne, Paris, 1952.

œdipiennes et sèmeraient des aliénations[1] ». Marie Balmary est plus radicale encore. Elle va jusqu'à affirmer que « personne sur terre n'est le père ou la mère d'un sujet », c'est-à-dire l'origine, la source d'un sujet ou encore d'une « âme ». Elle ne dit pas autre chose que le *Catéchisme de l'Église catholique* au paragraphe 366 : « L'âme spirituelle, immédiatement créée par Dieu, n'est pas produite par les parents. »

L'enfant naît par les parents, mais il ne naît pas de ses parents. Les parents sont procréateurs, placés entre le Créateur et leur enfant. Ils se tiennent devant le Créateur, mais ils ne sont pas eux-mêmes créateurs. L'action du Créateur passe par eux, à travers eux, à travers leur corps, leur désir et leur liberté, mais ils n'en sont pas la source. Ils ne seront parents en vérité que s'ils reconnaissent cela. Un autre psychanalyste, qui est aussi juriste, Pierre Legendre, accomplit un pas de plus, un peu unilatéral peut-être, donnant à penser : « Il n'y a pas de pères. Il n'y a que des fils. » Il veut dire qu'au sens absolu, sur terre, il n'y a pas de « père ». Absolument, nous sommes fils alors qu'absolument nous ne sommes pas pères : cela peut ou non nous arriver, mais radicalement, ultimement, devant Dieu, nous sommes frères (ou sœurs) de nos enfants. Ainsi donc, philosophie et sciences humaines confirment ce que nous recevons de l'Écriture, à travers les propos de Jésus et Paul en particulier. Du premier : « *N'appelez personne sur terre « père », car vous n'avez qu'un Père : celui qui est dans les cieux* » (Mt 23, 9). Du second : « *Je fléchis les genoux en présence du Père, de qui toute paternité, au ciel et sur terre tire son nom* » (Ep 3, 15). (En hébreu, « nom » désigne l'essence, l'être.) Oui, nos paternités humaines ne sont telles que par participation et à l'image de la paternité mystérieusement révélée comme divine.

Il s'agit donc de reconnaître une double filiation : humaine et divine. Cette dernière est celle d'une créature devenue enfant de Dieu par adoption. La personne appartient à l'ordre de la création, c'est-à-dire à l'ordre de ce qui n'est pas Dieu, et voici qu'elle reçoit, non par nécessité mais par don (par « grâce »), une vie plus intérieure que sa vie naturelle, la vie absolue qui vient de Dieu. Ainsi notre filiation divine n'est-elle pas exactement naturelle, comme une source qui s'écoulerait en une rivière : entre la Source et nous il y a un acte, celui du don,

---

1. Roberto Nebuloni, in *La Famille, des sciences à l'éthique*, Paul Moreau dir., Bayard-Éditions, Paris, 1995, p. 230.

auquel répond un autre acte, la réception. Être fils, c'est entrer dans un certain dynamisme, qui est celui de la vie spirituelle au sens fort, celui de la vie inspirée par l'Esprit. C'est accueillir l'Esprit Saint, que Basile de Césarée appelle « l'Esprit de la filiation ». « *Ceux-là sont fils de Dieu qui sont conduits par l'Esprit de Dieu* » (Rm 8, 14).

Il est possible d'affirmer, qu'en un sens nous *naissons* enfants de Dieu. Tel est, au chapitre 1 de la Genèse, le sens de l'expression : *à notre image, comme notre ressemblance*. En effet, plus loin, au chapitre 5, après l'épisode de Caïn et Abel, nous pouvons lire : « *Quand Adam eut cent trente ans, il engendra un fils à sa ressemblance, comme son image.* » L'expression désigne donc bien la filiation. Celle-ci peut se comprendre aussi et d'abord à partir de la conviction spirituelle de recevoir de Dieu, depuis notre naissance, notre vie la plus intime. Mais la tradition chrétienne affirme aussi et surtout que nous *devenons* enfants de Dieu ou, plus précisément, que nous sommes appelés à le devenir, en entrant réellement, existentiellement, dans le dynamisme de sa vie, qui est celui de l'Esprit. La paternité divine, à travers le Premier Testament, est plus une paternité adoptive qu'une paternité de génération. « *À ceux qui l'ont reçu, il a donné le pouvoir de devenir enfants de Dieu* » (Jn 1, 12).

Nous sommes donc invités à vivre et penser d'abord le mystère de la filiation. Ne pouvant pas nous représenter l'Origine, la seule voie qui nous soit offerte est d'expérimenter et comprendre ce que signifie être fils ou fille. « La filiation consiste à nous recevoir de notre origine en consentant à vivre activement la disposition fondamentale de l'accueil. » Le psychologue et théologien Jean-Claude Sagne dit ici l'essentiel[1]. *Notre origine* : nous sentons bien que ces termes ne renvoient pas seulement à notre naissance, à l'événement de notre conception, mais à notre vie spirituelle présente, au Principe de celle-ci, à une source que l'on ne saurait localiser, qui ne peut être circonscrite en la personne ou dans le corps de notre père humain, que celui-ci soit vivant ou mort. Nous recevons la « vie de notre vie[2] » d'une source cachée à laquelle ce père humain lui-même puise et a puisé.

---

1. Jean-Claude SAGNE, *La Loi du don*, PUL, Lyon, 1997, p. 250. Voir aussi *Viens vers le Père*, Éd. de l'Emmanuel, Paris, 1998.
2. Expression de SAINT AUGUSTIN dans *Les Confessions*.

Il importe toutefois de souligner ici que ces deux voies de notre filiation, humaine et divine, ne sont pas à opposer. Dissocier l'une et l'autre, penser l'une contre l'autre serait dommageable, et même grave. Tentation que Xavier Thévenot n'hésite pas à qualifier de « diabolique », selon l'étymologie de ce terme, qui vient de *dia-bolos*, « ce qui sépare ». Il se vérifie au contraire que plus je reçois la révélation de qui est le Père, plus je suis appelé et rendu apte à découvrir ou redécouvrir mon père humain. Plus je deviens enfant de Dieu, mieux j'accueille mon père humain tel qu'il est, dans les richesses de ce qu'il m'a donné comme dans ses pauvretés. Les unes et les autres me deviennent plus sensibles. Et, réciproquement, mieux je vis mes liens de filiation humaine, dans une relation juste et vraie à mon père et à ma mère, mieux je suis disposé à entendre en leur vérité ces mots : Dieu est père[1]. La conscience de chacune de ces deux filiations est rendue plus juste, aiguisée et équilibrée, ou même guérie et convertie, par la conscience et l'acceptation de l'autre (dans les deux sens). Dans l'un et l'autre cas, il s'agit de recevoir la vie comme don, de privilégier la dépendance consentie sur l'orgueil conquérant, la reconnaissance sur l'oubli. La découverte de la filiation divine libère de ce que peuvent comporter d'emprisonnant ou d'aliénant les liens de la filiation humaine mais, aussi, et certains en ont fait l'expérience spirituelle très concrète, elle permet de retrouver celle-ci, de se réconcilier avec elle, la vivant dans l'humilité et la reconnaissance.

Autant donc il importe de relativiser la filiation humaine, autant il importe de ne pas contribuer à la disqualifier. Le lien paternel est déjà si fragile, si malmené aujourd'hui. Les pères humains, avons-nous dit, ne le sont qu'à l'image de Dieu ; mais c'est déjà beaucoup d'être (à l') image de Dieu ! « Toute génération porte en soi la ressemblance avec la génération divine », a pu affirmer Jean-Paul II[2]. Il nous faut approfondir cette relation de ressemblance en même temps que de dissemblance.

---

1. Voir Xavier THÉVENOT, *Avance en eau profonde*, Desclée de Brouwer-Éd. du Cerf, Paris, 1997, p. 57.
2. JEAN-PAUL II, *La Dignité de la femme et sa vocation*, Lettre apostolique, 1988, § 8.

UNE RÉVÉLATION RÉCIPROQUE

Un premier point commun entre paternité humaine et paternité divine est, en l'une et l'autre, la part de secret. De l'une et l'autre, pas de perception directe, mais le franchissement d'un non-savoir, d'une invisibilité, d'une obscurité. Cette part d'ombre se franchit par la foi. Acte de foi qui est fiance, confiance en une parole. Parole et foi : deux relais de la paternité. Humainement parlant, cela veut dire que le lien paternel passe par la mère et la parole de celle-ci. *Pater semper incertus, sed mater certissima*[1] disait un adage du droit romain, qui affirmait aussi : *Pater est quem nuptiae demonstrant*[2]. Quant au Père céleste, relevons seulement ici que dans le Sermon sur la montagne, au cœur du passage où Jésus enseigne le *Notre Père* à ses disciples, à trois reprises se trouve l'expression : « *Ton Père qui voit dans le secret* » (Mt 6, 4, 6, 18).

Il nous faut être bien conscients des limites de nos représentations lorsque nous affirmons que « Dieu est père ». Si nous prenons au sérieux les termes du propos paulinien déjà cité sur « *le Père de qui toute paternité, au ciel et sur terre, tire son nom* », nous sommes conviés non à *projeter* en Dieu nos images humaines, trop humaines de la paternité, mais, par le geste inverse, à *recevoir* de la Révélation de Dieu comme Père la révélation de ce que signifie « être père ». Au mouvement de projection doit se substituer celui de réception. Dieu n'est pas père à la manière humaine. À la différence de la plupart des dieux païens, il n'a pas d'épouse[3]. Le Dieu biblique, ne l'oublions pas, n'est pas sexué ; il n'est pas mâle. Dès le chapitre premier de la Genèse, il faut « mâle et femelle » *(zakar ve nekèva)* pour donner un être « à son image ». Un père non sexué, non masculin : d'emblée cela nous oblige à dépasser beaucoup de représentations spontanées, à nous rappeler que, dans la doctrine catholique traditionnelle, s'il y a analogie entre certaines réalités humaines et le divin, dans tous les cas la dissemblance est plus grande que la ressemblance.

---

1. « Le père est toujours incertain, tandis que la mère est très certaine. »
2. « Le père est celui que les noces indiquent. »
3. Bien qu'un enfant du catéchisme l'ait cru un jour, entendant souvent son curé parler du « Bon Dieu et sa grande clémence » !

Il y a donc lieu d'être prudent, critique même, à l'égard de ces représentations du Bon Dieu comme vieillard barbu trônant, avec une majesté tout humaine, sur un nuage. Ou comme « patriarche ». Dans l'art chrétien authentique, notamment dans l'iconographie orientale traditionnelle, on ne se permet pas de représenter le Père. Jusqu'au XIVe siècle, cela était interdit. On en trouve par la suite, mais par tolérance et seulement à usage privé, non liturgique. Dans l'icône dite « de la Trinité », mais que les orthodoxes appellent plus justement « de l'hospitalité d'Abraham », on ne prétend nullement *représenter* les trois figures divines. D'une part, c'est un repas qui est figuré, avec le texte biblique en arrière-fond, une communion qui est image de la communion divine, d'autre part, les personnes divines ne sont pas identifiables. (Les commentateurs qui tentent de « reconnaître » le Père ou le Fils dans tel ou tel « personnage » ne s'accordent pas.)

D'où nous vient l'affirmation selon laquelle « Dieu est bon » ? Cela pourrait être un point d'application pour un exercice de prise de conscience de ce qui détermine nos propos sur Dieu. Avons-nous conscience du caractère inouï, étonnant, nouveau, d'une telle affirmation ? La plupart des dieux naturels étaient ou sont méchants, violents. Il y a une profonde parenté entre le divin et la violence. D'où nous vient donc une telle croyance ? De la projection en Dieu de l'image d'un père bonasse, bon-papa gâteau, d'une sorte de Père Noël céleste *ou bien* de la révélation, reçue, d'une certaine fibre de bonté, d'une palpitation de tendresse, de délicatesse inouïe dans le don de la vie et de l'être ?

A priori, je poserai que l'affirmation selon laquelle « Dieu est bon » peut avoir trois types de provenance : (1) une habitude de pensée, voire de langage, (2) la confiance en des textes – mais quels textes, en l'occurrence ? – (3) une expérience spirituelle personnelle. Or, cette dernière peut être soit immédiate, soit médiate. Immédiate, c'est-à-dire directe, strictement intime, en l'absence même de toute expérience de tendresse paternelle ou maternelle humaine : expérience quasi mystique que le fond de l'être est amour, c'est-à-dire que nous sommes portés dans la vie par un désir créateur de don et de relation, par une liberté souveraine qui se réjouit de notre unicité. Ordinairement toutefois, cette expérience est aussi, ou surtout, ou d'abord, médiate, c'est-à-dire relayée par l'expérience de ce qu'il y a de bonté dans le monde, avec l'intuition que cette bonté n'est pas un accident, mais révèle la clé du réel, le mystère de l'être. Intuition particulièrement forte et privilégiée lorsque cette bonté se trouve liée au don de l'être et de la vie, dans l'amour d'une mère et d'un père.

Par de telles perspectives, nous voyons que le mouvement de révélation de l'être paternel n'est ni une descente pure, ni une montée naïve, mais qu'il est à l'intersection de deux révélations, de deux expériences, humaine et divine, à l'intersection de l'humain et du divin. Entre ces deux ordres a lieu non une confusion mais ce qu'un théologien a pu désigner, en parlant du lien conjugal, comme *élucidation réciproque*[1]. Du lien paternel et maternel comme du lien conjugal on peut dire ceci : il est à la fois révélateur et révélé. Révélateur de l'amour divin en ce qu'il révèle une facette de celui-ci, un éclat, telle une étoile dans la nuit ; révélé en ce que la Révélation de la tendresse paternelle ou conjugale de Dieu nous révèle des profondeurs et des ressources insoupçonnées de nos tendresses humaines.

Cela n'est possible que parce que nous sommes créés à l'image de Dieu. Or, dire que nous sommes à l'image de Dieu, c'est dire que tout ce que nous vivons, particulièrement certains liens, peuvent être lieux de révélation du divin. Un exemple magistral de cela est la Parabole des deux fils, plus communément appelée *Parabole de l'enfant prodigue*. Pour dire la miséricorde, l'incroyable patience du Père céleste, Jésus ne trouve pas de meilleur exemple que la patience d'un père terrestre[2]. Mais, du même coup, il révèle en nos paternités terrestres des ressources inouïes, une profondeur à laquelle nous n'aurions peut-être jamais pensé. Car ce même Jésus est bien conscient des limites de nos affections humaines. Il aura parfois des paroles plutôt dures : « *Si donc vous, qui êtes mauvais, savez donner de bonnes choses à vos enfants, combien plus le Père du ciel donnera-t-il l'Esprit-Saint à ceux qui le lui demandent !* » (Lc 11, 13). Relevons que, tout en étant « mauvais », nous sommes capables de donner de bonnes choses à

---

1. Édouard SCHILLEBEECKX, *Le Mariage, réalité terrestre et mystère du salut*, Éd. du Cerf, Paris, 1966, p. 58.

2. Et cela bien avant le XVIIe siècle, où tant de vulgarisateurs font sommairement remonter l'apparition du « sentiment paternel »…

nos enfants : la paternité suscite le meilleur en nous. Mais le Père du ciel, « combien plus » ! Être à l'école de la paternité divine, c'est être à l'école de ce « combien plus ».

Nous venons de citer des paroles de Jésus. Le regard tourné vers celui-ci et l'écoute de sa parole nous aideront considérablement à préciser le sens de ces mots, « père » et « fils ». Dans les textes anciens de la Bible, en effet, l'expression « être fils » a un sens très large. L'homme de quarante ans sera dit « fils de la quarantaine » ; le colérique sera désigné comme « fils de la colère ». Est envisagée alors une relation de participation, d'appartenance, sans plus. Si, par ailleurs, dans le Premier Testament, Dieu est nommé « Père » (et il l'est, n'allons pas croire que les chrétiens sont les inventeurs de cette appellation), c'est avec précaution : le terme apparaît à peine vingt fois. Il semble que l'on voulait alors éviter les connotations naturellement païennes, vitales ou familiales de ce mot. Le culte de la paternité pouvait être un culte de la puissance virile. Ce seront les prophètes, Osée, Jérémie, Isaïe qui oseront recourir à ce thème, dans le contexte d'une prise de conscience que l'alliance qui unissait Dieu et son peuple n'était pas seulement un pacte féodal mais une alliance d'amour. Mais il s'agira alors d'une paternité d'adoption. Dieu est père par élection plus que par procréation. L'alliance paternelle est proche de l'alliance conjugale, qu'elle semble d'ailleurs avoir précédée[1].

> Et moi qui m'étais dit : comme je voudrais te mettre au rang de fils, te donner un pays de délices ! J'avais pensé : tu m'appelleras « mon père » et tu ne te sépareras pas de moi (Jr 3, 19).

L'idée de filiation s'indique, avons-nous vu, dans la Genèse, à travers l'expression : « à l'image de Dieu ». Mais, si Seth peut être dit « à l'image d'Adam », comment pourrions-nous être à l'image du Tout-Autre ? Il y a là un paradoxe, que Denis Vasse formule parfaitement : « Être à l'image de Dieu, c'est être à l'image *de rien de ce qui se voit*[2]. » Nous n'avons pas d'image figurative de Dieu. Nous ne possédons pas l'original. Vous me direz alors : si, nous avons l'icône, nous avons reçu la révélation de l'Image, qui est le Fils. Et vous aurez raison. Vous parlerez alors comme Irénée de Lyon :

1 Voir Jr 31, Ez 16, Is 54...
2. Denis VASSE, *L'Ombilic et la Voix,* Éd. du Seuil, Paris, 1974, p. 116.

Dans les temps antérieurs, on disait bien que l'homme avait été fait à l'image de Dieu, mais cela n'apparaissait pas, car le Verbe était encore invisible. [...] C'est d'ailleurs pour ce motif que la ressemblance s'était facilement perdue. Mais lorsque le Verbe de Dieu se fit chair, [...] il fit apparaître l'image dans toute sa vérité[1].

Être à l'image du Père, c'est être à l'image du Fils. Il nous faut être rigoureux en cela et penser en vérité que la seule image originale, originaire, du Père, c'est le Fils, le Verbe, et ne pas imaginer derrière celui-ci une autre image, différente, celle du vieillard barbu. « *Montre-nous le Père* », demandait Philippe à Jésus lors du dernier repas. Et Jésus de répondre : « *Qui m'a vu a vu le Père. Comment peux-tu dire : « montre-nous le Père » ? Ne crois-tu pas que je suis dans le Père et que le Père est en moi ? »* (Jn 14, 9). Qui m'a vu a vu le Père : prenons-nous réellement cette parole au sérieux ? Croyons-nous vraiment cela ?

Nous ne pouvons pas nous représenter le Père. En disant cela, je rejoins la tradition juive selon laquelle Dieu peut être *désigné* comme Père, mais non *représenté* comme tel. C'est ce que fait Jésus : il nomme le Père, il le prie, il entend sa voix ; mais le Père reste invisible – ou visible en lui. En vérité, ce à quoi nous avons accès, ce que nous savons, ce qui nous est donné, c'est l'être Fils. En Jésus nous avons accès simplement et directement au mystère de l'existence filiale. Et cela dès le début de l'Évangile : « *J'ai à manger une nourriture que vous ne connaissez pas. [...] Ma nourriture est de faire la volonté de celui qui m'a envoyé* (Jn 4, 32) ; *Je ne puis rien faire de moi-même. Je juge selon ce que j'entends ; et mon jugement est juste, car ce n'est pas ma volonté que je cherche mais la volonté de celui qui m'a envoyé* » (Jn 5, 30). Au cœur d'une subjectivité, à la source de ses actes et de ses paroles, la référence à un « envoi », par un Autre. Seule l'entrée dans l'intimité de cette existence filiale conduit au mystère du Père, non la représentation de quelque figure paternelle.

D'autant plus que le mot « père », s'il est le plus précieux pour nommer l'Origine, n'est pas parfait. Notamment parce que, dans les catégories de notre langage, il est masculin. Se greffe alors ici une question qui a fait couler beaucoup d'encre ces dernières années, outre-Atlantique surtout : *Pourquoi ne pas*

---

1. I<small>RÉNÉE DE</small> L<small>YON</small>, *Contre les hérésies*, V, 16, 2.

dire aussi qu'il est mère ? Le Dieu de la Bible transcende la différence des sexes, il n'est ni masculin ni féminin, ni mâle ni femelle ; c'est même là une de ses originalités par rapport à la plupart des dieux païens en général, des dieux des peuples environnant le peuple hébreu en particulier. Les Baals étaient des puissances viriles (adoration d'un taureau en érection) ; El, le dieu suprême du panthéon cananéen était un dieu-patriarche qui, de même que le dieu Min égyptien, fécondait une épouse. Chez les Grecs et les Romains, Zeus s'unissait à Déméter, Jupiter à Junon ; la liste pourrait être longue. Il n'en est pas ainsi du Dieu biblique, Élohim ou YHWH. Il faut l'homme *et* la femme, pour donner son image (Gn 1, 27), ce qui veut dire que lui-même n'est ni mâle ni femelle. Pour corriger notre image d'un père « viril », pour désexualiser, en quelque sorte, l'appellation « père » (pour passer de la représentation à la nomination), il est donc bon de le recevoir aussi comme *mère*. Et la Bible nous y encourage. Il y a des aspects maternels du Dieu biblique. Il connaît les douleurs de l'enfantement, il allaite son peuple, le sèvre, il (ou elle ?) défend ses petits comme une ourse, nous garde à l'ombre de ses ailes[1]... Très souvent, dans les psaumes notamment, il *entoure*. Savez-vous que le terme de « miséricorde » est la traduction de l'hébreu *rahamim*, pluriel de *rehem*, qui peut se traduire par « matrice » ou « utérus » ? Certains traduisent par « frémissement d'entrailles ». Quant à la Sagesse, la *Ruah* (l'Esprit) et la *Shekinah*, qui sont des attributs, des modes de présence ou d'action de Dieu, elles sont féminines. Nous pouvons donc corriger notre habitude de penser au masculin en nous rappelant ces qualités maternelles de notre Dieu. Nous ne serions pas les premiers sur cette voie ; depuis bien des siècles, de grands théologiens ou auteurs mystiques l'ont fait : Clément d'Alexandrie, Angèle de Foligno, Catherine de Sienne, Thérèse d'Avila, Bernard de Clairvaux[2]...

Cependant, puisqu'il faut bien choisir un terme privilégié et quitte à décevoir certain(e)s, j'affirmerai que, somme toute, *l'appellation « père » me paraît moins inappropriée*, pour désigner Dieu, que l'appellation « mère ». Le fait que Jésus l'ait

---

1. Nb 11, 12 ; Es 1, 28-29 ; Nb 11, Ps 131, 1-2, Is 66, 13-14. (*Ibid.*, p. 35 s.)
2 Virginia MOLLENKOTT cite encore bien d'autres auteurs : Grégoire de Nysse, Augustin, Pierre Lombard, Thomas d'Aquin, Bonaventure, Grégoire Palamas, Hadewijch d'Anvers, Julienne de Norwich, Brigitte de Suède. In *Dieu au féminin*, trad. fr., Éd. du Centurion, Paris, 1990, p. 22 s. ; 44 s.

ainsi nommé – et dans les moments où il nous livrait le cœur de son intimité –, non dissociable du fait qu'il ait eu une mère humaine, est pour le croyant une raison importante. Mais anthropologiquement déjà il y a, pour employer un terme de la théologie classique, « convenance ». La relation paternelle est une relation qui passe essentiellement par la parole. Ou par la foi : relation en tout cas qui franchit une distance, une altérité, ce qu'en philosophie l'on nomme transcendance. Il est, en quelque sorte, « plus autre » que la mère. En outre, comme nous le rappellent les psychanalystes, il est « celui qui dit la Loi ». Tandis que l'image de la mère ou, érigée en absolu, de la Mère, renverrait davantage à une origine immanente, à un milieu, une enveloppe. Traditionnellement, les divinités féminines sont ou ont été souterraines, « chtoniennes[1] » : Telle Déméter, elles sont liées aux cultes de fécondité, à l'adoration de la vie naturelle. Ne pourrait-on pas dire alors que notre Mère primordiale serait la terre ou, plus largement, la nature ? Par comparaison, appeler Dieu « Père » et dire qu'il est « aux cieux » est presque tautologique. Il serait beau alors de penser – et cela peut se faire de façon non païenne, c'est-à-dire non idolâtrique, en respectant la transcendance du Créateur – que nous sommes nés de l'alliance entre Dieu et la nature. Rappelons-nous ce récit de la création où Dieu modèle l'*adam* avec la *adamah*, c'est-à-dire la terre… Pour le croyant, Mère est aussi l'Église, qui enfante et nourrit les chrétiens, selon la parole de Cyprien de Carthage (qu'il faut bien comprendre, non d'exclusion mais de renforcement) : « Nul n'a Dieu pour père s'il n'a l'Église pour mère. » Pour la spiritualité chrétienne, Mère est aussi Marie, « figure » ou « forme » de l'Église selon certains théologiens, non comme déesse-mère mais à partir de la parole du Christ en croix à son disciple : *Voici ta mère* (Jn 19, 27).

Hommes et femmes, pères et mères ont tous, les uns et les autres, à recevoir et à apprendre de ces deux versants, paternel et maternel, de l'amour de Dieu. Ils ont tous deux, et chacun à sa manière, à vivre l'alliance de la *chair* et de la *parole*, de la *justice* et de la *miséricorde*. Le fonds d'attitudes et valeurs spirituelles est commun. Toutefois, depuis la Genèse, la tradition judéo-chrétienne a constamment valorisé la différence.

---

1. Du grec : *chtôn*, la terre.

L'homme et la femme, le père et la mère reçoivent tous deux leur enfant et de l'autre et de Dieu, mais non de la même manière. L'homme ne le reçoit pas de la femme comme la femme le reçoit de l'homme. Cette différence ne peut pas ne pas être source de sens, même si elle est difficile à thématiser. Elle ne peut pas ne pas avoir de résonances sur la manière dont l'enfant est reçu de Dieu et, aussi, sur la manière dont Dieu, ou sa vie, lui sera communiqué.

LA PATERNITÉ CONVERTIE ET SAUVÉE

Que peut donc enseigner aux pères et aux mères la Révélation de la paternité de Dieu ?

Dans le récit de l'annonce de la naissance de Jean-Baptiste, en Luc, l'Ange cite un verset du prophète Malachie – qui se trouve être le dernier verset du Premier Testament : « *Il ramènera le cœur des pères vers leurs fils* » (Ml 3, 24 ; Lc 1, 17). Ordinairement, lorsque l'on pense à une conversion dans la relation père-enfants, c'est la conversion des seconds qui vient d'abord à l'esprit : que les enfants soient sages, qu'ils reviennent à leur père… Cette notion vient à la suite, d'ailleurs, chez Malachie : « *…et le cœur des fils vers leurs pères* ». Mais Luc ne cite que la première partie : « Il ramènera le cœur des pères vers leurs enfants. » C'est le premier appel à la conversion des Évangiles, le premier signe du don de l'Esprit.

Le cœur des pères, en effet, n'est pas si naturellement « tourné vers leurs enfants » que l'on voudrait le croire. Tant d'autres attitudes sont possibles : les ambitions, la carrière, les rêves et les passions, tant de diversions, d'évitements, d'absences… Au sein de la relation elle-même, tant d'écueils proviennent soit de la finitude soit du péché (ou de l'alliage des deux). N'insistons pas ici, car l'on n'a que trop tendance aujourd'hui, y compris dans le discours des sciences humaines, à ne souligner de la paternité que les défaillances et les échecs. Recevons la prophétie et, plus généralement, la Révélation, comme une Bonne Nouvelle. *Bonne nouvelle pour la paternité*, tel pourrait être aussi le titre de cette troisième partie. La bonne nouvelle consiste en ceci que, lorsqu'elle est accueillante à la paternité divine, à l'écoute de ce que l'Écriture et l'Esprit nous en enseignent, greffée sur l'être filial de Jésus, la paternité humaine a beaucoup de chances d'être sauvée de ses périls naturels. Quatre traits peuvent caractériser cette « paternité sauvée ».

La puissance au service de la faiblesse.

« Cette chose haute à la voix grave que l'on nomme père dans nos maisons[1] » est d'abord quelqu'un de fort. Force physique et, cela est souhaité, morale. Mais, de cette hauteur comme de cette force, il peut être tentant d'abuser. Il y a toujours eu des abus de force sur terre. Dans le contexte familial, de la force maritale ou paternelle, précisément. À l'école du Père miséricordieux dont le Verbe, l'Icône est « doux et humble de cœur » (Mt 11, 29), la paternité convertie saura se couler dans le respect pour la faiblesse, se retirer afin que l'autre grandisse. Nous savons que le terme « autorité » vient du latin *augere*, qui signifie « faire croître ». Comme Jean-Baptiste à l'égard de Jésus, le père authentique saura dire à l'égard de son enfant : « *Il faut que lui grandisse et que moi je décroisse* » (Jn 3, 30). Selon l'expression du psychanalyste Philippe Julien, « mettre au monde, c'est savoir se retirer, de telle sorte que les descendants soient capables de se retirer à leur tour ». Un tel père apprendra à distinguer « autorité » et « puissance », autrement dit à vivre sa paternité non comme un pouvoir, une prérogative, mais, à la lettre, comme une *diaconie*, c'est-à-dire comme un service. La paternité a pu être désignée comme diaconie, de même qu'elle l'a été par un terme qui a le même sens, comme un *ministère*. Le terme se trouve sous la plume de Jean-Paul II qui ose nommer à propos de la tâche éducative des parents le « ministère authentique »[2].

Une paternité vécue dans l'humilité, donc, étant toutefois rappelé que l'humilité n'est pas l'humiliation. Le père humble n'est pas le père humilié, ce qu'il est si souvent aujourd'hui, par une culture qui dévalorise sa fonction, par ses conditions de vie, quand ce n'est pas par sa femme ou ses enfants. La grandeur du père, ou, plus précisément, sa dimension de « hauteur » est

---

1. Jules Supervielle, « À une enfant », *Gravitations* (1925), Paris, Gallimard, « La Pléiade », p. 162.

2. Jean-Paul II, *Les Tâches de la famille chrétienne*, Exhortation apostolique, 1981, § 39. On trouve déjà l'expression dans une lettre de Frédéric Ozanam (17 août 1842).

de conduire à plus grand que lui, plus loin et plus haut que soi. Il doit être en mesure de « représenter », de jouer le rôle de passeur dont j'ai parlé par ailleurs. Christian Bobin le dit très bien : « *Un père, c'est quelqu'un qui représente autre chose que lui-même, et qui croit à ce qu'il représente*[1]. » Encore faut-il qu'il croie en quelque chose ou en quelqu'un. Comment pourrait-on être père sans avoir une foi à transmettre ? Que serait un père totalement sceptique ? Celui qui serait radicalement sceptique ne serait pas père, ou alors par accident seulement. Être père, c'est désirer transmettre.

Une paternité élargie.

L'ouverture vers le haut est indissociable d'une ouverture horizontale aussi, vers d'autres pères. Il est significatif que, dans le catholicisme et dans l'orthodoxie, nous appelions « pères » ceux qui précisément ne sont pas « pères » au sens charnel du terme. Ce qui peut prêter à une ironie facile peut aussi être considéré comme riche de sens. Cette appellation renvoie nécessairement à une autre dimension de la paternité qu'à celle de la biologie. Elle renvoie d'abord à la paternité de Dieu, qui ne peut se donner et s'indiquer qu'à travers des relais humains, mais aussi à l'existence de ces autres pères humains, ces pères-relais, ces *pères spirituels* qui ont tant compté dans tant d'existences. Qui d'entre nous n'a pas eu plusieurs pères ? (Sans doute davantage que plusieurs mères. Je laisse la question ouverte.) En vérité, c'est une chance que d'avoir eu plusieurs pères, pères non seulement symboliques, mais bien réels, chaleureux, rayonnants. De même que le maître est plus que le professeur, de même le père est-il plus que le maître. Si celui-ci transmet des biens spirituels, une méthode, un esprit, un chemin, le père, lui, transmet une vie. Il donne à l'autre de naître davantage, de naître à une part nouvelle de lui-même.

Aucun père n'est parfait, aucun n'est assez polyvalent pour remplir tous les rôles paternels. La paternité élargie sera aussi une paternité relayée. Relayée par d'autres hommes qui fassent référence, d'autres modèles, d'autres interlocuteurs plus avancés sur le chemin de la vie. C'est ce qui fait défaut aujourd'hui

---

1. Christian Bobin, *Le Très-Bas*, Gallimard, Paris, 1992, p. 22.

à beaucoup d'hommes pour tenir leur place de père. On ne peut pas être père tout seul, de manière isolée. Il faut que puisse s'exercer tout un jeu de différences et de ressemblances avec d'autres pères, avec les pères des autres. Par les interstices de ce « jeu » entre les références, l'enfant puis l'adolescent pourra trouver sa voie. C'est ainsi que l'on pourra transmettre *certains* biens, en renonçant à transmettre tout, tout ce que l'on croit bon. On ne peut pas transmettre tout seul (ce serait du gavage) ; on ne peut transmettre qu'en réseau, en communauté. Les pères qui appartiennent à une communauté, telle la communauté ecclésiale, ne mesurent pas toujours la chance qui est la leur de ne pas être isolés, de partager avec d'autres pères, d'autres familles des raisons de vivre communes, tout en demeurant différents.

L'élargissement aura lieu aussi du côté des fils et des filles, dans le sens descendant. Dans ce sens aussi nous sommes appelés à dépasser une conception seulement familiale ou clanique de la paternité. Il y a d'autres formes de fécondité, de filiation, au-delà même de l'adoption. Je pense ici à la paternité ou maternité spirituelle. Par exemple au beau témoignage de Guy Gilbert racontant récemment comment un jeune « loubard », qui avait été maltraité par ses parents, l'avait littéralement adopté comme père. (Ayant appris qu'il était malade il avait fait tous les hôpitaux de Paris pour le retrouver.) « Cette paternité, je dois l'assumer ; c'est mon métier. Et plus haut que mon métier, c'est le sens donné à ma vie de célibataire[1]. »

Une paternité incarnée.

Bien souvent aujourd'hui est soulignée la dimension symbolique de la paternité. Le père est celui qui dit la loi, le tiers-séparateur ; à la limite, son nom compte plus que sa personne. C'est presque dit explicitement ici ou là. Voici par exemple ce qu'écrit un disciple de Jacques Lacan : « Parce que la dimension du Père symbolique transcende la contingence de l'homme réel, il n'est donc pas nécessaire qu'il y ait un homme pour qu'il y ait un père[2] » (!). Chez Lacan, cela donne : « Le père est une métaphore [...] Un signifiant qui vient à la place d'un

1. *La Croix*, 17 septembre 1998.

2. Joël DOR, *Le Père et sa fonction en psychanalyse*, Points-Hors ligne, 1989.

autre signifiant[1]. » Un père tellement symbolique qu'il est désincarné. Ses fonctions ne sont que négatives : interdire, empêcher... Tel n'est pas le père de la religion de l'incarnation, de la tendresse paternelle. Le Père du prophète Osée par exemple :

> Moi, pourtant, j'apprenais à marcher à Éphraïm, je les prenais dans mes bras ; et eux n'ont pas compris que je prenais soin d'eux ! Je les menais avec de douces attaches, avec des liens d'amour ; j'étais comme celui qui élève un nourrisson contre sa joue, je me penchais sur lui et lui donnais à manger[2]. »

Un père, divin ou humain, le second à l'école du premier, qui porte son enfant contre sa joue, qui lui donne à manger. Un père sensible, tendre, charnel. Ces qualités ne sont pas réservées à la mère.

Le père n'est pas seulement « celui qui dit la loi ». Au minimum, selon l'heureuse formule de Fernando Savater, il est *celui qui parle de la loi avec amour*, qui pratique l'art d'associer les contraires : le côté général, tranchant, négatif de la loi et le côté, incarné, proche, créateur de l'amour.

Une paternité victorieuse de ses déceptions.

On a pu dire que le propre du Dieu biblique n'était pas d'être créateur, mais re-créateur. Beaucoup de dieux – ou de démiurges – ont été dits « créateurs » ; tandis que le Dieu biblique, lui, non seulement crée mais, voyant l'échec, il recrée. Après Adam et Ève, il y eut Caïn et Abel, puis les désordres qui conduisirent au Déluge. Avec Noé, un nouveau départ, une première alliance, puis Babel, puis Abraham, puis l'Exode, Moïse, les prophètes, la Nouvelle Alliance... Toujours de nouveaux départs.

Il n'est pas d'histoire paternelle ou maternelle, de relations entre père et fils ou fille qui ne connaisse de la même façon des déceptions, des échecs. Ceux-ci appellent à chaque fois de nouveaux départs, eux aussi, par un renouvellement de la confiance et de l'espérance. Un père et son enfant, bien souvent, ont beaucoup à se pardonner. Tant d'occasions manquées, de secrètes blessures, dans les deux sens. Tant de paroles dures,

---

1. Jacques LACAN, « Les formations de l'inconscient », *Séminaire*, janvier 1958.
2. Os 11, 2-4.

parfois cruelles... La paternité ne peut être sauvée que par le pardon, qui est re-don et sur-don, qui est acte recréateur et qui, comme tel, trouve sa source en Dieu. Le seul remède est de se mettre à l'école du Père tel qu'il parle par Osée, Jérémie, Isaïe :

> Une femme oublie-t-elle l'enfant qu'elle nourrit, cesse-t-elle de chérir le fruit de ses entrailles ? Même s'il s'en trouvait une pour l'oublier, moi, je ne t'oublierai jamais !
> Vois donc, je t'ai gravée sur les paumes de mes mains, tes remparts sont constamment devant moi. [...]
> Car les montagnes peuvent s'en aller et les collines s'ébranler, mais mon amour pour toi ne s'en ira pas et mon alliance de paix avec toi ne sera pas ébranlée. [...]
> Voici que je vais faire du nouveau qui déjà paraît, ne l'apercevez-vous pas[1] ? »

J'ai souvent été étonné, émerveillé même qu'une attitude aussi exigeante, aussi spirituelle, que le pardon puisse paraître si naturelle aux parents, soit tellement ancrée dans le sentiment le plus spontané, le plus charnel. Dans le texte d'Isaïe, n'est-ce pas l'amour maternel qui sert de paradigme pour dire l'amour divin ? Mais celui-ci est encore plus constant : *Même s'il...* J'ai trouvé un jour la raison de cette étonnante incarnation : les parents ont vu naître leur enfant ; ils l'ont vu tout petit, grandir à partir d'une position de grande faiblesse... Dès lors, ils le voient comme de l'intérieur, à partir de son histoire singulière, de son origine. Aimer quelqu'un, disait Dostoïevski, c'est le voir tel que Dieu le voit.

Lui-même faillible, lui-même fils, le père est aussi celui qui peut recevoir le pardon de ses propres enfants. Il ne craint pas de reconnaître ses fautes ou ses défaillances, ce qui est une manière de reconnaître qu'il n'est pas le père tout-puissant. Le pardon du fils ou de la fille à l'égard de son père ou de sa mère sera alors un pardon fraternel. Il l'aidera à grandir psychologiquement et spirituellement.

CONCLUSION : LES DEUX ALLIANCES

Finalement la paternité heureuse est celle qui sait réaliser, à l'école là encore de la paternité divine, une double alliance :

---

1. Is 43, 19 ; 49, 15-16 ; 54, 10.

celle de la justice et de la miséricorde, celle du masculin et du féminin.

Justice et miséricorde.

Dans un midrash juif, un rabbin a entendu la prière de Dieu. Ses collègues lui demandent : « Mais qui peut-il prier ? Réponse : il se prie lui-même, bien sûr ! Et que dit-il ? – Que mon attribut de justice l'emporte sur mon attribut de miséricorde, pour qu'Israël soit sauvé ! » Justice et miséricorde sont les deux attributs du Dieu biblique. Lorsque nous pensons à Dieu, il importe de tenir ensemble l'un et l'autre. N'oublions-nous pas fréquemment l'un des deux ? Même si nous croyons que la miséricorde l'emporte, quel sens celle-ci aurait-elle sans la justice ?

Dans notre regard sur la paternité, il en va de même. Il faut tenir les deux pôles. Cela est difficile. Ce peut alors être une chance pour penser la paternité aujourd'hui, au-delà des fluctuations culturelles, que d'avoir le regard tourné vers ces deux aspects de la paternité divine. Pour que le père soit père, il faut qu'il soit celui qui dit la loi, qui appelle à aller plus loin, qui exige et, en même temps, qu'il soit celui qui accueille, qui a un cœur, des entrailles capables de tendresse et de proximité. La paternité, selon la formule de Jean-Paul II, « doit se mettre à l'école de la paternité[1] », tout en restant la paternité.

Masculin et féminin, ou l'alliance conjugale.

Un Dieu paternel autant que maternel va nous rappeler non seulement qu'il y a du maternel dans le paternel, mais aussi qu'*il faut un homme et une femme pour faire un père*. On n'est pas père tout seul. Au chapitre 4 de la Genèse, le nom de Caïn signifie « acquis » parce qu'Ève, sa mère, a dit à sa naissance : « *J'ai acquis un homme de par Yahvé* » (Gn 4, 1). Pas un mot sur Adam, qui est oublié ! On connaît la suite. Ainsi peut être déniée la paternité, après la chute et dans la culture contemporaine. La paternité, en vérité, ne trouvera sa vraie place, tout son sens, que dans le contexte d'une heureuse alliance entre les sexes. Que chaque sexe laisse sa place à l'autre, que la différence des sexes soit perçue comme signifiante et source de valeurs.

1. *La Dignité de la femme*, § 18.

Chaque sexe a sa manière de donner et de recevoir la vie, de recevoir l'enfant de l'autre, de donner chair à la parole ou parole à la chair. L'enjeu de l'amour et du don de la vie est bien ce que Luce Irigaray appelle joliment *les noces du verbe et de la chair*. Peut-être pourrait-on dire que le rôle de la mère est de donner parole à la chair (conduire la chair à la parole), tandis que celui du père est de donner chair à la parole (incarner une parole). Encore faut-il que l'alliance de l'homme et de la femme ait lieu.

La réflexion d'une juriste, Catherine Labrusse-Riou, montre que toute tentative pour fonder, en droit ou en anthropologie, la paternité sur autre chose que sur « l'alliance sexuelle » conduit soit au *biologisme*, soit au *volontarisme*, c'est-à-dire revient soit à mettre en avant uniquement l'aspect biologique, avec les limites que cela implique, soit à ne considérer que le côté volontaire de la paternité, ce qui a d'autres limites. La notion d'alliance sexuelle ou, autrement dit, *l'articulation de la filiation sur l'alliance* est ce qui conduit à articuler le charnel et le spirituel, lesquels autrement seraient dissociés. Le don de la vie alors n'est pas seulement un acte de volonté ou le résultat de processus chimiques, mais le fruit d'une rencontre à la fois charnelle et spirituelle, le fruit non seulement d'un amour mais d'une *fides*, c'est-à-dire d'une confiance et d'une fidélité. Savoir cela, le deviner, pouvoir y croire sera pour l'enfant libérant, une source de force. L'enfant ne peut pas être à lui seul la raison d'être du lien qui unit ses parents. Ce serait une charge trop lourde pour lui. En revanche il est libéré, il vit son lien filial comme plus léger s'il peut compter sur le roc, sur le rocher de l'alliance conjugale entre ses parents. C'est de la sécurité reçue de ce lien qu'il trouvera ensuite la force de les quitter pour fonder lui-même un autre lien. Ainsi la meilleure réussite des parents est-elle de donner à leurs enfants la force de se séparer d'eux, non pour devenir errants, mais pour devenir fondateurs à leur tour.

*

Bibliographie sélective.

Jean-Claude SAGNE, *Viens vers le Père*, Éd. de l'Emmanuel, 1998.

François-Xavier DURRWELL, *Le Père, Dieu en son mystère*, Éd. du Cerf, Paris, 1987.

Antoine VERGOTE, *The Parental Figures and the Représentation of God*, Mouton, La Hague, 1981.

Virginia MOLLENKOTT, *Dieu au féminin*, trad. fr. Éd. du Centurion, Paris, 1990.

Giulia Paola di NICOLA et Attilio DANESE, *Nel grembo del Padre*, Effata, Turin, 1999.

CHAPITRE X

LA DIFFÉRENCE HOMME-FEMME
A-T-ELLE UNE PORTÉE SPIRITUELLE ?

Le christianisme n'a pas encore épuisé toutes les ressources du sens de la différence sexuelle ; il lui reste même beaucoup de chemin à faire dans cette direction, telle sera la première idée de cet exposé. Grandes pourtant sont ces ressources, et cela du triple point de vue anthropologique, spirituel et théologique. Il n'est pas certain que, jusqu'à aujourd'hui, tant la pensée que les pratiques ecclésiales lui aient donné toute sa mesure, reconnu toute sa portée.

La seconde idée initiale sera que la question de la différence entre l'homme et la femme est une des questions clés de notre temps. Au seuil de l'un de ses ouvrages, Luce Irigaray a pu écrire : « *Chaque époque, selon Martin Heidegger, a une chose à penser. Une seulement. La différence sexuelle est celle de notre temps*[1]. » Réciproquement, il est possible de dire que notre temps est une époque clé pour cette question. Comment comprendre ce propos étonnant du concile Vatican II dans son *Message aux femmes* de décembre 1965 : « *L'heure vient, l'heure est venue où la vocation de la femme s'accomplit en plénitude* ? » Propos plus prophétique, sans doute, que réaliste, qui traduit une intuition, indique une voie.

Pourquoi donc parler de « question clé » et « d'époque clé » ? Parce qu'à l'égard de cette différence, notre temps est marqué par un ensemble de phénomènes révélateurs, c'est-à-dire por-

---

1. Luce IRIGARAY, *Éthique de la différence sexuelle*, Éd. de Minuit, Paris, 1984, p. 13.

teurs d'une « révélation » – je serais presque tenté de parler d'« apocalypse » au sens premier du terme[1]. Il s'agit tout d'abord du dépassement critique de nombre de stéréotypes traditionnellement attachés au masculin et au féminin. Inutile de revenir ici sur les clichés si profondément ancrés dans la mémoire collective et qui justifiaient par exemple une conception très inégalitaire des rôles de l'homme et de la femme, le confinement de celle-ci dans une fonction ancillaire ou encore des images très superficielles de la virilité. Par suite de différents facteurs socioculturels, dont l'action de mouvements tels que le féminisme, le côté contingent, contestable, parfois même irrecevable de ces stéréotypes est apparu comme évident. Surtout lorsque, sous l'alibi de la différence, ils masquaient en fait une inégalité résultant d'un rapport de forces.

Il est donc devenu de plus en plus manifeste que la différence, si elle est réelle et si elle a du prix, ne saurait, dans sa vérité, se confondre avec quelques stéréotypes sociaux figés, qu'elle est à chercher ailleurs que dans les rapports de domination ou de ségrégation. Une chance donc pour avancer, en se libérant des perspectives qui peuvent ou pouvaient relever, en dernier ressort, du pouvoir ou de la suprématie de la culture masculine.

D'autres écueils sont alors apparus. En particulier celui de la confusion entre *égalité* et *identité*, soit pour tendre vers le modèle d'une humanité neutre, asexuée ou androgyne, soit en confondant libération et adoption des modèles masculins. (Je songe ici à un excellent titre de Luce Irigaray : *Égale à qui ?*) Mais, ici encore, le phénomène d'« apocalypse » joue : voici qu'apparaissent à leur tour les *limites de ces modèles masculins*. Remise en cause non seulement des stéréotypes mais en profondeur, de la modalité la plus traditionnellement masculine de relation au monde et au réel : *la maîtrise* ou *la domination*. De diverses manières, le doute sur le masculin a pris le relais du doute sur le féminin. Comme tout doute, il peut être une occasion de dépassement, susciter même une interrogation sur les fondements de notre civilisation.

Et, puisque nous ne nous contenterons pas de constats, notre idée est que ce dépassement peut bénéficier des ressources et des intuitions de la tradition judéo-chrétienne, ressources beau-

---

1. En grec, le terme *apokalupsis* signifie « révélation ».

coup plus grandes, en ce domaine, que ne le croit l'opinion commune. En retour nous serons conduits à reconnaître que, pour la vie ecclésiale, il est à la fois une question et un défi.

HOMME ET FEMME

Si nous revenons à ces textes fondamentaux pour l'anthropologie chrétienne que sont les deux premiers chapitres de la Genèse, sur quoi voyons-nous ceux-ci arriver, culminer en quelque sorte ? Sur *la création de la différence sexuelle*.

En Genèse 1, au terme d'une série de différenciations qui sont autant de séparations (entre la lumière et les ténèbres, les eaux d'en haut et les eaux d'en bas, la terre et les eaux, le jour et la nuit, les espèces vivantes), au sixième jour, « *Élohim créa l'adam à son image, à l'image d'Élohim il le créa, mâle et femelle* (zakar ve nekeva) *il* les *créa* ». Arrêtons-nous sur ce passage du singulier au pluriel qui pose l'homme et la femme ensemble image de Dieu. En cohérence avec cela, le Talmud ose affirmer : « L'homme sans la femme diminue dans le monde l'image de Dieu[1]. » Tel est le paradoxe : Dieu n'est pas sexué mais son image, elle, l'est. C'est même la première chose qui soit dite d'elle. De quelle manière l'homme et la femme sont-ils image de Dieu ? En étant « mâle et femelle ». Une tradition coranique ira jusqu'à dire : « La première chose que Dieu a créée en l'homme fut son sexe[2]. »

Au chapitre 2, même mouvement. Au terme d'une série d'actes créateurs, YHWH *Dieu dit : « il n'est pas bon que l'homme soit seul* ». Puis c'est le sommeil de l'adam (qui n'est pas encore sexué, pas encore *ish*), la séparation (non seulement à partir de la « côte », mais du côté, *tsela*) qui précède la différence et lui donne lieu. Soulignons que si, dans un récit païen célèbre, le mythe des *androgynes*[3], cette séparation a pu être

---

1. Cité par Emmanuel LÉVINAS, « Le judaïsme et le féminin », in *Difficile liberté* (1963), Albin Michel, Paris, 1976, p. 55.

2. Cité par Abdelwahab BOUDHIBA, *La Sexualité en Islam* (1975), PUF, Paris, 1986, p. 77.

3. Que l'on trouve chez PLATON, bien sûr (*Le Banquet* 190-192), mais aussi dans la littérature universelle (*Upanishads* par exemple). J'ai développé l'analyse comparée de ces deux récits dans mon ouvrage *Le Corps de chair*, Éd. du Cerf, Paris, 1992, p. 287 s.

interprétée comme une punition et une malédiction, elle est reçue ici comme un bienfait. C'est par une exclamation de joie que, dans la première parole articulée qu'il prononce, Adam accueille « celle-ci ».

C'est aussi dans cette parole d'Adam qu'apparaissent pour la première fois les termes *ish* et *ishah*, intraduisibles dans notre langue qui ne dispose pas de termes pour dire à la fois la communauté et la différence. (« Homme » et « femme » sont dissymétriques.) De l'apparition de ces deux termes, relevons surtout ceci : si nous retenons, en l'un et l'autre, les deux lettres qui font la différence, nous avons le *Yod* et le *Hé*, YH, le commencement du Tétragramme, c'est-à-dire du Nom de Dieu. Entre l'homme et la femme, dans leur différence, l'amorce de la révélation du Nom de Dieu.

La différence sexuelle comme brèche vers la transcendance divine, marque et signe de celle-ci, cela peut se comprendre d'un point de vue quasi expérimental. Par exemple selon cette remarque de Denis Vasse : « Le sexe en tant que différence est ce qui interdit radicalement à l'homme de s'enfermer dans l'image qu'il se fait de lui-même [1]. » Voici la présence d'une limite objective, irrécusable, au sein du plus subjectif. Au cœur de la conscience de soi, la conscience d'être sexué renvoie nécessairement à l'autre sexe. « Masculin » n'a de sens que par rapport à « féminin » et réciproquement. Ces deux termes renvoient radicalement et irréductiblement l'un à l'autre ; bien plus radicalement, par exemple, que « blond et brun » ou « français et allemand ». Comme l'ordre du récit biblique l'a montré, la différence est première par rapport à l'identité de l'un et l'autre sexe.

Il en résulte qu'aucune image de l'homme n'est satisfaisante. Aucun sujet pris isolément ne peut être dit représentant de tout l'humain. Chacun doit se dire : je ne contiens pas tout l'humain en moi ; ce que je suis ne peut se comprendre qu'en référence et différence avec ce qu'est l'autre moitié de l'humanité, dont je ne suis pas. Ainsi, au cœur de l'humain apparaît-il une dissymétrie insurmontable, ontologique. Qui donc est le mieux placé pour savoir ce que signifie être homme *(vir)* : l'homme ou la femme ? Difficile à dire. L'homme est-il plus homme pour lui-même ou pour la femme ? Corrélativement, qui est le mieux

---

1 Denis VASSE, *La Chair envisagée*, Éd. du Seuil, Paris, 1988, p. 297.

placé pour connaître le féminin ? La femme l'est-elle d'abord pour elle ou pour l'homme ?

« *Quel homme connaît une femme, Violaine*[1] *?* »

Pour savoir ce que veut dire être homme ou être femme, il faudrait être au-delà de la différence, non au-dessus, non androgyne, non l'englobant, mais l'habitant tout en lui étant transcendant, en être l'auteur... le créateur. Dieu seul connaît l'homme et la femme également.

Si la différence entre le mâle et la femelle, ou encore entre le masculin et le féminin peut sans trop de difficultés trouver des mots, la différence entre l'homme et la femme, elle, demeure insaisissable. Cela peut être interprété, en termes *culturalistes*, comme plasticité culturelle, les traductions de la différence étant toutes contingentes et relatives. Cela peut aussi être reçu comme l'indice d'un *mystère*, c'est-à-dire d'une inépuisable réalité.

Que, selon la Genèse 1, 27, l'homme et la femme *ensemble* soient dits image de Dieu peut s'entendre ainsi : la portée et le sens de la différence sexuelle ne relèvent pas d'un savoir qui bouclerait ; ils doivent eux-mêmes être l'objet d'une révélation. Révélation au sens humain déjà, mais aussi au sens théologique, tant il est vrai que, selon une formule d'Henri de Lubac, « la révélation de Dieu est celle de l'homme[2] »... et de la femme.

Il n'en demeure pas moins qu'entre l'homme et la femme il y a aussi communauté, parenté, similitude. Chacun fait partie pour l'autre de ses *semblables*. Ce fut un progrès de la conscience humaine que de reconnaître l'appartenance du masculin et du féminin à une nature commune, l'appartenance des deux « genres » à un *genre humain* unique[3]. En termes théologiques, chacun est non seulement image de Dieu mais encore image du Christ, *imago Christi*, comme en attestaient les textes de l'Église ancienne au sujet des martyrs des deux sexes.

Le chapitre 2 de la Genèse, au reste, dit aussi bien la communauté que la différence. Au verset 18 : « *Il faut que je lui*

---

1. Paul Claudel, *L'Annonce faite à Marie*, acte III, scène II.

2. Henri de Lubac, *Petite catéchèse sur nature et grâce*, Fayard, Paris, 1980, p. 92.

3. Voir Paul Moreau, « La différence sexuée, du fait de nature à l'exigence éthique » in *Homme et femme, l'insaisissable différence*, Actes d'un colloque de l'Institut des sciences de la famille, sous la direction de Xavier Lacroix, Éd. du Cerf, Paris, 1993, p. 121.

fasse une aide qui soit son vis-à-vis » ; au verset 23, le cri de joie d'Adam : *os de mes os, chair de ma chair*. Dans la perspective chrétienne, rappelons Galates 3, 28 : « *En Christ, il n'y a plus ni juif ni grec, ni esclave ni homme libre, ni homme ni femme.* » Oui, d'une certaine manière, est offert un dépassement des différences, surtout si celles-ci sont comprises comme inégalités, frontières, séparation, ségrégation, surtout donc par rapport à un point de vue qui se situerait *en deçà* de la communauté.

Mais le contexte Paulinien suffirait à indiquer qu'il ne s'agit pas du tout, alors, de dénégation ou de négligence à l'égard des différences. Le chapitre 11 de la première épître aux Corinthiens et le chapitre 5 de l'épître aux Éphésiens montrent assez que Paul est loin d'être indifférent à la différence sexuelle. De même, en Matthieu 22, Jésus ne dit pas, comme on le cite très souvent de mémoire, qu'« *à la résurrection, on ne sera ni homme ni femme* mais : *...on ne* prend *ni femme ni mari ; on est comme des anges dans le ciel* » (sans que l'on puisse présumer du caractère asexué des anges !). Penser la vie spirituelle comme a-sexuée ou neutre reviendrait à s'en tenir au dualisme du corps et de l'esprit. Comment se ferait-il, en effet, que la différence sexuelle, si incontestablement prégnante en ce qui concerne la vie charnelle et psychique, brusquement ne le soit plus pour ce qui concerne la vie spirituelle ? Celle-ci ne serait-elle pas enracinée dans la vie corporelle, naturelle, affective ?

Les enjeux de la différence sexuelle peuvent aussi se percevoir à partir d'analyses plus existentielles. En particulier dans le contexte de deux relations humaines fondamentales : la relation parentale et la relation d'alliance. Le lien qui relie un père à son fils ou sa fille est différent de celui qui relie une mère à son enfant. Différence, ici encore, difficile à définir ou à résumer. Mais différence dont les psychologues sont unanimes à nous dire qu'elle est un bienfait, nécessaire à la croissance psychoaffective de l'enfant. Être père, être mère, deux façons de recevoir la vie et de la donner ; de recevoir l'enfant de l'autre, à la conception ou à la naissance. Deux manières différentes de coopérer à l'activité créatrice de Dieu, Parole et Esprit. Deux médiations, images ou analogies d'un Dieu à la fois paternel et maternel, deux façons de renvoyer au Père « *de qui toute paternité, au ciel et sur terre, tire son nom* » (Ep 3, 14).

Quant à la relation d'*alliance*, nous en connaissons les enjeux spirituels et théologiques. Or, c'est par la rencontre de la différence des sexes qu'elle prend toute sa portée et tout son sens. Réciproquement, elle est un des lieux privilégiés de la manifestation et de la révélation de celle-ci. La femme est l'autre de l'homme en un sens spécifique. Elle n'est pas seulement l'autre « de lui » mais elle est *son autre*, en un sens impossible à dire en vérité dans une relation entre hommes. Selon la formule de Marc Oraison, qui peut certainement s'inverser, « la femme est pour l'homme l'autre le plus autre ». L'altérité y est corrélative d'une possibilité ou d'un désir de mutuelle appartenance. C'est sur fond de différence que le désir tend vers l'union. Cet autre, écrit Jean-Yves Calvez, « me constitue, me fait être, quelque extérieur et différent qu'il soit ou, justement, parce que différent ». Cela va bien au-delà de la complémentarité des différences, quelles qu'elles soient : « L'altérité n'est pas tant affaire de différences […] constatées ou objectives, il s'agit plutôt du fait que la personne n'est pas telle sans une autre personne, sans *vis-à-vis*, distinct mais pourtant reconnu, au même niveau que soi[1]. » Elle est son « vis-à-vis » au sens le plus total du terme.

Entre l'homme et la femme aura lieu une reconnaissance d'un type particulier, que l'on ne trouverait pas, par exemple, entre partenaires du même sexe. Reconnaissance d'une communauté dans la dissymétrie, qui rendra possible l'alliance comme réalisation d'un pont (ou d'un arc) entre deux rives, la rencontre comme traversée vers une terre inconnue mais familière, à la fois proche et lointaine. Ces paradoxes sont propres à la relation hétérosexuelle. La relation homosexuelle, en effet, sera toujours susceptible de pouvoir se construire sur fond de mêmeté, de recherche de l'image de soi[2]. Quelles que soient les variations, évidentes, d'un individu ou d'un couple à l'autre, elle ne suppose pas *nécessairement*, irréductiblement cette alliance des contraires, cette victoire sur la dissymétrie, ce pont au-dessus d'un abîme qui caractérise la relation hétérosexuelle.

Nous n'avons pas encore tiré tout le sens de la fameuse affirmation théologique selon laquelle l'alliance de l'homme et de

---

1. J. Y. CALVEZ, « Homme et femme », *Études* n° 3774, octobre 1992, p. 358.
2. C'est dans le contexte d'une réflexion sur l'homosexualité que Freud a introduit le concept de *narcissisme*. « Pour introduire le narcissisme », in *La Vie sexuelle* (1914), trad. fr., Éd. du Seuil, Paris, 1969, p. 93.

la femme est mystère, sacrement, signe et réalisation de l'Alliance divine. L'analogie entre le mariage et l'alliance du Christ et de l'Église fonctionne souvent comme un stéréotype et à sens unique : on plaque sur le premier les catégories de la seconde, selon un schéma de pensée quelque peu archétypal. Il n'est pas certain que cela donne lieu à une réelle attention et prise au sérieux de ce qui se joue entre l'homme et la femme : l'alliance du masculin et du féminin comme lieu privilégié de la Révélation du divin. Il est pourtant frappant que, de la Genèse à l'Apocalypse, la Bible s'ouvre et se ferme sur le mystère des noces : « *L'Esprit et l'épouse disent : viens !*[1] »

Luce Irigaray avance souvent que, jusqu'à présent, Dieu a plus été pensé sur le mode patriarcal, c'est-à-dire sur le registre de la filiation (schème vertical) qu'à partir du modèle de l'alliance, c'est-à-dire de ce qui se joue entre l'homme et la femme (schème horizontal). Le christianisme a pourtant été l'un des principaux promoteurs de ce que l'on pourrait appeler la culture de l'alliance, par la fécondation réciproque entre les notions d'alliance et d'amour.

Ces réflexions pourraient s'élargir du registre de l'alliance à celui de la fraternité ou, si l'on veut, de l'alliance conjugale à l'alliance fraternelle. Dans la relation frère-sœur, dans la fraternité spirituelle aussi a lieu une révélation du prix de la différence. « La relation fraternelle de même sexe ne dit l'achèvement de l'humanité qu'en étant associée à la relation frère-sœur, qu'elle n'exclut en rien[2]. » Ce qui signifie que les célibataires aussi sont appelés à vivre le mystère dont nous parlons.

UNE DÉRIVE, LE MODÈLE ANDROGYNE

Une des caractéristiques majeures de notre culture est sans doute, selon René Girard, la *crise générale des différences*. « Un certain dynamisme entraîne l'Occident d'abord, puis l'humanité entière vers un état d'indifférenciation relative jamais

---

1. Ap 22,17.
2. Adrien DEMOUSTIER, « Hommes et femmes aux origines des grands courants spirituels », in *Homme et femme, l'insaisissable différence*, p. 160.

connue auparavant[1]. » Vous remarquerez que souvent, sitôt appréhendée comme culturelle, une différence n'est plus alors considérée que comme contingente, relative donc, à déconstruire. Mais, ainsi que le montre René Girard, que se profilet-il à l'horizon de ces déconstructions ? Non le vert paradis d'un monde harmonieusement naturel, mais la guerre des sujets qui désirent les mêmes objets, se trouvant ainsi en concurrence les uns avec les autres, devenus, sur le même terrain, à la fois modèles et rivaux.

On peut douter que nos sociétés favorisent la culture de la différence sexuelle. Beaucoup d'indices donnent à penser qu'elles penchent plutôt du côté opposé, vers le modèle androgyne, c'est-à-dire vers l'idéologie selon laquelle « l'un est l'autre ». J'esquisse seulement ici quelques repères sociologiques :

Les identités floues.

Nombre d'observateurs relèvent, par des termes comme « hésitations », « malaise », « incertitudes », « malentendus », « contradictions » la difficulté qu'éprouvent hommes et femmes à se représenter leur identité[2]. Cela est la face négative d'un processus qui a aussi sa face positive : la remise en cause des modèles stéréotypés qui enfermaient la différence plus qu'ils ne la libéraient. Mais, du même coup, les identités risquent de se dissoudre ; les rôles paraissent interchangeables, comme les vêtements ou les métiers.

La paternité en question.

Le sens de la paternité est, aujourd'hui, profondément en crise. Les fonctions traditionnelles du père, telles que représenter le monde extérieur, dire la loi, poser des interdits, transmettre un savoir-faire, sont profondément ébranlées. La fonction d'autorité soit est partagée à égalité soit est chargée, depuis la fin des années 60, d'un poids de culpabilité. Prenons acte d'appréciables (quoique timides) avancées du côté d'une plus grande présence des pères à la maison et d'un plus grand par-

1. René GIRARD, *La Violence et le Sacré*, Grasset, Paris, 1972, p. 261.
2. Albert DONVAL, in *Homme et femme...*, p. 13 s.

tage des tâches domestiques ; mais l'enfant a aussi besoin de la *traduction*, concrète, dans des manières d'être, de la différence entre père et mère. Rappelons aussi combien, suite à la fragilisation du lien paternel, un nombre croissant de femmes sont conduites à jouer, au moins partiellement et dans la mesure où elles y parviennent, le double rôle maternel et paternel.

Un modèle unique de réussite sociale.

Dans beaucoup d'esprits, l'objectif prioritaire est la réussite professionnelle. Un objectif fascinant : faire carrière. Ce point de vue, depuis longtemps déterminant chez les hommes, le devient aussi chez les femmes. Et cela sur fond du dogme selon lequel « les métiers n'ont pas de sexe ». « Les droits obtenus par les femmes depuis quelques années sont, pour la plupart, des droits qui leur permettent de se glisser dans la peau des hommes, d'endosser l'identité dite masculine. Ces droits ne règlent pas les problèmes de leurs droits et devoirs en tant que femmes vis-à-vis d'elles-mêmes, de leurs enfants, des autres femmes, des hommes, de la société[1]. » Pathétique est la culpabilité de tant de femmes, écartelées entre la réalisation de leur carrière et leurs responsabilités maternelles. En profondeur sont ébranlées les valeurs et les obligations liées à la maternité. Alors que la notion de carrière est foncièrement narcissique[2], la maternité est intrinsèquement liée à des notions comme dévouement, don, générosité, termes peu en vogue aujourd'hui. Parallèlement à la fragilisation du lien paternel, voici donc l'écartèlement du lien maternel, ces « enfants à la clé », rentrant, le soir, dans une maison vide ou se levant, le matin, alors que leurs deux parents ont déjà quitté la maison. Il faut bien sûr souligner ici qu'un plus réel partage des tâches parentales atténuerait ces contradictions. Mais il ne résoudrait pas tout. Lorsque je traite de la tension entre vie familiale et vie professionnelle, c'est pour être « politiquement correct » que j'emploie l'expression « le parent qui est à la maison ». Mais *in petto* je sens bien qu'il n'est pas indifférent que cette personne soit celle du père ou de la mère.

---

1. Luce IRIGARAY, *Le Temps de la différence* (1989), Biblo-Essais, p. 93.
2. Chantal MILLON-DELSOL, in *Quelle politique pour quelle famille*? (1990), Cahiers de l'Institut catholique de Lyon, n° 23, p. 82.

Une éducation indifférenciée.

La généralisation de la mixité peut, à de nombreux égards, être considérée comme légitime, plus même, comme source de bienfaits. Mais force est de reconnaître que, bien souvent, elle s'est traduite par des pratiques peu réfléchies tenant davantage du *mixage*, du *mélange* ou de la *neutralité* que d'une véritable coéducation ou, mieux, *inter-éducation*, terme qu'un document du mouvement Guides de France définit comme « l'éducation à la différence par la différence[1] ». Rarissimes sont les moments d'éducation distincte, l'attention à une culture féminine comme à une culture masculine. Le souci des échos différents que peuvent rencontrer chez les garçons ou chez les filles les discours, textes, messages, modèles qui leur sont proposés est apparemment très peu présent. Qui, par exemple, prend en compte, pour en parler avec elles, les préoccupations propres aux filles pour le choix d'un métier ? Qui aide garçons ou filles à réfléchir à leur identité masculine ou féminine, au sens de ce que l'on peut entendre par « virilité » ou « féminité » ? L'éducation ne peut pas être neutre.

La normalisation de l'homosexualité.

Si l'on ne peut qu'appuyer la critique des ostracismes, exclusions, voire persécutions dont les personnes homosexuelles ont souvent fait – ou font encore – l'objet, il n'en demeure pas moins nécessaire de s'interroger sur l'idée de plus en plus répandue selon laquelle l'homosexualité ne serait qu'une simple variante de la sexualité, une sorte d'option symétrique par rapport à l'hétérosexualité, l'alternative étant mise sur le même plan que, par exemple, l'existence de droitiers et de gauchers. En vérité, atténuer la portée de la différence entre hétérosexualité et homosexualité, c'est atténuer la portée de la différence sexuelle elle-même. Déclarer *a priori* que l'union entre personnes de même sexe a une signification équivalente à l'union entre personnes de sexe opposé, revient à poser le principe d'une indifférence à la différence. Il s'avère que la dissymétrie entre homosexualité et hétérosexualité est une des principales pierres de touche de la question de la différence sexuelle elle-même.

---

1. Document de la Commission Inter-éducation, 1992, rédigé par Odile BONTE (Les Guides de France, 65, rue de la Glacière, 75013 Paris).

L'idée que la vie de l'esprit est neutre.

Irrécusable dans l'ordre du biologique, comme elle l'est aussi dans celui de l'affectivité et de la vie culturelle, la différence sexuelle n'aurait de portée ni spirituelle ni intellectuelle. La vie spirituelle n'aurait pas de sexe. Deux intervenantes lors d'un colloque féministe en 1991 l'affirmaient péremptoirement : « *Deux selon* le sexe, mais non selon l'esprit » ; « Il n'y a de liberté que dans une indifférence aux différences[1]. » En Église, on peut se demander si certaines problématisations de la question des ministères féminins ne sont pas parfois tributaires d'une telle atténuation. (D'autres peuvent, en revanche, traduire un réel souci du prix de la différence.) Avant de revenir sur cette délicate question de la prise en compte ecclésiale de la différence, faisons tout d'abord le point sur ce qui peut raisonnablement se dire de cette dernière, de la manière dont elle se révèle, de sa consistance anthropologique.

PENSER À PARTIR DE LA DIFFÉRENCE

Une thèse très répandue depuis les années 50 répète avec insistance que la différence sexuelle est essentiellement culturelle. C'est le fameux « *On ne naît pas femme, on le devient* » de Simone de Beauvoir[2]. Tout en prenant acte de la part de vérité incontestable de cette phrase, on doit cependant s'interroger sur cette opposition entre *naître* et *devenir.* Entre nature et culture, nature et liberté, les relations seraient-elles de pure extériorité ? Entre la vie corporelle et la liberté, entre la vie sensible et l'avènement du sens, les rapports ne seraient-ils pas plus subtils, plus intimes que de simple opposition ?

Ce fut une des lacunes de l'existentialisme qui, dans le discours moyen actuel se combine avec le culturalisme, que de penser l'homme comme coupé de toute nature, voire en opposition avec celle-ci. Ce déni de la nature, tellement omniprésent aujourd'hui, traduit un fond de pensée soit dualiste, soit démiurgique. Ainsi s'exprimait dans les colonnes d'un grand journal un militant : « La famille ne peut plus désormais pré-

---

1. Danièle SALLENAVE et Élisabeth DE FONTENAY, colloque du Centre Pompidou, novembre 1991.
2. *Le Deuxième Sexe* (1949), Paris, Gallimard, « Folio », t. II, p. 13.

tendre se fonder sur des liens naturels mais suppose le geste supplémentaire d'un amour consenti librement, c'est-à-dire sans référence à aucun préalable, fût-il le préalable de la différence biologique entre l'homme et la femme, *qui n'est peut-être que le dernier nom de nos superstitions*[1]. » Nous entrevoyons ici la parenté entre le déni de la différence, celui de la nature et la volonté de puissance. Le sexe est en effet, avec la mort, l'une de nos deux limites les plus fondamentales. Nier son ancrage biologique est une manière de nier notre finitude.

Plus positivement, comment donc la façon de vivre le désir et le plaisir, la génération et la filiation n'auraient-elles pas des échos ou des harmoniques dans la façon de vivre la liberté et l'amour ? La liberté peut-elle (doit-elle) se construire *ex nihilo* ? Prenons l'exemple de la maternité : pouvoir la choisir, certes, est important. Mais cette possibilité est elle-même donnée. Et le donné n'est pas seulement une contrainte ; il est aussi une offre, ce qui propose et suggère un sens. Il devient signe, il fait signe. Même s'il n'est pas un texte univoque, même si ses contextes peuvent être très variables, il est un texte quand même. Le lire, c'est l'interpréter, mais ce n'est pas interpréter n'importe quoi. Que la lecture de la différence soit culturelle ne signifie pas qu'elle soit purement accidentelle, contingente ou relative. À travers le culturel peut se dire de l'universel. Entre races, entre peuples, cela arrive : n'est-ce pas évident pour la philosophie et les sciences ? Pourquoi n'en irait-il pas de même entre sexes ? C'est ainsi que l'on peut, à travers l'histoire, discerner des traits de culture masculine ou de culture féminine, parmi lesquels il n'est pas interdit de repérer des valeurs ou des significations à portée universelle. La culture masculine serait tournée vers le *pouvoir*, la *règle*, l'*abstraction*, la *lutte*, tandis que la culture féminine serait tournée vers la *vie*, la *croissance*, la *demeure*, la *communication*, la *paix*. Pour Emmanuel Lévinas, l'esprit « dans son essence masculine » vivrait au-dehors, universel et conquérant[2], tandis que, selon la philosophe américaine Sara Ruddick, il existerait une « pensée maternelle » que résumerait assez bien le verbe *tenir*[3].

1. Christian DAVID, in *Le Monde*, 20 septembre 1995.
2. E. LÉVINAS, *Difficile liberté*, Albin Michel, Paris, 1976, p. 53.
3. Sara RUDDICK, *Maternal Thinking ; Toward a Politics of Peace*, Boston, Beacon Press, 1989, citée par Katherine ZAPPONE, *Concilium* n° 238, 1991, p. 129.

Un discernement sera certes nécessaire pour reconnaître ce qui a valeur de vérité, c'est-à-dire de révélation de l'humain et ce qui, au contraire, est gangue ou paille, à dépasser, faisant prendre pour essentiel ce qui n'est que construction, au service de la domination d'un sexe sur l'autre ou de l'utilité sociale. Mais les ressources de la phénoménologie, permettant d'approcher au plus près de l'irréductible, permettent de repérer certains traits, dont il importe moins de se demander s'ils sont systématiques (ils ne le sont pas) que révélateurs. C'est ainsi que le masculin pourra être caractérisé par la *maîtrise de l'espace* et le féminin par l'*habitation du temps* ; dominante, chez le premier, de la relation *sujet-objet*, chez le second, de la relation *sujet-sujet* ; primauté chez l'homme du *faire*, chez la femme du *faire croître* ou du *laisser être* ; ici, dynamisme d'*expansion* et de *transcendance*, là d'*enveloppement* et d'*immanence* ; au masculin peut être associé le *discontinu*, au féminin le *continu*. Ces modalités ne sont pas sans rapport avec la constitution organique (d'attaque ou de réserve, par exemple), mais sans que l'on puisse pour autant procéder par induction. Du somatique à l'intentionnel, ni dissociation ni confusion, pas même la continuité d'un processus, mais invention, création, interprétation, à partir d'un donné[1].

Plus même, ces différences ne pourront devenir valeurs *spirituelles* qu'en étant assumées, voulues, personnalisées. En devenant non seulement des capacités mais des *vertus*, c'est-à-dire des dispositions de la volonté. Mais, même à ce niveau, peuvent se repérer des valeurs à polarité masculine ou féminine. Autour du masculin : *utopie*, *création*, *mesure*, *nomination*, *médiation*, *maîtrise* ; autour du féminin : *réalisme*, *présence*, *attention*, *durée*, *ténacité*, *intimité*.

À l'écoute de cette énumération, se fait jour l'idée capitale suivante : en devenant des valeurs ou des vertus, les qualités masculines ou féminines *cessent d'être des particularités*. Elles ne sont pas le monopole de tel ou tel sexe, pas même son « propre » ou sa propriété. Les vertus ne sont telles, c'est-à-dire spirituelles qu'en étant valeurs *pour tous*, parce que en elles s'exprime l'humanité de l'humain. Chaque sexe aura à apprendre de l'autre telle ou telle vertu qui lui est moins natu-

---

1. Voir F. J. J. Buytendijk, *La Femme, ses modes d'être, de paraître, d'exister* (1954), « Foi Vivante », n° 39, Éd. du Cerf, Paris.

relle. Quelqu'un a pu dire que « la vie spirituelle virilise la femme et féminise l'homme ». Thérèse d'Avila recommandait à ses filles d'être viriles : « Si vous accomplissez ce qui dépend de vous, le Seigneur vous rendra tellement viriles que vous étonnerez les hommes eux-mêmes[1] ! » Mais, symétriquement, l'homme qui prie sera invité à développer la féminité de son *anima*. Comment prier avec le Cantique des cantiques sans se mettre à la place de l'épouse ? Selon le Talmud, la créature est féminine vis-à-vis du Créateur.

Cela signifie-t-il une quelconque androgynie spirituelle ? Absolument pas. Chaque sexe a sa manière de faire siennes ces qualités, chacun portera la marque de la manière dont il les aura rencontrées : soit en continuité avec sa complexion naturelle, soit à la suite d'un patient travail d'acquisition, voire de conversion. Il ne s'agit donc pas de nier ou de prétendre dépasser la différence, mais d'*incarner différemment un universel*. Une telle incarnation, loin de nier la différence, la promeut au contraire ; elle affranchit chaque sexe des particularités accidentelles, des pesanteurs qui l'occultent autant qu'elles ne la révèlent. Léon Bloy osait affirmer : « Plus une femme est sainte, plus elle est femme. » Ajoutons, non par souci de symétrie mais pour montrer qu'il ne s'agit pas seulement de canoniser une image stéréotypée du féminin : « Plus un homme est saint, plus il est homme. » L'accueil du féminin pourra libérer l'homme de l'aliénation des valeurs abusivement dites « viriles » et réciproquement, pour la femme. Le dépassement des stéréotypes signifiera le renoncement de l'homme à dominer, l'aptitude de la femme à gouverner, la paternité à l'école de la maternité... L'homme a beaucoup à apprendre de la femme ; la femme a beaucoup à apprendre de l'homme.

Il faut aller plus loin encore dans cette direction, pour éviter tout dualisme, tout parallélisme stérile, qui classerait d'un côté les caractéristiques « masculines », de l'autre les caractéristiques « féminines ». Il est très important de souligner en effet que *la différence naît de la rencontre* entre l'homme et la femme, de *chaque* rencontre entre *un* homme et *une* femme. Chaque couple est appelé à inventer un nouveau profil de la différence, à partir de l'association très subtile du masculin et

---

1. *Le Chemin de la perfection*, chap. III.

du féminin présente en chacun des individus[1]. Chacun prend appui sur l'autre, soit par ressemblance, soit par différence, pour donner une figure inédite à cet être masculin-ci, à cet être féminin-ci, à cette différence-ci.

Jean Lacroix a pu oser écrire : « C'est par le mariage que l'homme devient pleinement homme et la femme pleinement femme[2]. » Je dis « oser » car il parle de mariage, et non seulement de couple, ce qui devient rare aujourd'hui ! Le terme convient mieux, en effet, car il ne s'agit pas seulement du résultat empirique de la *conjonction* entre deux psychismes, mais du fruit de l'alliance entre deux sujets qui ont accepté de *conjuguer* leurs vies au pluriel. Ce n'est qu'à travers cette solidarité dans la durée qu'aura lieu, non sans combats et dépassements, cette double révélation du masculin et du féminin. Non sans combats, ai-je dit, car la révélation en question suppose le dépassement de traits superficiels ou accidentels qui ne sont ou ne seraient que des caricatures de chaque genre, occultant plus qu'il ne la révèlent la différence en sa vérité, c'est-à-dire en sa richesse.

Compris spirituellement, masculin et féminin ne sont pas des particularités, mais, selon l'expression d'Emmanuel Lévinas, des « modalités de l'universel ». Si, avec le même auteur, nous choisissons d'entendre par *spirituel* l'entrée dans le dynamisme du don, il y aura une manière propre à l'homme et une manière propre à la femme d'incarner le don – dans l'échange amoureux, dans l'expérience de la paternité et de la maternité, à travers les diverses formes de la vie sociale, communautaire et ecclésiale.

Entre être père et être mère, la différence n'est pas seulement biologique ou psychoaffective. Elle est aussi d'ordre spirituel. Paternité et maternité, en effet, ne sont authentiques qu'en étant spirituelles, c'est-à-dire en mettant en jeu des dispositions spirituelles. Il ne s'agit pas seulement de deux fonctions ou de

---

1. Insister sur cette part masculine *et* féminine en chacun, ce que l'on appelle parfois la « bisexualité psychique » ne doit pas conduire pour autant à relativiser, voire rendre confuse la différence entre *être homme* et *être femme*. Quelles que soient la masculinité et la féminité propres à chacun, il y a quand même une différence irréductible entre être né d'un être de même sexe que soi ou être né d'un être de sexe opposé ! Voir Luce IRIGARAY, *Le Temps de la différence* (1989), Le Livre de poche, p. 36. Du point de vue psychanalytique, voir Robert STOLLER, *Masculin ou féminin*, PUF, Paris, 1989.

2. Jean LACROIX, *Forces et faiblesses de la famille*, Éd. du Seuil, Paris, 1948, p. 64.

deux types de capacités mais de deux modalités du don, deux vocations. L'une *porte, contient* et *met au monde*, l'autre *ensemence, rend féconde* la femme, et *reçoit d'elle* l'enfant. Chacun a sa manière de recevoir et de donner. Car la femme reçoit l'enfant de l'homme et l'homme le reçoit de la femme. Plus tard, l'un aura pour vocation de *rendre présent ce qui vient d'ailleurs*, de dire la loi, l'appel à la structuration, tandis que l'autre aura pour vocation de *veiller à l'incarnation de la parole*, de donner un lieu à la vie, de rendre le monde habitable, de donner un visage à la miséricorde.

À ce niveau de réalité, qui est donc spirituel, dans cet ordre de la vocation, les analyses phénoménologiques ou purement descriptives ne suffisent plus. Il ne s'agit pas seulement de dégager une différence irréductible, inscrite dans un donné, mais de recevoir une proposition de sens. Non seulement de recueillir un déjà là, mais d'accueillir un a-venir. Du point de vue de la foi, cet avenir est théologique, théologal. Il s'agit de la révélation de Dieu dont nous avons entendu plus haut qu'elle était en même temps révélation de l'homme. En effet, la différence de l'homme et de la femme n'est pas seulement révélatrice de la transcendance du Tout-Autre, mais elle-même révélée, à révéler, devant faire l'objet d'une révélation.

Il n'est pas certain que la théologie ait développé toutes les ressources, pour la révélation de l'humain comme pour celle du divin, de quelques éléments centraux du mystère de la foi :

Dieu est au-delà de la différence des sexes, tout en ayant pour nom Père. Un père non masculin, en quelque sorte, un Père qui est aussi Mère[1], un Père au ventre maternel, aux entrailles utérines, à la présence féminine (la *Shekinah*), à l'Esprit souvent nommé au féminin *(Ruah)*. Autant d'appels à dépasser les images patriarcales, et donc sexuées, de Dieu, tout en recevant de lui la révélation de ce que signifie être père en vérité. Deux mouvements conjoints sont donc proposés : d'une part que Dieu soit dit « Père » non par projection de nos schémas mais par l'accueil de son mystère, d'autre part que la Révélation de celui « duquel toute paternité, au ciel et sur terre, tire son nom » conduise à dépasser les images simplistes, insuffisantes et finalement aliénantes de la paternité.

---

1. Voir, entre autres, Virginia MOLLENKOTT, *Dieu au féminin*, trad. fr., Éd. du Centurion, Paris, 1990.

Le Premier-né de toute créature est un homme sexué. Est-il indifférent à l'identité même de la personne de Jésus qu'il soit masculin ? Certainement pas. Certes, le concile de Nicée a affirmé qu'il s'est fait *anthropos*, et ne dit pas *aner* (*homo*, non *vir*). Cependant, s'il a réellement assumé toute notre condition d'homme, s'il a en quelque sorte assumé le féminin, on peut dire aussi qu'il a assumé la différence elle-même. Que le Verbe, la Tête du Corps, se soit incarné en un être masculin a peut-être quelque chose à nous dire anthropologiquement, même si cela est difficile à expliciter aujourd'hui, à cause des interprétations simplistes du passé et des susceptibilités vives qui en sont comme le contrecoup.

Le Verbe est né d'un être féminin. Si le Premier-né est un homme, la perfection de la création est une femme, à laquelle Dieu s'est uni selon un mode qui, suivant une expression de Jean-Paul II, « ne pouvait appartenir qu'à une femme[1] ». Une femme dont la chair a tissé et formé dans ses entrailles, cellule après cellule, ce qui sera la chair humaine du Verbe de Dieu[2]. S'il est vrai que, selon l'expression de Marie Noël, « toute femme qui enfante est en puissance mère de Dieu », la maternité trouve en Marie à la fois l'accomplissement et la révélation de tout le mystère dont elle est porteuse. Et pas seulement la maternité, sans doute : une certaine manière de « garder fidèlement toutes ces choses dans son cœur », de dire « faites tout ce qu'il vous dira », de se tenir *debout* au pied de la croix révèle quelque chose du charisme féminin.

Et il en va de même pour ces femmes de l'Évangile, auxquelles on ne prête pas assez attention : Élisabeth, la prophétesse Anne, la Cananéenne, la pécheresse chez Simon, Marie Madeleine, Marthe et Marie de Béthanie, les femmes au Calvaire, les femmes au sépulcre. J'évoque surtout les femmes, parce que leur rôle est moins apparent que celui des hommes, Jean-Baptiste, Pierre, Jean, le centurion... mais, par leur présence déterminante, de l'Annonciation au tombeau vide, de Cana à Béthanie, elles se situent au cœur de l'histoire du salut[3].

---

1. JEAN-PAUL II, *La Dignité de la femme et sa vocation*, Exhortation apostolique (1988), § 4.

2. Termes de Maria Clara LUCCHETTI-BINGEMER, « La femme, temporalité et éternité », *Concilium* n° 238, 1991, p. 142.

3. Voir France QUÉRÉ, *Les Femmes de l'Évangile*, Éd. du Seuil, Paris, 1982.

Très concrètement, un homme ne prie pas comme prie une femme. Nous nous ouvrons à Dieu, nous le désirons, nous crions vers lui avec tout notre être, sensible et charnel. Jésus (que l'on ne va tout de même pas dissocier du « Christ »!) étant sexué, il ne sera pas aimé par une femme tout à fait de la même manière que ne l'aime un homme. À moins de dissocier « amour charnel » et « amour spirituel ». Pour prendre un exemple, sa désignation comme « époux de l'humanité » n'aura pas les mêmes résonances chez l'homme ou chez la femme. Certains auteurs se sont livrés à un travail comparatif entre les textes de mystiques ou de spirituels selon qu'ils soient hommes ou femmes : François d'Assise et Claire, Jean-de-la-Croix et Thérèse d'Avila, Thomas d'Aquin et Catherine de Sienne[1]... François-Marie Léthel suggère de retenir comme caractéristiques de la vie spirituelle féminine les traits suivants : une plus grande valorisation de la corporéité, une théologie plus « symbolique » (c'est-à-dire unifiée), qui donne chair à la parole, une parole plus subjective, dans laquelle les femmes se livrent davantage elles-mêmes, un amour plus total, plus ouvert à la démesure... Si la vie spirituelle est respiration, nous sommes appelés à respirer avec tout notre être, charnel, psychique et spirituel. Sans nous scinder en deux, sans réduire le spirituel au mental, ce qui trop souvent a eu lieu en Occident.

LA DIFFÉRENCE EN ÉGLISE

Le sujet est souvent passionnel, occasion d'amalgames, de peurs et de crispations, de caricature des positions adverses. Il touche à l'affectivité profonde. Mais il ne peut être éludé dans le contexte du présent exposé. Aussi nous limiterons-nous à trois propositions, qui sont autant de contributions à un plus vaste débat.

---

1. Adrien DEMOUSTIER, « Hommes et femmes aux origines des grands courants spirituels. Une constante dans l'histoire de l'Église », in *Homme et femme, l'insaisissable différence*, p. 151 s.; François-Marie LÉTHEL, « Le christocentrisme de Thérèse de Lisieux », in *Bulletin de l'Institut catholique de Lyon*, n° 110, juillet 1995.

Il y a matière à progresser, en ce domaine, aujourd'hui encore, en Église. Nous assumons un lourd passif, ecclésial et ecclésiastique. C'est un euphémisme de dire que le milieu clérical n'a pas toujours brillé par sa reconnaissance du féminin. Il n'est pas certain qu'il le reconnaisse pleinement aujourd'hui. Les modèles d'autorité, d'action, de pensée, d'efficacité, de socialité même demeurent principalement masculins. J'ai plusieurs fois entendu des femmes me dire que les prêtres ne les voyaient littéralement pas. « Je suis transparente » résumait l'une d'entre elles. Plusieurs directions de progrès ou de recherche s'offrent pourtant ici :

– L'écoute des femmes en tant que femmes, et non seulement dans ce qu'elles ont de commun avec les hommes. Ce qui signifie l'accueil concret de leurs charismes propres, dans le sens évoqué plus haut.

– Une plus grande intégration des ressources théologiques de ce que j'appellerai la spiritualité conjugale (ou nuptiale). Celle-ci se limite bien souvent à certains mouvements ; elle n'a pas toujours sa place dans le discours ou les pratiques ordinaires de la vie paroissiale ou diocésaine : prédication, catéchèse, formation des prêtres.

– Plus large que la conjugalité serait à développer une spiritualité de la relation frères-sœurs, c'est-à-dire de l'amour fraternel sexué. Certaines communautés mixtes sont à cet égard des laboratoires de recherche précieux, par rapport aux communautés traditionnelles monosexuées.

– Puisque, de fait, nombre de services ecclésiaux, qu'il ne serait pas abusif de désigner du nom de *ministères*, sont effectivement confiés à des femmes, pourquoi ne pas avancer vers la reconnaissance de ces ministères ?

– Dans le domaine éducatif enfin, des avancées seraient également possibles. Quels modèles d'humanité sont-ils proposés aux futurs adultes ? La différence sexuelle est-elle prise en compte dans l'éducation dite mixte ? Où en est la timide éducation sexuelle et affective ?

Cela ne signifie pas que ces avancées doivent avoir lieu selon les modèles culturels dominants. C'est-à-dire en privilégiant exclusivement la question de l'égalité par rapport à celle de la différence ou (ce qui va de pair) en posant les questions exclusivement en termes de pouvoir. Selon cette double logique, on ne peut aller que vers un appauvrissement, et quant au sens de la différence et quant à celui des ministères en question. « Certes, écrit Luce Irigaray, il est mieux de reconnaître les femmes comme médiatrices de la dimension divine que de leur dénier cette qualité. Mais la question la plus importante est : comment les femmes peuvent-elles aujourd'hui incarner ou exercer cette médiation ? Avant de vouloir pratiquer des ministères correspondant aux dogmes définis depuis des siècles par les hommes, il me semble juste de réinterpréter le contenu des vérités et des mystères religieux [...]. La divinisation de l'humanité doit se réaliser à travers deux genres – l'homme et la femme – et non en tant qu'idée abstraite d'un individu mythique et neutre. C'est le risque que présente l'entrée des femmes dans les formes actuelles des institutions masculines[1]. »

Plutôt que de concevoir l'entrée des femmes dans des ministères historiquement, objectivement et incontestablement conçus par et pour des hommes, ne vaudrait-il pas mieux inventer, découvrir ou laisser se développer des ministères issus de ce que concrètement, en tant que femmes, elles apportent à l'Église ? Il est vrai qu'une autre difficulté se présenterait alors : il faudrait éviter une identification de la différence à des rôles spécifiques, perspective insuffisante. Mais si elle ne doit pas être identifiée à ces derniers, n'est-il pas légitime, souhaitable même, que la différence se traduise à travers ce qu'ils ont de symbolique ?

Trouver le juste rapport entre le symbolique et le réel. Par « réel » j'entends ici d'une part le fondamental, d'autre part le pratique. Au premier sens, le réel est celui de la vocation commune des baptisés, du sacerdoce commun reconnu par Vatican II, le fait que tout homme et toute femme soient en vérité et au même titre *imago Christi*, participant également au sacerdoce du Christ. Au sens pratique, celui de l'expérience, il est de fait que nombre de femmes remplissent des tâches d'animation, d'enseignement, voire de service de l'unité, tout à fait comparables à celles des hommes, en particulier à celles de ceux qui ont un ministère ordonné. De cela il faut tenir compte, et ne pas en rester à des images *a priori*, des images elles-mêmes issues de pratiques culturelles ayant leur part de contin-

---

1. *La Croix*, 28 novembre 1992.

gence, bien souvent chargées d'imaginaire, fonctionnant, pour tout dire, de façon quelque peu mythique.

Mais, s'il y a le réel (et l'imaginaire), il y a aussi le symbolique. C'est surtout à ce niveau-là que se définissent les ministères ordonnés. Or, il n'y a pas de symbolisme sans différence et différenciation. De plus, le symbolique ne coïncide jamais avec le réel, il n'advient pas sans écart avec celui-ci. Il ne prend sens que par une élection, l'élection de ce qui sera signifiant. Ainsi du ministère presbytéral : si la fonction la plus irréductible du prêtre est la présidence de l'eucharistie et si en arrière-fond se dessine le symbolisme nuptial, n'y a-t-il pas convenance entre la masculinité du ministère et son rôle de représentant du Christ époux ? Qu'advient-il dans le jeu des significations si une femme vient à représenter symboliquement l'époux ? Ou encore, le masculin n'a-t-il pas une affinité profonde avec certains gestes, certains rituels, d'origine sacrificielle, tandis que le féminin serait en affinité particulière avec d'autres gestes ? N'y a-t-il pas une manière masculine de dire « Ceci est mon corps, ceci est mon sang », comme il y a une manière féminine de vivre ou de dire ces paroles ? Anthropologiquement, archaïquement (et le symbolique plonge dans l'archaïque), il y a une manière masculine et une manière féminine de verser le sang ou son sang.

Cela dit, il est certain que la question du ministère presbytéral n'épuise pas celle des autres ministères, actuels ou possibles. Les propos qui précèdent plaideraient à la fois pour la constance d'une définition sexuée du premier et pour un champ de recherche ouvert à l'égard des autres. Resterait à envisager un troisième sujet, qui ne se confond pas nécessairement avec les deux précédents : la considération de ce qu'apporterait la présence des femmes dans le gouvernement de l'Église. Ici aussi le pari sur le prix de la différence inviterait à avancer. C'est ainsi qu'aucun principe ne s'opposerait à la nomination de femmes comme cardinales[1] ! Mais une question ecclésiologique se pose alors : peut-on séparer le pouvoir juridictionnel de l'ordre sacramentel ? Une telle question exigerait bien sûr une approche spécifique. Beaucoup de crispations s'atténueraient si

---

1. Le cardinal Ernest Kombo fit une proposition en ce sens lors du synode des évêques réuni à Rome, le 10 octobre 1994.

l'on pouvait traiter distinctement la question de la différence sexuelle (1) dans les ministères en général, (2) dans le ministère presbytéral en particulier, (3) dans le gouvernement de l'Église.

CONCLUSION

Aussi importantes soient ces dernières interrogations, elles ne doivent pas faire écran et occuper tout le champ des débats ecclésiaux sur la différence sexuelle. La portée de celle-ci, on l'a vu, est beaucoup plus vaste et beaucoup plus centrale à la fois. Elle concerne : (a) le sens de l'alliance de l'homme et de la femme, le *mystère* dont celle-ci est porteuse ; (b) les relations familiales, en particulier le trésor de sens contenu dans la bipolarité entre paternité et maternité ; (c) l'ensemble des relations sociales, si l'on suit l'intuition de Jean-Yves Calvez selon laquelle « la relation homme-femme est base préalable à toute relation sociale[1] ».

La question n'est pas seulement affective mais sociale, pas seulement sociale mais spirituelle. Les Églises chrétiennes à son égard ne doivent pas être à la remorque des mœurs et des modèles culturels, que ce soient ceux du passé ou ceux du présent, mais elles peuvent avoir un rôle prophétique. La religion de l'Incarnation est nécessairement celle de l'Incarnation sexuée. La révélation de l'*agapê* ne peut pas ne pas être révélation de l'humain dans toutes ses dimensions, y compris sexuée. Il est une manière féminine et une manière masculine de vivre l'*agapê*. À cet égard, l'homme a beaucoup à apprendre de la femme. Selon le propos de Jean-Paul II, « *la femme est celle en qui l'ordre de l'amour, dans le monde créé des personnes, trouve son premier lieu d'enracinement*[2] ».

C'est bien parce que le féminin est porteur d'un trésor de sens qu'il serait dommage qu'il s'aligne purement et simplement sur le masculin ; que ce soit, à la manière ancienne, par subordination ou, à la manière moderne, par imitation. Pour cela aussi, bien sûr, il serait dommage qu'il reste purement et simplement, comme il l'a été si souvent, séparé du masculin.

---

1. *Études*, article cité.
2. *La Dignité de la femme et sa vocation*, p. 96.

Car, comme l'affirme saint Paul, *dans le Seigneur, la femme ne va pas sans l'homme, ni l'homme sans la femme*[1].

*

Bibliographie sélective.

Luce IRIGARAY, *Le Temps de la différence*, Le Livre de poche, Paris, 1989.

Nicole CHOPELIN, *Hommes et femmes. L'identité relationnelle de l'être humain*, Profac, Lyon, 1994.

Janine HOURCADE, *Pourquoi la femme ?*, Desclée de Brouwer, Paris, 1992.

Josy EISENBERG-Armand ABÉCASSIS, *Et Dieu créa Ève*, Albin Michel, Paris, 1979.

Louis BOUYER, *Figures mystiques féminines*, Éd. du Cerf, Paris, 1989.

De l'auteur.

Homme et femme, l'insaisissable différence, collectif dir., Éd. du Cerf, Paris, 1993.

« Pourquoi valoriser la différence ? », in *L'Identité sexuelle,* Actes du colloque du CLER, Paris, 1998.

1. 1 Co 11,11.

DATES ET CIRCONSTANCES

Quelle famille pour demain ?

Donnée pour la première fois dans le cadre des journées départementales de la famille, à Nice, le 26 novembre 1994.

Redonnée ensuite (après transformations) à Versailles et à Grenoble en décembre 1994, à Neuville-sur-Saône en janvier 1995, à Besançon en janvier 1996, à Villeurbanne en décembre 1996, à Rennes en octobre 1997, à Fort-de-France en février 1997, à Montréal en novembre 1997, à Chantilly en décembre 1998, à Lyon en février 1999, à Paris en mai 1999.

Qu'est-ce qu'un père ?

Donnée pour la première fois au Mans, à l'invitation du Conseil de pastorale familiale, le 19 février 1996.

Redonnée (après transformations) à Montpellier en janvier 1997, à Fort-de-France en février 1997, à Bordeaux en décembre 1997, à Grenoble en novembre 1998, à Meylan en janvier 2000.

L'éducation sexuelle est-elle possible ?

Donnée pour la première fois à l'Institut des sciences de la famille de Lyon, le 3 novembre 1988.

Redonnée (après transformations) à Roanne en mars 1989, à Lyon en avril 1989, à Marseille en juillet 1990, à La Roche-sur-Yon en novembre 1994, à Blois en février 1995 et en janvier 1996, à Paris en janvier 1996, à Nevers en mars 1997, à Lyon en juillet 1997.

L'amour suffit-il à fonder la famille ?

Conférence donnée au congrès de la Fédération internationale des centres de préparation au mariage (FICPM), à Ljubljana (Slovénie), le 1ᵉʳ mai 1999.

Pourquoi se marier ?

Donnée pour la première fois à Grenoble, à l'invitation des centres de préparation du mariage, le 18 février 1994.

Redonnée (après transformations) à Lons-le-Saunier en septembre 1994, à Rennes en octobre 1994, à La Roche-sur-Yon en novembre 1994, à Dreux en janvier 1995, à Avignon en janvier 1995, à Vénissieux en avril 1995, à Lyon en mars 1996, à Paris en janvier 1997, à Lyon en janvier 1997, à Liège en janvier 1997, à Fort-de-France en février 1997, à Paris en avril 1997, à Montréal en novembre 1997, à Montbrison en mars 1998, à Villeurbanne en novembre 1998.

L'acte d'habiter

Conférence donnée le 25 mars 1988, dans le cadre du colloque « Loger ou habiter ? » organisé par l'Institut des sciences de la famille de Lyon. Première publication dans les actes de ce colloque, *Cahiers de l'Institut catholique de Lyon*, n° 20, décembre 1988.

Le christianisme méprise-t-il le corps ?

Donnée pour la première fois à l'Institut catholique de Lille, le 19 novembre 1993.

Redonnée (après transformations) à Rome en décembre 1995, à Montpellier en janvier 1996, à Lyon en mars 1996, à Fort-de-France en février 1997, à Romans en mars 1997, à Chambéry cn octobre 1997, à Valence en mars 1998, à Nancy en janvier 1999, à Fribourg en avril 1999, à Marseille en septembre 1999.

Existe-t-il un modèle chrétien de la famille ?

Conférence donnée aux journées nationales de la Pastorale familiale, à Lourdes, le 2 décembre 1995.

Redonnée (au moins partiellement) à Fort-de-France en février 1997, à Blois en mars 1997, à Lyon en avril 1997.

Être père à l'image de Dieu

Conférence donnée aux journées nationales de la Pastorale familiale, à Vichy, le 28 novembre 1998.

Redonnée à Meylan en janvier 2000.

La différence homme-femme a-t-elle une portée spirituelle ?

Conférence donnée pour une session des évêques de France, à Luxembourg, le 4 janvier 1994.

Redonnée (au moins partiellement) à Saint-Étienne en novembre 1994, à Annecy en septembre 1995, à Lyon en février 1997.